犯罪・非行の心理学

藤岡淳子 編

有斐閣ブックス

● はしがき ●

「最近，ちょっと頭が固くなっている，あるいは保守化しているのかなあ？」と自分で思うことがある。「個人の自由」を盾に「奔放な行動」をしている人を見ると，腹が立つのである。実際には自分もやりたい放題やってきたのであるが。個人の自由や権利と，社会の安全・安心はどのようにバランスをとればよいのであろうか？　「自分の自由や権利を尊重するのと同じように他者の自由や権利も尊重する」といってしまえば総論としては成り立つかもしれないが，個々の行動や関係性となると案外調整は困難である。ある人の「自由と権利」が増強されると，別の人の「自由と権利」が減弱することも往々にしてある。犯罪・非行に関する司法制度や行政制度は，こうした個人対個人，個人対社会における自由と権利の調整についての取り決めごとの1つであるとも考えられる。

筆者は，アメリカの大学院で「司法行政学」(administration of justice) という領域を学んだ。日本では耳慣れないが，警察官，刑務官，保護観察官などの司法行政に携わる人たち，あるいはこれから携わろうと志す人たちに，司法行政の制度と実践についての理論と方法とを与えようとする分野である。犯罪・非行という個人の行動に対し，社会がどのように対応するのかというテーマは，きわめて学際的であり，社会学，社会福祉学，心理学，精神医学，教育学，法律学，行政学などさまざまな切り口がありうる。

日本で心理学を学び，心理学の専門職である矯正職員として実践を行っていた筆者にとっては，留学当初に学んだ社会学的理論などは，「ザル」のように思えてならなかった。網の目が大きくて，1人ひとりの人がこぼれ落ちてしまっているように感じたのである。しかし同時に，国家という制度の中で，1人ひとりの受刑者あるいは非行少年に心理学的に対応していることの限界も大きく感じていたことも確かである。結局，複眼的視点をもつほかないと思うに至った。大きな社会を測るときには，目盛りの大きな社会学，1人ひとりを見るときには目盛りの小さな心理学のものさしである。社会としての対応を考え

る際には法律学・行政学，1人ひとりの回復を支援する際には社会福祉学，教育学の方法や知見が有用になる。犯罪・非行行動があれば，そこには被害者が存在し，犯罪行為によってさまざまな影響を受けるコミュニティの人々がいる。中心の軸足は必要であるが，そこにさまざまな視点を加えて，複眼的視点をもった方が，三脚は安定し，よい写真が撮れる。それらの視点をたばねる「自分」も不可欠である。本書は，心理学を中心としながらも，できるだけ広い視点を提供できるよう心がけた。各章の執筆は，実務家を中心に，実践・臨床に携わっていると同時に，きちんと研究も行っている方々にお願いした。

　しかし本書は，「犯罪・非行の心理学」と銘打ってはいるものの，学問的・研究的というよりは，「犯罪・非行行動をどのように変化させるか」という実践的・臨床的関心に貫かれているといってよい。研究は効果的実践を行ううえで不可欠であるが，研究のための研究といったものは筆者の中では「ブー」である。実践とはいっても，具体的な犯罪行動のあれこれや捜査に関してはほとんどふれていない。司法行政の分野でいえば，捜査ではなく，矯正・保護に大きく偏っている。

　筆者が大学院の修士課程で心理学を学び，法務省矯正局で鑑別技官の仕事を始めた頃は，筆者のひがみである可能性もおおいにあるが，非行臨床は「真の」心理臨床として認められていなかった。しかし，世の中はどんどん変化し，ある意味で犯罪・非行は，うつ病やパーソナリティ障害と並ぶ「時代の病」として注目を集め，早急な対応が求められるようになっている。英語圏の諸国では，多大な研究資金が投じられ，この20〜30年間に多くの新たな知見や犯罪行動変化のための効果的働きかけの方法が蓄積されつつある。本書は，基礎的知識とともに，できるだけこうした最新の知見も取り入れるよう努めた。筆者1人では，広い視点と最新の知見を盛り込むことなど不可能であるが，多彩な執筆陣のおかげで所期の目的を達成できた。あらためて深謝する。加えて，あまり一般の心理臨床ではふれられることがないが，非行臨床の実践経験を通じて有用であると思われた臨床心理学の知見や技法についても，できるだけ記載した。犯罪別，および犯罪・非行の心理に関わる仕事別のコラムとともに，これから実践に携わろうと志す方々の参考になれば幸いである。突き詰めていえば，本書は筆者の限界と価値観に沿って編集・執筆されているが，犯罪・非行

臨床を語り，あるいは実践する際には，自身の価値観・態度を抜きにしては語れないと開き直っている。

　末筆になるが，有斐閣の櫻井堂雄氏には，本書の企画から編集までお世話になった。非常に綿密かつ的確な仕事ぶりで，「優秀な人というのはこういう人のことをいうのだな」と，好き勝手に仕事をしてきた筆者としては，まぶしいくらいであった。

　　2007年2月

藤 岡 淳 子

執筆者紹介

(執筆順。🏵は編者)

🏵**藤岡 淳子**（ふじおか じゅんこ）　　　　　［第1章，第8章，第13章，コラム⑤⑥］
　　現職　大阪大学大学院人間科学研究科教授
　　主要著作・論文　『性暴力の理解と治療教育』（誠信書房，2006年），『被害者と加害者の対話による回復を求めて――修復的司法におけるVOMを考える』（誠信書房，2005年，編著），『包括システムによるロールシャッハ臨床――エクスナーの実践的応用』（誠信書房，2004年）

朝比奈 牧子（あさひな まきこ）　　　　　　　　　　　　　［第2章，コラム①］
　　現職　府中刑務所教育部調査専門官
　　主要著作・論文　『関係性における暴力――その理解と回復への手立て』（岩崎学術出版社，2008年，分担執筆），「刑事施設における性犯罪者処遇プログラムについて」（『犯罪と非行』149，2006年），「性加害受刑者の特性に関する基礎研究」（『犯罪心理学研究』44〔特別号〕，2005年）

松本 俊彦（まつもと としひこ）　　　　　　　　　　　　　　　　　　　［第3章］
　　現職　国立精神・神経センター精神保健研究所自殺予防総合対策センター自殺実態分析室長・薬物依存研究部診断治療開発研究室長
　　主要著作・論文　『薬物依存の理解と援助――「故意に自分の健康を害する」症候群』（金剛出版，2005年），『犯罪と犯罪者の精神医学（司法精神医学3）』（中山書店，2006年，分担執筆），『詳解 子どもと思春期の精神医学』（金剛出版，2008年，分担執筆）

田中 康雄（たなか やすお）　　　　　　　　　　　　　　　　　　　　　［第4章］
　　現職　北海道大学大学院教育学研究院附属子ども発達臨床研究センター教授
　　主要著作・論文　『軽度発達障害の子のライフサイクルに合わせた理解と対応――「仮に」理解して，「実際に」支援するために』（学習研究社，2006年），「虐待された子どもが示す非行・犯罪」（『子どもの虐待とネグレクト』8，2006年），『ADHD医学モデルの挑戦――しなやかな子どもの成長のために』（明石書店，2006年，監修）

橋本 和明（はしもと かずあき）　　　　　　　　　　　　　　　　　　　［第5章］
　　現職　花園大学社会福祉学部教授

主要著作・論文 『虐待と非行臨床』（創元社，2004 年），『童話と心の深層』（創元社，1996 年，共著），『非行臨床の技術——実践としての面接・ケース理解・報告』（金剛出版，2011 年）

大場 玲子（おおば れいこ） ［第 6 章］
現職 横浜保護観察所首席保護観察官
主要著作・論文 「保護司の活動実態と意識に関する調査」（『法務総合研究所研究部報告 26』2005 年，共著），「重大事犯少年の実態と処遇」（『法務総合研究所研究部報告 31』2006 年，共著），『犯罪統計入門——犯罪を科学する方法（龍谷大学矯正・保護研究センター叢書 4）』（日本評論社，2006 年，分担執筆）

渡邉 和美（わたなべ かずみ） ［第 7 章］
現職 科学警察研究所犯罪行動科学部捜査支援研究室長
主要著作・論文 『犯罪者プロファイリング入門——行動科学と情報分析からの多様なアプローチ』（北大路書房，2006 年，共編），『犯罪と犯罪者の精神医学（司法精神医学 3）』（中山書店，2006 年，分担執筆），*Sex and violence : The psychology of crime and risk assessment.*（Routledge，2001 年，分担執筆）

森本 志磨子（もりもと しまこ） ［第 9 章］
現職 大阪弁護士会弁護士（葛城・森本法律事務所）

寺村 堅志（てらむら けんじ） ［第 10 章，コラム④］
現職 法務総合研究所研究部主任研究官
主要著作・論文 『犯罪統計入門——犯罪を科学する方法（龍谷大学矯正・保護研究センター叢書 4）』（日本評論社，2006 年，分担執筆），『エクスナー法 ロールシャッハ解釈の基礎』（岩崎学術出版社，1994 年，共訳），「アジア地域における薬物乱用の動向と効果的な薬物乱用者処遇対策に関する調査研究」（『法務総合研究所研究部報告 27』2005 年，共著）

今村 洋子（いまむら ようこ） ［第 11 章，コラム②］
現職 播磨社会復帰促進センター社会復帰促進部部門責任者
主要著作・論文 『被害者と加害者の対話による回復を求めて——修復的司法における VOM を考える』（誠信書房，2005 年，分担執筆）

飛鳥井 望（あすかい のぞむ） ［第 12 章］
現職 （財）東京都医学研究機構・東京都精神医学総合研究所所長代行

主要著作・論文　『「心の傷」のケアと治療ガイド——トラウマやPTSDで悩む人に』（保健同人社，2010年，監修），『PTSDの臨床研究——理論と実践』（金剛出版，2008年），『PTSDとトラウマのすべてがわかる本』（講談社，2007年，監修），『外傷後ストレス障害（PTSD）（臨床精神医学講座S6）』（中山書店，2000年，共同責任編集）

▶コラムの執筆者◀

今村 有子（いまむら ゆうこ）　　　　　　　　　　　　　　［コラム③］
　現職　前橋少年鑑別所法務技官
門本　泉（かどもと いずみ）　　　　　　　　　　　　　　　［コラム⑦］
　現職　川越少年刑務所法務技官
浅野 恭子（あさの やすこ）　　　　　　　　　　　　　　　［コラム⑧⑨］
　現職　大阪府立修徳学院心理職
来間 規子（くるま のりこ）　　　　　　　　　　　　　　　　［コラム⑩］
　現職　大阪府警察本部少年課少年育成室少年補導職員
中城 正義（なかじょう まさよし）　　　　　　　　　　　　　［コラム⑪］
　現職　鳥取家庭裁判所主任家庭裁判所調査官
毛利 真弓（もうり まゆみ）　　　　　　　　　　　　　　　　［コラム⑫］
　現職　株式会社大林組PFI推進部島根プロジェクト課
　　　　（島根あさひ社会復帰促進センター）
滝沢 千都子（たきざわ ちづこ）　　　　　　　　　　　　　　［コラム⑬］
　現職　法務総合研究所研究部室長研究官
白井 明美（しらい あけみ）　　　　　　　　　　　　　　　　［コラム⑭］
　現職　国際医療福祉大学大学院医療福祉学研究科臨床心理学専攻講師

目　次

第 I 部　犯罪・非行の基礎

第 1 章　犯罪・非行心理学を学ぶにあたって ── 3

1　犯罪・非行の定義 ……………………………………………… 3
　［1］犯罪とは何か　3
　［2］非行とは何か　5
　［3］時代や文化を超えた「犯罪」とは　6
　［4］本書における犯罪の定義　7

2　犯罪・非行の研究方法 ………………………………………… 8
　［1］公 的 統 計　8
　［2］自己申告法および犯罪被害実態調査法　11
　［3］インタビュー調査　11

3　発達の視点と犯罪研究 ……………………………………… 13
　［1］犯罪・非行における男女差の視点　13
　［2］発達の視点が犯罪研究に寄与するもの　14

4　学際的研究分野として犯罪・非行を学ぶ ………………… 15

第 2 章　犯罪・非行研究の基礎理論 ── 21

1　犯罪・非行理論とは ………………………………………… 21
　［1］犯罪・非行理論を学ぶわけ　21
　［2］犯罪理論の分類　22

2　刑事政策的理論 ……………………………………………… 24
　［1］犯罪と刑罰の均衡　24
　［2］司法制度の 4 つの機能　25
　［3］司法制度と政治　27

  3 社会学的理論 …………………………………………………… 28
   ［1］マクロ理論　28
   ［2］ミクロ理論　30
   ［3］ラベリング理論　32
  4 生物学的・心理学的理論 ……………………………………… 33
   ［1］生物学的理論　34
   ［2］心理学的理論　36
  5 犯罪・非行理論の今後 ………………………………………… 40

第3章　犯罪・非行の個別的要因①　パーソナリティ要因 ── 45

  1 近代におけるパーソナリティ障害概念 ……………………… 45
  2 現代におけるパーソナリティ障害概念 ……………………… 47
   ［1］境界例から境界性パーソナリティ障害へ　47
   ［2］DSMにおけるパーソナリティ障害のとらえ方の特徴　48
   ［3］パーソナリティ障害の定義　48
   ［4］パーソナリティ障害の分類　50
  3 犯罪・非行とパーソナリティ障害 …………………………… 51
   ［1］境界性パーソナリティ障害と非行・犯罪　51
   ［2］反社会性パーソナリティ障害と犯罪・非行　54
   ［3］反社会性パーソナリティ障害に先行する問題──行為障害　57
  4 サイコパシーとサイコパシー・チェックリスト …………… 61
   ［1］サイコパシーとは　61
   ［2］サイコパシー・チェックリスト　63
   ［3］リスクアセスメントツールとしてのサイコパシー・チェックリスト　65
   ［4］サイコパシーの治療可能性　66
  5 おわりに ………………………………………………………… 66

第4章　犯罪・非行の個別的要因②　発達障害 ── 71

  1 2つの留意点 …………………………………………………… 71
  2 発達障害とは …………………………………………………… 72
   ［1］医学モデルとしての発達障害　72

　　　　［2］生活モデルとしての発達障害　74
　　3　発達障害のある人々の生きにくさの心理 …………………… 75
　　　　［1］知的障害（あるいは精神遅滞）のある人々　76
　　　　［2］広汎性発達障害のある人々　76
　　　　［3］注意欠陥/多動性障害のある人々　78
　　　　［4］学習障害のある人々　79
　　　　［5］生きにくさの心理を知る意義　80
　　4　発達障害と反社会的行動の関係 ……………………………… 81
　　5　排斥でなく育ちの保障を ……………………………………… 85

第5章　非行と家族関係　89

　　1　非行少年の家族の変遷 ………………………………………… 89
　　2　従来の非行少年の家族研究 …………………………………… 90
　　3　機能不全に陥っている家族の親の4タイプ ………………… 94
　　4　非行臨床における家族の位置づけ …………………………… 100
　　5　虐待と非行の家族関係 ………………………………………… 101
　　　　［1］虐待と非行の悪循環　101
　　　　［2］「被害と加害の逆転現象」と家族関係の修復　103
　　6　さまざまな家族支援とその問題点 …………………………… 104

第6章　犯罪・非行と学校・職場・地域　109

　　1　学校と非行 ……………………………………………………… 109
　　　　［1］統計で見る学生・生徒の非行　109
　　　　［2］非行の諸形態と非行抑止の手がかり　111
　　2　職場と犯罪・非行 ……………………………………………… 113
　　　　［1］統計で見る就労と犯罪・非行　113
　　　　［2］就労状況をめぐる問題と犯罪・非行抑止の手がかり　115
　　3　地域と犯罪・非行 ……………………………………………… 116
　　　　［1］地域社会の変容と犯罪・非行　116
　　　　［2］環境犯罪学の台頭　116
　　　　［3］地域社会の取り組みと犯罪・非行抑止の手がかり　117

第7章 エビデンスに基づく評価と介入 ——————— 121
1 エビデンス・ベイスト ……………………………………… 121
2 犯罪・非行のリスク評価 ……………………………………… 125
　　[1] 犯罪・非行の要素　125
　　[2] 犯罪・非行の危険要因・保護因子　126
3 累犯者●犯罪を繰り返す人 ……………………………………… 127
　　[1] 犯罪統計書から累犯者を見る　127
　　[2] 調査研究の結果から累犯者を見る　130
　　[3] 累犯者の予測　135

```
　　　　　　　第Ⅱ部
　　　　犯罪・非行の心理臨床
```

第8章 犯罪・非行の心理臨床の基礎 ——————— 141
1 発達と非行・犯罪 ……………………………………… 141
　　[1] 個人内衝動の統制力の発達　142
　　[2] 対人関係における衝動・欲求の統制（調整）力の発達　143
2 犯罪行動を変化させるための治療教育とは …………………… 144
　　[1] 非行・犯罪行動を支える反社会的思考とその背景にある否定的感情　144
　　[2] 反社会的行動を変化させるためには　145
3 犯罪・非行に対する治療教育プログラムの展開 ……………… 146
　　[1] 日本の矯正保護における性犯罪者処遇プログラムの開始　146
　　[2] 欧米における矯正処遇プログラムの歴史的展開と日本の矯正保護　147
4 犯罪行動変化のための心理臨床とは ………………………… 149
　　[1] 一般的心理臨床と犯罪・非行心理臨床との同異　149
　　[2] 安心・安全な枠組みづくり　150
　　[3] 変化の段階に応じた介入　153
　　[4] 変化への動機づけ　154

第9章　犯罪者・非行少年の処遇システム ———— 161

1　犯罪者・非行少年の処遇システムの流れ ………………… 161
　　［1］はじめに――本章の構成および定義　161
　　［2］犯罪者の処遇システムの流れ　162
　　［3］非行少年の処遇システムの流れ　166

2　関係機関の役割とその機能 ………………………………… 171
　　［1］裁　判　所　171
　　［2］少年鑑別所　176
　　［3］付　添　人　177
　　［4］保護観察所　178
　　［5］児童相談所（児童相談所長）　180
　　［6］児童自立支援施設　181
　　［7］児童養護施設　183
　　［8］少　年　院　183
　　［9］刑　務　所　184

3　日本の処遇システムの基本原則と国際準則・国際連合規則・ガイドライン ……………………………………………………… 184
　　［1］憲法，刑事訴訟法　184
　　［2］少　年　法　186
　　［3］少年法と児童福祉法　188
　　［4］少年の処遇に関する国際条約および国際連合規則・ガイドライン　189

第10章　犯罪者・非行少年のアセスメント ———— 193

1　はじめに　●犯罪・非行の臨床実務におけるアセスメントの役割 … 193
2　刑事司法機関による介入の特徴とアセスメントとの関わり …… 195
3　犯罪・非行の臨床におけるアセスメントの次元と手法 ……… 196
　　［1］アセスメントの次元　196
　　［2］アセスメントの手法　201

4　アセスメントの将来　●再犯抑止や更生支援に効果的な処遇推進の方向性 ……………………………………………………………… 206

第11章　犯罪・非行の治療教育 ── 213

1　犯罪・非行の治療教育とは ── 213
　[1] 治療教育の目的　213
　[2] 犯罪・非行臨床の特質と対応　214
　[3] 効果的な治療教育　218
2　施設内での治療教育 ── 220
　[1] 児童養護施設・児童自立支援施設　220
　[2] 少年院　221
　[3] 刑務所　223
3　社会内での治療教育 ── 224

第12章　犯罪被害者の精神的被害 ── 229

1　はじめに ── 229
2　犯罪被害者等基本法 ── 230
3　心的外傷体験としての犯罪被害 ── 232
4　犯罪被害におけるPTSD等の発症率 ── 233
5　精神的ケアの一般的原則 ── 235
　[1] 心的外傷体験を聞くということ　235
　[2] 心理教育　235
　[3] 二次被害　236
6　PTSDの治療 ── 236
7　おわりに ── 237

第13章　犯罪・非行の心理学の課題と展望 ── 241

1　研　究 ── 241
　[1] 実証研究（エビデンス・ベイスト）　241
　[2] 統合的，学際的視点　243
2　治療教育 ── 244
　[1] 再犯防止に効果が期待できるシステムとは　244
　[2] 日本における再犯防止のための治療教育実践とは　245
　[3] 治療者の要因とグループの活用　247

引用・参考文献　251
webの紹介　267
事項索引　271
人名索引　281

コラム
① 性犯罪　19
② 窃盗　43
③ 放火　69
④ 薬物犯罪　87
⑤ 女性犯罪　107
⑥ 殺人・傷害　120
⑦ 恐喝・強盗　138
⑧ 児童相談所　158
⑨ 児童自立支援施設　159
⑩ 少年警察　191
⑪ 家庭裁判所調査官　212
⑫ 法務技官，法務教官　227
⑬ 保護観察官　228
⑭ 被害者相談　239

本書のコピー，スキャン，デジタル化等の無断複製は著作権法上での例外を除き禁じられています。本書を代行業者等の第三者に依頼してスキャンやデジタル化することは，たとえ個人や家庭内での利用でも著作権法違反です。

第 I 部

犯罪・非行の基礎

第1章　犯罪・非行心理学を学ぶにあたって
第2章　犯罪・非行研究の基礎理論
第3章　犯罪・非行の個別的要因① パーソナリティ要因
第4章　犯罪・非行の個別的要因② 発達障害
第5章　非行と家族関係
第6章　犯罪・非行と学校・職場・地域
第7章　エビデンスに基づく評価と介入

第1章

犯罪・非行心理学を学ぶにあたって

1　犯罪・非行の定義

[1] 犯罪とは何か

　みなさんは，「犯罪とは何か？」と問われたらどのように答えるだろうか。犯罪者にどのようなイメージをもっているだろうか。「極悪人」というイメージをもっている人もいるかもしれないし，あるいは「ねずみ小僧」や「ボニー＆クライド」のように，義賊やヒーロー（ヒロイン）のイメージをもっている人もいるかもしれない。「平時に1人殺すと犯罪者で，戦争時に100人殺すと英雄」とはよくいわれることである。この違いはどこから生じてくるのであろうか。

　比較的明快に思える「犯罪」の定義は，「犯罪とは，法律違反行為である」とする定義であろう。法律に違反した者が「犯罪者」である。この定義は，必要十分であろうか。

　法律違反（者）を「犯罪（者）」と定義するのであれば，「誰でも法律を破るから，われわれはみな犯罪者である」という考えはどうであろう。筆者もスピード違反でネズミ捕りに捕まったことがある。そのときまず思ったのは，「ついてない」であった。生まれてこの方一度も法律違反をしたことのない人は，それほどいないのではあるまいか。いたとしたら，「相当変わっている」くらいに思われかねない。したがって，「われわれはみな『犯罪者』」といって

しまってよいのであろうか。

　あるいは，法律違反をしても，それが見つかる場合もあれば，見つからない場合もある。見つかって司法手続きに乗せられた場合は「犯罪（者）」で，見つからなければ「犯罪（者）」ではないのであろうか。平成18年版『犯罪白書』によれば，犯罪があったと認知された一般刑法犯のうち，検挙率は約28.6%である。4人弱に1人しか捕まらない。同じことをした4人のうち，1人だけが「犯罪者」で，残りの3人は，犯罪者ではないのであろうか。しかも，犯罪があった事実さえ表沙汰になっていないこともたくさんあろう。見つかっても，見つからなくても，法律違反は「犯罪」とよぶということであろうか。

　「われわれはみな犯罪者」という言い方は，理屈のうえでは成立するであろう。とはいうものの，すべての人が，同じ状況で，同じ頻度で，法律を破るわけではない。それを十把一からげに「犯罪（者）」とすることは，犯罪行動を理解するうえで，あまり役に立つとは思えない。「だから罪を赦しましょう」とか「人を過酷に非難・処罰するのは，やめましょう」という場合のように，宗教的・倫理的には有用であるかもしれないが。

　このひとくくりの考え方は，「法律があるから『違反者』が生じる。法律がなければ犯罪（者）もない」という考え方に反転しうる。実際，法律は，時代や文化によって異なっている。旧刑法では，れっきとした「犯罪（姦通罪）」であった婚姻外の性交渉（不倫）は，現代の日本では比較的一般的な行為になっているといってもよいかもしれない。不倫しただけで「犯罪者」とはよばれにくいであろう。しかし，現代でも，同じ婚姻外の性行為が，「死刑」に値する文化・国家もある。逆に，「妻子への暴力」は，子ども虐待防止法（児童虐待の防止等に関する法律）やDV防止法（配偶者からの暴力の防止及び被害者の保護に関する法律）ができるまでは，「犯罪」とは見なされにくかったが，現代の日本では「犯罪」として法的手続きに乗せられる可能性が高くなっている。道路交通法で規定されたがゆえに，シートベルトを締めないことは法律違反になった。

　この考えを推し進めると，「法律があるから犯罪が生じる」あるいは「赤信号で交差点に進入してどこが悪い，誰がそんなこと決めたんだ。私は従わない」という論にもなりかねない。こうした言い方は極端に聞こえるかもしれな

いが，多くの非行少年たちは，「大人が決めた法律」に逆らうこと自体に意味を見出している。法律に従うことの真の意味を実感していない人たちもいる。現代の民主国家である日本においては，法律は，国民の合意として民主的に決められているという前提にあるので，「サッカーでもルールがあって，ルール違反するとレッドカードを出されて試合に出られなくなるでしょう。参加者がルールを守らないと試合にならない。ルールを守るという前提で参加者として認められる」という説明で「知的な」理解は得ることがたやすいが，例えば「朕が国家である」などという専制君主に法律を定められていると実感されるような国家では，法律に従うことが正しいのかどうかも不明になろう。例えば，戦争に行って人を殺すことを法律で定められたとしたら，法律に従うことが「犯罪」なのか，従わないことが「犯罪」なのか，判断は分かれるであろう。「罪」を犯すとは何であるのか，はたして**法律的定義**だけで必要十分であるのか，ことはそれほど単純ではないようである。

[2] 非行とは何か

　それでは，「非行」はどうであろうか。非行少年とはどのような人たちであろう。「つっぱり」「親や先生の言うことを聞かない」「未成年なのにタバコや酒をやっている」「盗みとか無免許運転とか法律違反をしている」等々さまざまなイメージがあろう。服装が変わっていても，親や教師に従順でなくても，言葉づかいや態度が悪くても，別に法律に違反しているわけではない。未成年者の飲酒，喫煙は確かに「法律違反」ではあるが，20歳を過ぎれば法律違反ではない。なぜ未成年であるという理由だけで，飲酒・喫煙で処罰されなければならないのだろうと考える未成年者がいたとしても不思議ではない。

　日本の**少年法**では，14歳以上20歳未満を「少年」と定義している。ここでは，男子は「男子少年」あるいは単に「少年」とよばれ，女子は，「女子少年」とよばれる。近年，少年非行に対する社会の対応がより厳しい処分を求めるようになっていることを受け，「少年」を18歳未満にしてはどうかという議論がある。その議論には，欧米では，18歳未満が一般的であることも影響していよう。しかし，日本の民法においては，「20歳以上」に選挙権などの成人としての権利および義務が与えられると規定されていることから，変更には慎重な

声が多い。14歳未満の児童が法律違反行為を行った場合，「触法少年」として，原則として，厚生労働省管轄下の各都道府県にある**児童相談所**で扱われる。14～20歳で法律違反を行った場合，**家庭裁判所**で審判を受け，保護処分が必要であるとの審判結果が出た場合には，法務省管轄下の**保護観察所**あるいは**少年院**において処遇を受けることになる。いずれにせよ，未成年であるという理由で，成人とは異なる特別な扱いが規定されているわけである。

その少年法3条1項3号には，「保護者の正当な監督に服しない性癖のあること」「正当な理由がなく家庭に寄り附かないこと」「犯罪性のある人若しくは不道徳な人と交際し，又はいかがわしい場所に出入すること」「自己又は他人の徳性を害する行為をする性癖のあること」があって，「将来，罪を犯し，又は刑罰法令に触れる行為をする虞のある少年」を「家庭裁判所の審判に付する」とある。いわゆる虞犯（ぐ犯：将来罪を犯すおそれがある）である。「正当な」監督や理由，「いかがわしい」「徳性」といった言葉に議論の余地はあろうが，親の言うことを聞かないだけで，「非行」と見なされうるのである。

ある行為が法律的に禁止されるか否かに関して議論がありうる場合，ある条件を満たした人には「犯罪」ではないが，満たさない人に対しては，法的規制を行うという対応策がありうる。例えば，飲酒・喫煙は成人では違法ではないが，未成年では違法となる。これは，英語では，status offense（**ステイタス・オフェンス**：日本の少年法ではおおむね「ぐ犯」にあたるが，ややニュアンスを異にする）とよばれ，status（身分，地位）によっては法律で禁止されるという意味である。「非行」というと現代では，「少年」を連想するかもしれないが，元来は，「行いに非ず（正しくない行い）」という含意であろう。犯罪・非行は，社会の中で行われる行為であって，行為そのものの意味だけではなく，それが社会（人々）から「犯罪・非行」と「見なされる」行為が「犯罪・非行」と「よばれる」という側面があることを念頭においておく必要がある。

[3] 時代や文化を超えた「犯罪」とは

それでは，「犯罪・非行」は時代的・文化的に規定される相対的なものにすぎないのであろうか。ニューマン（Newman, 1976）は，異なる文化的・社会的背景を有すると思われる世界6カ国（アメリカ・ニューヨーク，イタリア・サル

ジニア島，イラン，インド，インドネシア，ユーゴスラビア）で，「以下の行為が法律で禁止されるべきか？」という調査を行った。それらの行為とは，「強盗（ある人が他者から50ドルを強奪し，被害者はけがをして入院する）」「横領（ある人が政府の基金を私的に流用する）」「近親姦（ある男性が成人である実の娘と性関係をもつ）」「大気汚染（工場の支配人が，工場から大気汚染のガスを排出し続けるのを放置する）」「薬物使用（ある人がヘロイン等の薬物を使用する）」などである。「強盗」に関しては，アメリカとイタリアで100％禁止されるべきであるとされ，最も肯定率が低かったのは，インドの97.3％であった。「横領」に関しては，イタリアの100％からアメリカの92.3％の肯定率であり，非常に高い確率で，世界のどの文化でも一致して法律で禁止するべきであると見なされた。他方，「近親姦」になると，イランの98.1％からアメリカの71％，「大気汚染」では，インドの98.8％からユーゴスラビアの92.8％，「薬物使用」では，インドネシアの93.3％からインドの74.9％と多少のばらつきが見られるようになり，「妊娠中絶」「同性愛」「デモ行為」「危険な状態にいる人を助けないこと」に関しては，さらに意見が分かれた。

　時代や文化を超えて，「犯罪」と見なされる行為というものはやはりあるようだ。それは「被害（者）」の存在である。犯罪とは，自分と人々とが共存し，安心して生きていくための基本的ルールを破る行為である。誰でも犯罪行為の被害者にはなりたくない，客体に損傷や損失を与える行為は，それを禁じる主体が誰であれ，ひいてはそのルールが破られた際に「罰」を与えるのが誰であれ，「罪」と見なされるといってよいかもしれない。

[4] **本書における犯罪の定義**

　アンドリュースとボンタ（Andrews & Bonta, 1998）は，犯罪は，法律的，道徳的，社会学的，心理学的の4つの側面から定義されるとしている。法律的定義によれば，「犯罪とは，国家によって禁じられ，法によって罰せられる行為」であり，**道徳的定義**によれば，「犯罪とは，道徳的・宗教的規範を犯し，超越的存在（神，お天道様など）により罰を受けると信じられている行為」であり，**社会学的定義**によれば，「慣習や社会規範を犯し，共同体によって罰せられる行為」であり，**心理学的定義**によれば，「行ったものには報酬をもたらすかも

しれないが，他者には苦痛や損害を与える行為，すなわち反社会的行為」である。ルールを定め，それが破られた場合に罰を与える権威（国家，超越的存在，人間共同体）による定義とともに，それを行う個人の側からの心理的意味を定義したうえで，彼らは，犯罪を「司法の注意をひく可能性のある反社会的行動」と定義している。本書は，犯罪・非行の心理学を扱うので，個人の行動により重点をおいたこの定義を採用する。

2 犯罪・非行の研究方法

　犯罪・非行の現状は，何から知るのであろう。テレビや新聞等のマスコミ報道からであろうか。多くの人々が，個々の犯罪・非行に関するマスコミ報道から犯罪・非行に関心を抱く。しかし，マスコミによる個々の犯罪報道は，犯罪・非行の現状や動向を全体的・本質的に把握するには偏りと限界があることを否定できない。

　犯罪・非行の**研究方法**としては，**量的研究**と**質的研究**とがある。前者に関しては，**公的統計**を活用する方法，犯罪行為の**自己申告法**，**犯罪被害実態調査法**があり，後者に関しては，被害や加害の**インタビュー調査**がある。研究方法によって，見えてくるものは異なり，新たな研究方法の創始が新たな知見の創出にもつながっている。

[1] 公 的 統 計

　犯罪・非行の現状や動向を全体的に知るためには，『犯罪白書』『警察白書』などの政府機関による公的統計を参照するのが第一歩である。

　例えば，平成18年版の『犯罪白書』（法務省法務総合研究所，2006）を見ると，平成17年における刑法犯の認知件数は，312万5216件（前年比8.8％減）であり，このうち交通関係業過を除く刑法犯の認知件数は，226万9572件（同11.4％減）であった。これらの認知件数は，戦後最多を記録した14年をピークとして，以降減少したものの，戦後全体を通して見ると，なお相当高い水準にある（図1-1）。同じく少年非行に関しては，少年刑法犯検挙人員は，昭和61年

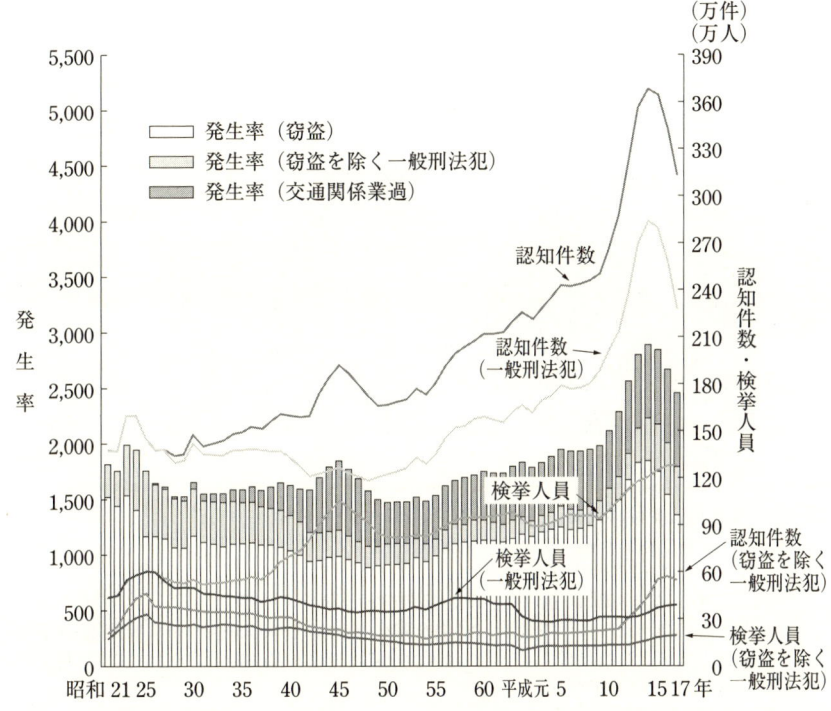

図1-1 刑法犯の認知件数・検挙人員・発生率の推移（昭和21～平成17年）
（注） 1　警察庁の統計および総務省統計局の人口資料による。
　　　 2　昭和30年以前は，14歳未満の者による触法行為を含む。
　　　 3　昭和40年以前の一般刑法犯は，「業過を除く刑法犯」である。
　　　 4　発生率とは人口10万人あたりの認知件数をいう。
（出典）法務省法務総合研究所，2006より。

以降10歳以上20歳未満の少年人口が減少傾向にあることを反映して減少し，平成7年には20万人を下まわり，その後は，おおむね20万人前後で推移し，17年は17万8972人（前年比7.3％減）となった。同検挙人員の人口比（10歳以上20歳未満の少年人口10万人あたりの検挙人員の比率をいう）は，8年以降上昇傾向にあり，17年は，1418.4（前年比87.5ポイント低下）と，少年非行のピークである昭和50年代後半頃についで高い水準にある（図1-2）。一般刑法犯検

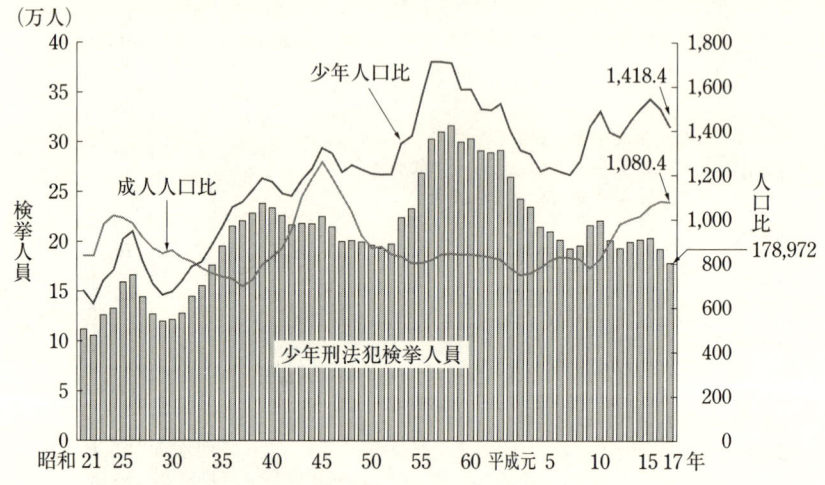

図1-2　少年刑法犯検挙人員・人口比の推移（昭和21～平成17年）
(注)　1　警察庁の統計および総務省統計局の人口資料による。
　　　2　触法少年の補導人員を含む。
　　　3　昭和45年以降は，触法少年の交通関係業過を除く。
　　　4　「少年人口比」は，10歳以上20歳未満の少年人口10万人あたりの少年刑法犯検挙人員の比率であり，「成人人口比」は，20歳以上の成人人口10万人あたりの成人刑法犯検挙人員の比率である。
(出典)　法務省法務総合研究所，2006より。

挙人員中の少年の比率は，近年は成人検挙人員の増加に伴って低下を続けており，17年は35.4％（前年比2.5ポイント低下）となった。白書を読みこなすことで，犯罪・非行の現状について，かなりのことがわかるのは確かである。

　しかし，ここでも，ことはそう単純ではない。実際には，例えば「犯罪は増えているのか」「少年非行は凶悪化しているのか」という問いに対してさえ，さまざまな統計の読み方と議論がある。増えている，凶悪化しているという知見に対して，同じ統計を用いながら，まったく異なる結論が導き出されうる。このあたりは，犯罪社会学では，重大なテーマの1つである。関心のある人は，章末の文献案内に挙げた，鮎川（1994），大村（2002），河合（2004），土井（2003），浜井（2006），間庭（2005）などを参照されたい。ついでに，谷岡（2000），ハフ（1968），ベスト（2002）などで，統計の読み方を学ぶと参考にな

るであろう。

[2] 自己申告法および犯罪被害実態調査法

　ここでは，公的統計の落とし穴として，「暗数(あんすう)」の問題を指摘するにとどめる。すなわち，白書は，基本的に，警察に届けられ，犯行があったと認知された犯罪についてのデータである。比較的軽微な財産犯罪の被害や公表がはばかられる性犯罪の被害などは，警察に届けられない場合も多いと思われる。この表に出てこない数を「暗数」とよぶ。実際の犯罪の発生数は，認知された件数に比してかなり多くなるであろうことが推察される。そして公的統計には，犯罪者の特性についてのデータも含まれているが，これはあくまで検挙された犯罪者についてのデータである。既述のように日本の近年の検挙率が半数に満たないことをあわせ考えると，検挙された人々に関するデータは，犯罪を行った人々の実態を完全に反映するものとはいえないであろう。

　こうした公的統計の弱点を補うものとして，犯罪の自己申告法と犯罪被害実態調査がある。両者ともに，社会調査の手法に基づいて，人々に対して，「犯罪行為の体験」あるいは「被害体験」について直接問うものである。前者に関しては，アメリカでは，ハーシの研究（Hirschi, 1969）やナショナル・ユース・サーベイ（全米青少年調査）があり，それまで公的統計で見出されていた，「貧困層や少数民族に犯罪が多い」という見解をくつがえし，社会経済階級や人種は犯罪の発生率に無関係であるという知見をもたらすなど，犯罪研究に大きな一石を投じた。後者は，日本においても，国際犯罪被害実態調査に参加する形で，法務総合研究所において実施され，犯罪被害の実態を把握し，国際比較をするうえでも有益なデータが提供されている。犯罪被害実態調査と犯罪の自己申告法は，今後日本においても，公的統計を補完し，犯罪・非行の実態を把握する1つの方法として，活用されることが期待される研究方法である。

[3] インタビュー調査

　ある犯罪を起こした犯人について推理を求められた場合，「それは男性ですね。年齢は，10代後半から20代後半くらいですね」と答えれば，かなりの確率で「正解」となる。公的統計のデータを見る限り，時代や文化を超えて，①

ほとんどの人は犯罪をしない，②犯罪の大半は，財産犯である，③犯罪者のほとんどは男性である，④犯罪のピークは，10代後半から20代で，それを超えると減少するという「事実」がある。現代日本でも，刑法犯の発生率は，依然として高い水準にあるといいながらも，交通関係業過を含めても，人口10万人あたりせいぜい3000人であり，うち窃盗が6割近くを占め，検挙された人々の特徴を見ると，年によって変動はあるものの年齢別では，20代までが6割前後を占め，性別では男性がほぼ8割を占めている（法務省法務総合研究所，2006）。こうした量的データは，確かに重要であるが，それだけでは把握しきれない面があることも確かである。こうした量的研究に対してインタビュー調査を活用して，犯罪を異なる視点から照射したのが，女性研究者たちによる**犯罪被害体験**に関する質的研究である。

例えば，男性の性器露出は，日本でも女性の4割前後が被害体験のある比較的「ありふれた」性暴力であるが，伝統的な犯罪学では，比較的暴力性が低いと見なされ，加害者はおとなしく気弱で，それ以上は何もできない「かわいそうな」人々と見なされ，放置されがちであった。しかし，「比較的暴力性が軽い」とはいうものの，女性に与える影響として，「被害者は，加害男性が次にやろうとしていることを恐れ，死の恐怖を抱くことがありうる」ことを，被害者のインタビュー調査から，マクニール（2001）は見出した。彼女によれば，ある女性は3回「性器露出」の被害を受けていた。1度目は，昼間友人と街を歩いている際に，前方から歩いてきた男性が性器を露出していた。そのときの彼女の体験は，「ショック」ではあるが，友人たちとそのショックを語り合うこともできた。ところが2度目の被害では，真夜中1人で，人気のない，逃げ道のない1本道を歩いているとき，前方から屈強な男性が露出した性器を触り，ニヤニヤしながら彼女の顔を見据えて歩いてきた。そのとき，被害者が感じたのは「通り過ぎる瞬間飛び掛られ，強姦され，殺される」という「死の恐怖」であった。3度目は，夕方1人で街を歩いている際，民家の軒先に老人が座り込み，男性器を露出してマスターベーションをしていた。そのとき彼女が感じたのは，近くの精神病院の患者さんかも，気の毒に，という「同情」である。

1人の女性の，同じ「露出被害」でも，その体験は，おかれた状況によって

非常に異なる。犯行が，他に人がいるところで昼間行われ，加害者が弱々しく見える場合は，被害者は加害者の行為を「滑稽」と感じる余裕をもつこともありうるが，夜間に人気のない場所で，男性加害者が自慰をしたり，ニヤニヤと顔や体を見るなど女性を怖がらせることで性的興奮を得ようとしている場合には，「露出の次には飛び掛かられ」，さらにはレイプや殺される恐怖を感じても不思議ではない。被害体験には，現実的な**危険性の評価**，つまり「暴力の脅し」が影響しているのである。

3　発達の視点と犯罪研究

[1] 犯罪・非行における男女差の視点

　数として少ないためか，社会に与える危害がより低いと評価されたのか，それとも研究者がほとんど男性であったためか，歴史的に犯罪研究は男性の犯罪を中心に研究され，女性の犯罪は「外れ値」として除外されてきた。女性の犯罪者は，「かわいそうな犠牲者」か「鬼のような魔女」であり，いずれにせよ「例外」として扱われてきた (Stanko & Rafter, 1982)。それに対し，そもそもなぜ女性の方が犯罪を行うことが少ないのかという「自明の理」に挑戦したのが，1970年代以降のフェミニスト系の女性犯罪学者，被害者学者たちである。当時のアメリカで，フェミニズムが社会的注目を集めるようになり，同じ頃，公的統計のうえでも女性の犯罪率が上昇したことから，「はたして女性の社会進出が犯罪率を押し上げたのか」という議論が行われた。男女の生物学的差異は，時代を経てもそれほど変化するとは考えにくいので，社会的な役割の変化によって犯罪率も変化したとすれば，犯罪行動生起における文化的，社会的影響を認めることができるかもしれない。

　現在でもこの疑問に明確な答えが出ているわけではない。男女の犯罪率の差を，男性ホルモンと女性ホルモンあるいは男性脳と女性脳の差など生物学的な違いに求める立場もあれば，社会化の違いに求める立場もある。ただ，明らかになりつつあるのは，これまで男性に比して少ないとされていた女性の攻撃行動は，**直接的・身体的攻撃行動**だけでなく，**間接的・関係的攻撃行動**を含めると，

従前考えられていたほど大きな性差があるわけではないということ，および子ども時代に攻撃性が高いと評定された女児は，思春期にかけて，飲酒・喫煙を含む薬物乱用が多く見られるようになり，かつ早期からの無防備な性行動が見られて，妊娠中絶率や性感染症率が高くなるが，犯罪行為で司法機関に係属する割合は，同じく攻撃行動が見られた男児よりも低く，しかし精神科受診率は高くなる傾向があるということである。男性は，犯罪行動や攻撃行動として「**外在化**」し，女性は，不安や抑うつなどの精神症状に「**内在化**」する傾向があると考えられるようになってきている。関連して，近年研究がさかんになり特定されつつある男性の犯罪行動を予測する**危険因子**および**保護因子**が，女性においても同様の要因であるのか，それとも異なる要因が関係しているのかが論点となりつつあり，研究が進められるようになってきている（Putallaz & Bierman, 2004）。犯罪行動における性差の問題は，人間行動の生物学的要因と文化的要因の相互作用について考察を深めるうえでも重要な切り口を提供しているといえよう。

[2] 発達の視点が犯罪研究に寄与するもの

性別以外にも，犯罪の原因について，人はさまざまな「仮説」をもっているかもしれない。例えば，「犯罪は家系に伝わる遺伝的なものである」「犯罪は，精神障害あるいは脳の器質障害による」「親の愛情あるいはしつけが足りないなど，家庭に問題があるから子どもが非行する」「学校が落ちこぼれをつくり出し，彼らが非行をする」「悪い仲間のせいで非行に走る」「お金や仕事がないから犯罪を起こす」等々である。一口に犯罪行為といっても，犯行を行う個人の要因が大きいものから，状況の要因が大きいもの，個人の要因が大きいといっても，生得的要因が大きいものから学習的要因が大きいものまで，さまざまである。確かにいえることは，犯罪は何か単一の要因が生み出すものではなく，多様な要因がからみ合って生起するということである。性差だけではなく，なぜどの時代・文化においても，ほとんどの犯罪・非行行動は10代後半から20代で生起し，後は終息していくのか，その中で，犯罪行動が変化しない人々に共通要因はあるのかといった「発達」の視点は，犯罪・非行の原因論，予防論および犯罪行動変化のための働きかけの方法論にとって，重要な知見を提供

すると期待される分野である。また逆に，犯罪・非行研究がより広く心理学や人間科学に対して有益な知見を提供できることも期待される。よりくわしくは，第Ⅱ部第8章で述べる。

4　学際的研究分野として犯罪・非行を学ぶ

　本書では，「個人の行動」に重点をおいた心理学的定義を採用しているが，犯罪・非行は，もちろん心理学の分野だけで把握しきれる現象ではない。このことは，犯罪・非行が「社会における個人の行動」であるということを考えれば，容易に理解できるであろう。したがって，犯罪・非行を研究対象とする学問分野は，法律学，刑事政策学，社会学，心理学などさまざまである。第2章で詳述される**犯罪理論**には，犯罪者・非行少年に関する理論（生物学的・心理学的理論），社会がその行動をどう見るかということを含む犯罪行動に関する理論（社会学的理論），そして犯罪行動を国家がどのように統制するかという司法制度に関する理論（刑事政策的理論）が解説される。

　それぞれの学問分野が，主として犯罪・非行をどのレベルから見ているのかを示したものが図1-3である。心理学や精神医学（生理学）においては，犯罪行為を行う個人のレベルで，犯罪行為を理解しようと試みる。例えば，既述のアンドリュースとボンタ（Andrews & Bonta, 1998）は，個人がその状況をどのように定義するか，つまり**犯罪行為**を行うことが自分の欲求を満足させる手段として有効であるかどうかを，犯罪行為の心理的瞬間において判断・決断し，「よし」となれば，個人は犯罪行為を行うと考える。場面の定義の仕方には，生物学的および心理学的な個人差が存在する。その判断と決断には，その場そのときの状況としての犯罪行為を**促進する要因**と**抑制する要因**，犯罪に都合のよい考え方をどのくらいもっているか，犯罪行為を軽く思わせるようなサポートがあるかどうかなどが，影響を与えると想定している。例えば，鍵のかかっていない自転車を見たとして，ほとんどの人はその自転車を盗むことはしないが，歩き疲れて電車賃もなく，家まで遠い，あたりに人影はない，ちょっと「借りるだけ」，友達もやっていると聞いた，といった条件がある中学生であれ

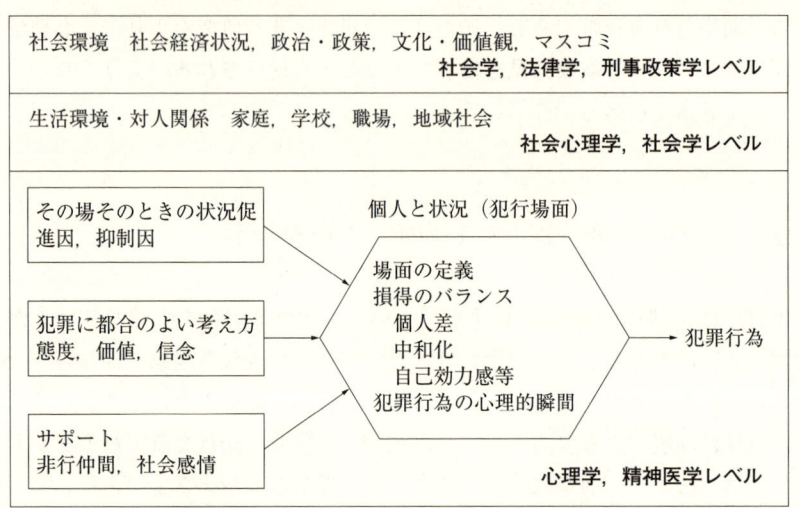

図 1-3　犯罪行為の説明要因
（出典）　Andrews & Bonta, 1998 を一部改変。

ば，盗むかもしれない。盗まないことより盗むことの方が，自分にとって得であると判断しているのであろう。もちろん，この中学生は自転車を盗まれる被害者の損失は念頭にない。こうした個人の行動としての犯罪行為あるいは犯罪行為における個人差を主たる研究対象とするのが，犯罪心理学である。本書では，第3章，第4章の犯罪・非行の**個別的要因**において，**パーソナリティ要因**と**発達障害**について詳述する。

　しかし，こうした個人の行動パターンは，個人を育む家庭，学校，職場，地域社会といった身近な生活環境や対人関係との相互交流の過程で形成されてくるものである。どのような生活環境が犯罪行為を促進し，または抑制するかということに関する知見も重要であり，その面からは，社会心理学的あるいは社会学的研究が行われる。アメリカで，「犯罪学」というと，実際には，犯罪「社会学」であり，個人の犯罪行動に影響する社会的要因について，数多くの理論的・実証的研究が積み重ねられてきている。犯罪「心理学」といえども，社会の中で行う個人の行動である犯罪・非行に関しては，この社会的要因を軽

視しては，その理解も適切な対応も不可能といってよい。犯罪行為をすべて個人に還元し，犯罪を行った個人を排除あるいは変化させることのみで，犯罪現象への対応を図ろうとすることは効果的な対応とはいえない。本書においては，第5章において，**家族関係**と犯罪・非行，第6章において，**学校・職場・地域社会**と犯罪・非行を扱う。

　それぞれの学問には，それぞれの理解の枠組みがあり，その学問を学ぶものは，その枠組みを身につけていくことが期待される。「心理学」を学ぶ者は，必然的に「個人」あるいは特にその「内面」に目を向ける傾向がある。筆者は，日本の大学で心理学を学び，非行臨床実務に就いてから，アメリカで社会学の一分野である「司法行政学」を学ぶ機会を得た。アメリカで犯罪社会学を学びはじめたときの実感は，「社会学の理論はなんてザルのようなんだろう。こんな大雑把な網目では，1人ひとりがこぼれ落ちてしまう」というものであった。しかし，しだいに対象の特性に応じた道具が必要なのだと考えるようになった。「かみそりでは木は倒せないが，なたではひげは剃れない」。個人の行動を見る際には心理学，社会を見るときには社会学が必要なのである。どちらかに軸足をおくとしても，双方の視点をあわせもつことが犯罪・非行の理解にとっては不可欠であろう。

　どの視点から犯罪・非行の理解を試みるにしても，現代の犯罪・非行研究においては，「事実」に基づいた**実証主義**がその基底にあることには変わりはない。第7章では，エビデンスに基づく最新の研究成果について記述する。歴史的には，さまざまな研究分野からさまざまな研究や理論の提唱が行われてきたが，現代ではこうした統計的手法に基づく研究がさかんに実施されるようになっている。とはいうものの，「実証的」というのは，必ずしも統計的，量的研究であるという意味ではなく，臨床的，質的研究とあいまってはじめて，犯罪・非行の理解と適切な対応という所期の目標を達成できるのであろう。木を見ることと，森を見ること，および，木や森を計測することと，木や森を生かし共存することは，すべて同様に大切なことと考えている。

文献案内　BOOK GUIDE

鮎川潤（2002）．『少年非行の社会学　新版』世界思想社
大村英昭（2002）．『非行のリアリティ——「普通」の男子の生きづらさ』世界思想社
河合幹雄（2004）．『安全神話崩壊のパラドックス——治安の法社会学』岩波書店
土井隆義（2003）．『〈非行少年〉の消滅——個性神話と少年犯罪』信山社出版
間庭充幸（2005）．『若者の犯罪——凶悪化は幻想か』世界思想社
　▷本書では十分にふれることができなかった，犯罪・非行の社会学的理解を助ける文献のうち，比較的発行年が新しいものである。
ハーシ，T．／森田洋司・清水新二監訳（1995）．『非行の原因——家庭・学校・社会のつながりを求めて』文化書房博文社
　▷犯罪の自己申告法を用いた研究で，社会統制論の代表的著作であり，基本的文献である。
浜井浩一編（2006）．『犯罪統計入門——犯罪を科学する方法（龍谷大学矯正・保護研究センター叢書4）』日本評論社
谷岡一郎（2000）．『「社会調査」のウソ——リサーチ・リテラシーのすすめ』文藝春秋
ハフ，D．／高木秀玄訳（1968）．『統計でウソをつく法——数式を使わない統計学入門』講談社
ベスト，J．／林大訳（2002）．『統計はこうしてウソをつく——だまされないための統計学入門』白揚社
　▷量的研究を行う際あるいは読み込む際の，基本的知識と理解，方法を提供してくれる。
クラーエ，B．／秦一士・湯川進太郎編訳（2004）．『攻撃の心理学』北大路書房
　▷犯罪・非行行動を攻撃行動としてより大きな心理学的理解の中に位置づけるのに好適な文献である。

【藤岡淳子】

性犯罪

コラム ①

　「性犯罪」の定義は多様である。一般的には，「相手の同意なく行われるすべての性的行為」が「性加害」と位置づけられ，このうち，法律によって禁止され，有罪とされたものを「性犯罪」とよぶことが多い。子どもは，定義上性行為に同意する能力がないとされているため，「いくら相手がよいと言っても」，子どもに対する性行為は性加害と位置づけられる。以下に，性犯罪・性加害を考えるうえでのポイントを3点紹介する。

　(1) 暗数の多い犯罪であること――性犯罪は，暗数が非常に多い。アメリカでの研究によると，性被害にあった人が警察等に訴える割合は，10～30%程度と推定されている。性加害に対する認識の差異などを考えると，日本での割合は，さらに低い可能性がある。性犯罪の発生件数や性犯罪者の再犯率を見るときは，この点に注意する必要がある。

　(2) 偏った情報が耳に入りやすいこと――報道される性犯罪は，事件の猟奇性や，加害者の特異性が目立つものが多い。しかし，多くの性犯罪者は，一見したところいわゆる「普通の人」と変わらず，性加害を行ったこと以外は，社会的に問題なく生活していることも多い。また，アメリカ司法省の統計によると，約9割の性加害は，被害者の知人，(元) 恋人，家族によるものであるという。「性犯罪は特異な人だけが行う」ものではなく，実際には，さまざまな人が性加害を行っていることを正しく認識することが，性被害を未然に防いだり，発覚を促したりすることにつながる。

　(3) 性犯罪の原因は多様であること――一般的には，性犯罪の主原因は，性衝動コントロールの悪さと考えられている。しかし，実際には，性加害の多くが非性的な動機に基づいて行われていることが明らかになっている。例えば，自尊感情の低さ，認知の歪み，親密な対人関係・社会的スキル・共感性の不足などが背景要因として見出されている。これらの要因が発生する過程を明らかにするため，生物学的要因，発達的要因，早期経験，人格的特徴などに加え，性加害を促す個人外要因として，文化や社会規範などが幅広く研究されている。性加害の背景要因が多様であることは，性加害抑止のためにとりうる手段が多様であることにもつながる。ただし，より効果的に性加害を抑止するためには，「用意しうるリソース」で，「最も大きな変化を生じさせることができる要因」に着目するという視点が必要である。

【朝比奈牧子】

第2章
犯罪・非行研究の基礎理論

1 犯罪・非行理論とは

[1] 犯罪・非行理論を学ぶわけ

　犯罪・非行理論はじつに多様である。まず，焦点の当て方や切り口がさまざまである。犯罪がなぜ起こるのかを説明するもの，犯罪を防ぐ方法を説明するもの，犯罪が起こった場合に効果的に再犯を防ぐ方法を説明するものなど，互いに深く関係してはいるが，第一に着目する点に違いがある。

　これに対応して，人が犯罪について説明を求める理由もまたさまざまである。自分や愛する人が被害にあわないためにはどうすればよいのか知りたい，被害にあってしまった場合，なぜそのような目にあったのか理由が知りたい，自分や身近な人が犯罪を犯してしまった場合，何がいけなかったのか知りたい，などが挙げられる。しかし，まとめると，「犯罪を減らすために何ができるのかわかりたい」ということが，大きな理由といえそうである。となると，よい犯罪理論の条件というものが見えてくる。

　第1に，どのようにすれば犯罪が減らせるのか，具体的で現実的な方法を示してくれるものである。仮に正しく犯罪を説明したとしても，犯罪抑止の対策を示さないものはよい理論とはいえない。かつて一世を風靡した理論でも，現在では「当時の風潮と社会の構造を知る」以外の使い道がないものもある。現代社会で，生きた理論として活用するための具体的な対策に結びつかないので

ある。言い換えれば,「それがわかっても,どうにも打つ手がない」のでは,よい理論とはいえない。

第2に,第1と関連して,検証可能な理論であることである。どんなにもっともらしくても,実例にあてはめて検証できないのでは,実際どの程度有効な説明であるのかが見えてこない。

第3に,多くの事例を説明できることである。ある少数の犯罪者が事件を犯した理由を非常によく説明した理論であっても,たいていの場合はあてはまらなければ,この理論に従った手を打っても効果が小さい。せっかくであれば,なるべく多くの犯罪抑止に効く方法を知っておきたい。

このように犯罪理論の歴史を眺めると,その時代の人が,犯罪をどのようにとらえていたかということに加えて,その社会的な背景が,どのような対策をとることを許容していたかということも見えてくる。具体的には,犯罪・非行を行った者を排除する方向にあったか,適切な処遇を行って社会に再統合する方向にあったか,人間の本質をよいものととらえていたか,悪いものととらえていたか,司法制度や社会全般にどの程度の信頼感・期待感がもたれていたか,などの事柄が浮き彫りになってくる。これらの背景をふまえたうえで,犯罪・非行理論を概観し,現代の私たちにとって,本当に役に立つ犯罪理論とはどういったものなのかを考えるための視点を提供することが本章のねらいである。

[2] 犯罪理論の分類

多くの雑多なものの全体像を把握するためには,分類が便利である。ここでは,犯罪理論を大きく3つに分類して見ていくことにしたい。

1つ目は,主として犯罪を効果的に防ぐ司法制度に焦点をあてたものである。ここでは,刑事政策的理論とよぶことにする。

2つ目は,主として犯罪が起こる社会の仕組みに焦点をあてたものである。これは,社会学的理論とよばれている。

3つ目は,主として犯罪を行ったか,これから行う可能性の高い個人に焦点をあてたものである。これは,生物学的・心理学的理論とよべるだろう。

この3つの分類に基づき,第2節から紹介する各理論の位置づけをまとめると,図2-1のようになる。この図を見取り図として,各理論の位置づけについ

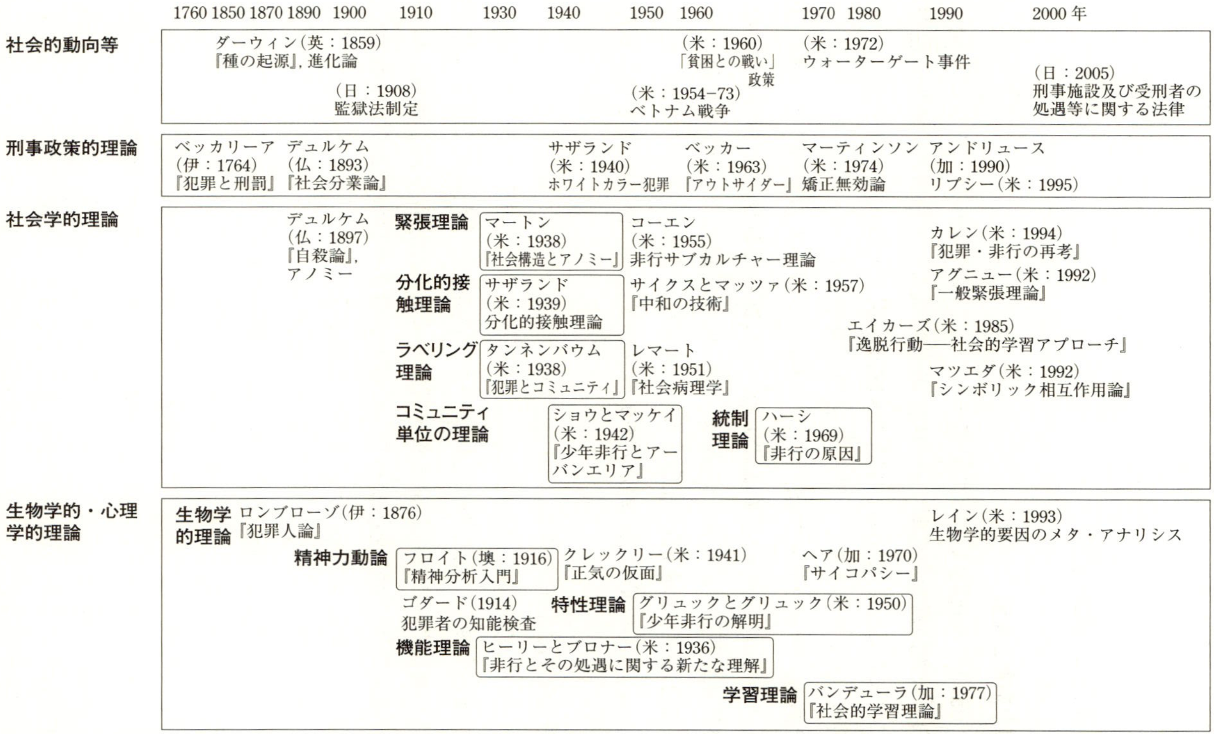

図 2-1 犯罪理論の見取り図
(注) 英はイギリス，日は日本，米はアメリカ，伊はイタリア，仏はフランス，加はカナダ，墺はオーストリア。

第2章 犯罪・非行研究の基礎理論 ― 23

て見ていくと便利である。

2 刑事政策的理論

[1] 犯罪と刑罰の均衡

　今日の犯罪学の基礎は，18世紀にヨーロッパで生まれたとされている。はじめに刑事政策的理論を説明するのは，現代に残る中で最も古い犯罪理論がこの部類に含まれるからである。犯罪を効果的に防ぐ司法制度のあり方について明解に示した最初の人は，『犯罪と刑罰』を著したベッカリーア（Beccaria, 1764）である。ベッカリーアは，アンシャン・レジームの刑罰制度の非人道性を批判し，「刑罰はあらかじめ法に定め，法に従って執行しなければならないこと（**罪刑法定原則**）」「司法手続きは，法に従って適正に行わなければならないこと（**適正手続きの原則**）」に加えて，「刑罰は，犯罪の重さに比例したものにしなければならないこと（**罪刑の均衡**）」を主張し，国内外に大きな影響を与えた。

　犯罪を効果的に防ぐためには，刑罰は重いほどよいのではないのである。例えば，窃盗にも殺人にも同じ死刑という刑罰が科されたとしよう。窃盗が起こる件数を減らす効果はあるかもしれないが，窃盗を行った人が「自分はどうせ死刑だ」と開き直った場合，捕まるまで何件でも窃盗を繰り返すかもしれないし，悪い場合には，窃盗をとがめた人にひどいけがを負わせるかもしれない。窃盗被害にあうのは嫌であるが，そのうえけがをさせられるよりは，まだましである。そういう視点から，犯罪の重さに見合った刑罰を科すことが大事であると説いたのである。例えば，日本では，2005年1月，2006年5月に相次いで「刑法等の一部を改正する法律」が施行されたが，この目的の1つは，犯罪と刑罰の不均衡の是正にあった。強制わいせつや強姦の懲役刑の上限または下限が引き上げられた一方で，窃盗には懲役刑に加えて罰金刑が新設され，強盗致傷の懲役刑の下限が引き下げられた。性犯罪については，女性の地位が向上し，性犯罪被害による心身への影響の大きさがより広く認知されたことによる不均衡の是正であるといえよう。一方の窃盗や強盗致傷については，物不足の

時代には，窃盗や強盗など財産犯の被害にあうことが，その人の明日の生活を脅かし，ひいては生命までをも脅かす可能性が現代と比較していっそう高かったことの影響といえるかもしれない。このように，罪刑の均衡は，時代背景によって変化しうるものである。

　ベッカリーアの罪刑の均衡は，現代では「ジャスト・デザート（just desert：ちょうど見合うだけ）理論」として引き継がれている。ジャスト・デザート理論の発想は合理的であるが，一方で，刑罰の応報的側面に注目しすぎているとの批判もある。確かに，見合わない刑罰を与えることの悪影響は大きいが，一方で，同じ刑罰でも，受ける個人によって，社会的影響や改善更生の可能性といった他の要因はさまざまに異なっている。例えば，十分な養育を受けられない子どもがお腹をすかせて食べ物を万引きした場合と，反社会的な傾向が進んだ大人が支払い能力があるにもかかわらず金品を窃取した場合について，たとえ被害の大きさが同じであっても，同じ罰を科すことが妥当かどうか，慎重に検討する必要がある。

　ジャスト・デザート理論のみに偏れば，これらの背景要因や罰による犯罪抑止の効果を度外視することになるという警告は重要であろう。

[2] 司法制度の4つの機能

　では次に，司法制度の機能を4つの側面から眺めることにする。司法制度には，大別すると，①**拘束**（incapacitation），②**応報**（retribution），③**抑止**（deterrence），④**改善更生**（rehabilitation）の犯罪抑止機能が期待されている。

　第1の拘束は，犯罪に対する刑罰として，懲役などの施設収容を科すと，施設に収容している間，犯罪を行った人物が社会との接点を失い，そのために再犯をするおそれが小さくなり，社会の安全が保たれるという効果を期待するものである。

　第2の応報は，犯罪を行った加害者に対して刑罰を科し，金銭の没収，自由の剝奪，労働の義務化などにより，懲らしめる機能をいう。悪いことをした者は，痛い目にあわせる，という考え方である。主として，被害者や関係者の怒りを司法制度が代弁し，その無念さを軽減するという効果を期待するものである。

第3の抑止は，犯罪に対する刑罰を科すと，その本人が罰せられるのはもう嫌だと考え，再犯をする可能性が小さくなるという**特別抑止効果**と，刑罰を科されているところを観察した周囲の人が，罰せられるのは嫌だから犯罪を犯すのはやめようと考えるという**一般抑止効果**の2種類がある。

　第4の改善更生は，犯罪を行った本人に対して改善のための教育や指導，治療，処遇を行うことによって，再犯につながる問題性を改善し，再犯する可能性を小さくするという機能である。

　この4つは，同時に満たされることが望ましいが，一方を強調すると他方が弱まるという関係にもある。例えば，1970年代のアメリカでは，マーティンソンが発表した「矯正処遇は効果がない」という論文（Martinson, 1974）に代表される矯正無効論が台頭した。この結果，刑罰を防ぐためには①〜③の機能を強化するしかないとして，拘禁刑の多用・長期化とこれに伴う刑務所過剰収容が引き起こされ，刑務所の増築とさらなる収容増という悪循環に見舞われた。なお，その後アンドリュースらが1990年に（Andrews et al., 1990），リプシーが1995年に（Lipsey, 1995）それぞれ発表したメタ・アナリシスでは，矯正処遇の再犯抑止効果が報告され，1990年代以降のアメリカでは，再び処遇プログラムの開発と実施に予算と人材が注がれるようになっている。

　わが国では，アメリカと比較すると，従来から司法制度に対する改善更生効果への期待が根づいていたといえるが，1908（明治41）年に制定された「**監獄法**」（明治41年法律第28号）には，刑務所等の機能として改善更生は謳われていないまま長年運用されていた。行刑理念の変化や国際的な刑事準則の影響もあって，被収容者の権利保護と改善更生・社会復帰理念の徹底を図る見地から全面改正作業が行われ，1982年および1987年に法案が国会に提出されたが成立しなかった。しかし，2005年5月，「監獄法」は，約100年のときを経て「**刑事施設及び受刑者の処遇等に関する法律**」（平成17年法律第50号）に生まれ変わり，受刑者に必要な矯正処遇を義務づけることが明文化された（「刑事施設及び受刑者の処遇等に関する法律の一部を改正する法律」〔平成18年法律第58号〕の施行により「刑事収容施設及び被収容者等の処遇に関する法律」となる）。この法施行に伴い，刑事施設の改善更生機能充実への期待が高まっているところである。

[3] 司法制度と政治

次に，司法制度と政治の関係性について見ておきたい。デュルケムは，『社会分業論』(Durkheim, 1893) の中で「われわれは，ある行為が犯罪であるからそれを非難するのではなく，われわれがそれを非難するから犯罪なのである」とし，犯罪が，絶対的な行為の性質を指すのではなく，人々の反応による産物であると説明した。

さらに，20世紀に入ってからは，ベッカー (Becker, 1963) が「ある行為が犯罪であると見なされるかどうかは，司法制度がその行為にどのように反応するかによって決まる」と主張した。つまり，犯罪は，普遍的・絶対的なものではなく，その時代，その社会において司法制度を動かす立場にある人々（＝政治の中心にいる人々）に都合のよい法と制度によってつくられると説明したのである。

政治の中心にいる人々とは，人種的にその社会の多数を占め，中産階級以上の経済水準にある人々であるといえる。サザランド (Sutherland, 1940) が焦点をあてた**ホワイトカラー犯罪**（この場合のカラーは襟であり，つまりＹシャツの白襟を指す）も，同様の視点から犯罪を説明している。ホワイトカラー犯罪とは，信用と権力を手にしている人々が犯す犯罪と定義され，主に企業犯罪や経済犯罪をいう。サザランドは，ホワイトカラー犯罪が社会に与える経済的ダメージは路上犯罪のダメージを上まわっており，より多くの人を傷つけ，殺害する原因となっていると説明した。しかし，上流階級によって行われるホワイトカラー犯罪は，他の犯罪とは異なる取り扱いを受け，犯罪者自身も，周囲の人も，彼らを真の犯罪者とは見なさない傾向があると指摘した。

諸外国においては，人種的少数派が刑事施設に収容されやすいという現象が問題となっている。現代でも，アメリカではアフリカン・アメリカンやネイティブ・アメリカン，カナダではイヌイット，オーストラリアではアボリジニーなどの刑務所や保護観察などにおける人口比は，社会における人口比よりかなり高くなっている。アメリカの例では，例えば白人女性に対する犯罪を行った場合，黒人男性に対する刑罰は白人男性に対する刑罰よりも重く科される傾向があることや，黒人の間で流通している固形コカイン（クラック）の所持は，白人の間で流通している粉末コカインの所持と比較して重い刑罰を科さ

れる傾向があることなどが，この偏りを説明する要因の例として挙げられている。

このように，犯罪を行う側ではなく，司法制度を取り仕切る側の都合により犯罪を説明しようとする視点が生まれた背景には，社会的な格差の広がりや，それに対する不満の高まりが影響している。

3 社会学的理論

社会学的理論は，犯罪・非行を「個人を取り巻く社会的環境，家族，学校，仲間，職場，コミュニティ，社会のさまざまな要因の相互作用の結果生じるもの」であるとするところから出発している。ここでは，社会的要因について，より広い視点から見る**マクロ理論**，より個人に焦点をあてる**ミクロ理論**，個人に対して反応する側に焦点をあてる**ラベリング理論**の3種に大別し，それぞれの代表的理論を紹介していくことにする。

[1] マクロ理論

マクロ理論は，社会的要因が人々に与える影響を広い視点から眺めたものである。「ある状況におかれた個人は，一般的にはこのように反応する」という仮説に基づいた説明となっている。

① アノミー/緊張理論

マートン（Merton, R. K.）は，**アノミー/緊張理論**の始祖である。1938年に『社会構造とアノミー』（Merton, 1938）を著し，犯罪を「一面的な人生目標の強調」と「合法的な達成手段提供の失敗（＝アノミー）」から説明した。社会は，一般的に経済的な成功を人生目標としがちであるが，合法的な手段によってはこれを達成できない緊張状態にある一群があるという。これらの緊張状態にある人々が成功を手に入れようとすれば，非合法的な手段を選択する可能性が高くなる。マートンは，これが犯罪のからくりだと説明した。

例えば，経済的地位が低い者は，十分な教育を受けることができず，その結果として就労も制限され，経済的成功を収めることが難しくなる。彼らが経済

的な成功を求め続けた場合，窃盗や薬物売買，売春などに手を染めることになりやすい。また，彼らが経済的な成功をあきらめた場合は，自らが達成できない目標に価値をおく社会に対する不満が残り，力の強い者になることを目標として，傷害・暴行を繰り返したり，社会規範を否定し，薬物濫用を行ったりするとしている。

　この理論の発表当時は，「人は誰もが経済的な成功を目標にしている」と考えるのは画一的すぎるとか，経済的地位が低くても犯罪をしない人はたくさんいるという批判が多く，あまり注目されなかった。しかし，社会的格差の問題が重視されるようになったことに伴い，1950年代以降この理論に基づく研究がさかんに行われ，しだいに大きな影響力をもつに至った。1960年代のアメリカでは，「貧困との戦い」政策が大々的に展開されたが，その背景にはこのアノミー理論があるとされている。

　コーエン (Cohen, A. K.) は，マートンとサザランドに学んだ学生である。1955年に『非行少年——文化とギャング』(Cohen, 1955) を著し，緊張状態にある個人が非合法的な手段を用いるにあたって，非行サブカルチャーを共有する集団を形成することに注目した。コーエンの**非行サブカルチャー理論**は，目標達成の手段が阻まれることが犯罪の原因となるという点でマートンの主張と同じであるが，その目標は，単に経済的な成功にとどまらず，中産階級以上の地位を手に入れ，周囲から尊敬されることをも含んでいるととらえた。経済的な成功は，窃盗の反復によって手に入れることができるかもしれないが，地位と尊敬は窃盗によっては手に入らない。そこで，これを補うための独自の非行サブカルチャーが形成され，特に中産階級においては排斥されるような価値観に基づいたものを身につけることが，反対に労働者階級における地位の向上に結びつくとする形で，マートンの理論を一歩発展させた。

　さらに1980年代から1990年代にかけて，アグニュー (Agnew, R.)，カレン (Cullen, F. T.) らによってこの理論が見直された (Agnew, 1992；Agnew et al., 2002；Cullen, 1994；Cullen & Agnew, 1999 など)。人生目標は必ずしも経済的な成功に限らず，多様なものであるが，その個人が属する集団において重要とされる目標が達成できない状況が相対的な緊張と欲求不満を生み，これが犯罪行動に影響するとしたのである。つまり，経済的地位にかかわらず，その人が属して

いる集団の中で重要とされる目標を達成していれば人は安定するが，そうでなければ，非合法的手段をとる可能性が高くなるとしたのである。この考え方により，この理論で説明できる対象が広がった。アグニューらの理論は，マートンの緊張理論を発展させ，より適用範囲を広げたという意味で**一般緊張理論**とよばれている。

② コミュニティ単位の理論

コミュニティ単位の理論は，ある地域が別の地域と比較して犯罪・非行の発生件数が高いという点に注目し，そのコミュニティで何が起こっているのかを説明しようとしたものである。

ショウ（Shaw, C. R.）とマッケイ（McKay, H. D.）は，1942年に『少年非行とアーバンエリア』（Show & Mckay, 1942）を著し，コミュニティに着目した犯罪理論の先駆けとなった。彼らは，少年非行の背景を個人の人格や生物学的特徴によって説明するだけでは不足であるとして，少年が育ったコミュニティの環境の影響を重視した**社会解体論**を提唱した。社会解体論は，少年非行を誘発するコミュニティの特徴として，①経済水準の低さ，②人種の多様性，③流動性の高さ（住民の入れ替わりの激しさ）を挙げたものである。この3点がコミュニティのネットワークを破壊し，地域の問題解決能力を低下させ，その歪みが1つには少年非行という形で表面化するととらえたのである。この理論は，その後も複数の研究者の手によって発展したが，例えば，サンプソンとグローヴス（Sampson & Groves, 1989）によって「家族関係の破壊」といった要因が加えられた。さらにその後も，「地域」を単位として犯罪の発生に結びつく要因等を探求する犯罪マッピング研究として，主に地域防犯の観点から見た理論が発展している。

[2] ミクロ理論

① 社会的学習理論

社会的学習理論は，アノミー/緊張理論と同様に「人は生まれながらにして犯罪者なのではなく，何らかの要因により，犯罪を学習する」との前提に立っている。ただし，アノミー理論が，学習する集団あるいは学習を進める社会の構造に注目したのに対し，社会的学習理論は，学習する個人に注目したミクロ理

論と位置づけられる。

　前述のサザランドは，「犯罪は，友人や家族など親しい人との交流を通じて学習されたものである」とする**分化的接触理論**（Sutherland, 1939）を提唱したことでも著名であり，社会的学習理論の基礎を築いたとされている。つまり，人はもともと犯罪を行おうとするものではないが，親しい人が犯罪を行っていた場合には，その人々との交流を通じて，犯罪の手口を学び，法を犯すことへの抵抗感を低下させ，犯罪を合理化することを学ぶとした。こうした学習が，①人生の早期に，②より頻繁に，③より長期間にわたって，④尊敬する人物から教えられた場合，犯罪を行う可能性が高くなるとしている。犯罪を許容する人々とより頻繁に交流し，そうでない人々との交流が限られていた場合，犯罪の学習が進むというところから，分化的接触理論とよばれている。

　サイクス（Sykes, G. M.）とマッツァ（Matza, D.）は，サザランドの理論のうち，犯罪者がいかにして「法を犯してもよい」という合理化を行うかという点に注目し，1957年に『中和の技術』（Sykes & Matza, 1957）を著した。人が犯罪を選択する前後の心の動きに注目すると，彼らは犯罪全般が悪いことはわかっているが，自身の犯罪については，理由があり，正当化されると考えるようにしているというのである。サイクスとマッツァは，この正当化の方法を**中和の技術**とよび，①責任の否認，②傷害の否認，③被害者の否認，④非難者への非難，⑤より高次への忠誠という5つの側面から説明した。合理化・正当化という心の動きに注目した点では，多分に心理学的でもあるが，サイクスらが社会学者であったことから，通常は社会学的理論の1つに分類されている。

　その後エイカーズ（Akers, R.）は，1985年に『逸脱行動――社会的学習アプローチ』（Akers, 1985）を著し，犯罪を学ぶ過程をより明確にする形で，分化的接触理論を発展させた。エイカーズは，後述するバンデューラ（Bandura, A.）の社会的学習理論を取り入れ，犯罪を学習する過程を，①信念を学習する過程，②信念に基づいた行動が強化される過程，③他者の行動を模倣して犯罪行動を拡大していく過程，の3種に分けて論じた。サザランドのいう分化的接触により，犯罪を容認する信念を学ぶ過程に加えて，その結果として金銭を手に入れたり，周囲からばかにされなくなったりして強化される過程，さらに親しい人の成功からより広範な犯罪行動を取り入れていく過程があると詳細化し

たのである。犯罪・非行を行う者が犯罪性の進んだ仲間と交流する機会が多いことは，実証研究によっても裏づけられている。

このように，サザランドからエイカーズへと発展していったミクロ・レベルの学習理論は，今日の犯罪理論の主要な一流派として位置づけられている。

② 統制理論

学習理論とは異なる視点のミクロ理論として，**統制理論**が挙げられる。前述のショウとマッケイ，サイクスとマッツァも統制理論を提唱した研究者に数えられることがあるが，これらを**社会的統制理論**としてより明確に統合したのは，1969年に『非行の原因』を著したハーシ（Hirschi, 1969）である。

ハーシの第1の特徴は，「人はほうっておけば犯罪・非行を行う」という前提に立って理論を展開した点にある。アノミー/緊張理論や分化的接触理論が，「人がなぜ犯罪を行うのか」を解明するための理論であるのに対し，社会的統制理論は，「人がなぜ犯罪を行わないのか」を解明するための理論である。人が犯罪を行わない理由として，ハーシは，個人が社会との間に形成している絆（bond）に着目した。絆は，①重要な他者への愛着，②制度化されている価値志向への投資，③伝統的活動への巻き込み，④社会規範が人々の行動を拘束することの正当性についての規範観念，の4種に細分化されている。ハーシは，この絆が弱まったり切れたりしたとき，人は犯罪・非行を行うと説明した。この理論は，犯罪を行わせないためにはどうすればよいのか，という問いに答えを与える点で新しかった。さらに，単なる仮説としてではなく，実証的な裏づけとともに提唱されたことも，この理論が注目された一因である。

ハーシはその後，ゴットフレッドソン（Gottfredson, M. R.）とともに社会的統制理論を**犯罪一般理論**（Gottfredson & Hirschi, 1990）へと展開させた。犯罪一般理論は，犯罪を抑止する要因のうち，最も重要な鍵となるものを特定しようとする試みでもあり，ハーシらはこれを親子関係に求めた。

[3] ラベリング理論

ラベリング理論は，犯罪・非行を行う者から離れて，これらの者に反応する側に着目した理論として展開された。タンネンバウム（Tannenbaum, F.）は，1938年に著した『犯罪とコミュニティ』（Tannenbaum, 1938）の中で，コミュ

ニティの中で人が犯罪を身につけていく過程を説明し，同時に，逮捕などによって一度犯罪者としてラベリングされると，他の非犯罪者とは異なる人間になった感覚が生まれ，いっそう犯罪者とのつきあいを重視するようになる，といったラベリング理論の基礎となる考え方を紹介した。

その後，レマート（Lemert, E. M.）は，1951年に著した『社会病理学』（Lemert, 1951）の中で，逸脱行動を第一次と第二次とに分類した。**第一次逸脱行動**は，社会的，文化的，心理学的，生物学的要因が複雑にからみ合って発生するものであるが，これを**第二次逸脱行動**へと推し進めるのが社会からの反応，つまりラベリングであるとした。

ラベリング理論は，1960年代から1970年代初期のアメリカで台頭した。その背景には，同時代のアメリカの政府不信があるともいわれている。1960年代のアメリカは，市民権運動活動家の迫害，ベトナム戦争，ウォーターゲート事件などにより，政府の権力濫用に対する市民の不満が増大していた時代である。こうした状況下にあって，ラベリング理論は，政府の対応を批判するために都合のよい理論であったといえる。しかし，実証研究を行っても，ラベリング理論を支持する結果が出なかったことや，社会情勢の変化を受け，いったんは廃れていった。

その後，1990年代に入ってから，**新ラベリング理論**ともいうべき動きが見られ，再び注目を集めるようになっている。マツエダ（Matsueda, R. L.）は，1992年に『周囲からの評価，親によるラベリングと非行──シンボリック相互作用論』（Matsueda, 1992）を著し，従来のラベリング理論が重視していた「公式なラベリング」（逮捕，刑務所収容など）という概念に対して「非公式なラベリング」の概念を導入し，これらが犯罪・非行行為に与える影響について説明した。これは，犯罪・非行における「自己評価」の役割について，社会学的な観点から注目したという点での貢献として注目されている。

4　生物学的・心理学的理論

社会学的理論を「個人を取り巻く要因に注目した理論」とすると，生物学

的・心理学的理論は，犯罪・非行を行う個人により焦点をあてた理論と総称することができる。生物学的理論の多くは，犯罪者・非行少年と非犯罪者・非行少年とを比較し，前者により多く見られる特性を取り出すという形で理論化されている。また，心理学的理論の多くは，第3節で紹介した社会的環境が，各個人に影響を与える過程を明らかにするうえで重要な示唆を与えてくれる。

[1] 生物学的理論
① 初期生物学的理論

生物学的理論の始祖は，1876年に『犯罪人論』(Lombroso, 1876) を著したロンブローゾ (Lombroso, C.) であるとされている。ロンブローゾの**生来性犯罪人理論**の背景には，ダーウィン (Darwin, C.) の進化論 (Darwin, 1859) があり，犯罪を行う多くの者は，進化が不十分な個体であると説明された。ロンブローゾは，イタリアの司法機関で働いていた医師であった。多くの犯罪者を診察する中で，彼らに共通する特徴として，アゴと頬骨の発達，突き出た唇，長い腕，しわが多く，把握力のある足などを挙げ，これらの特徴をもったものを「生来性犯罪人」と名づけた。

ロンブローゾの理論は，非常に単純なものであり，生物学的な特徴と犯罪とを短絡的に結びつけようとするものであった。他の生物学的理論とともに，1900年代中頃まで実証研究の対象とされていたが，研究を重ねても生物学的特徴と犯罪との間に明確な関係が見出されなかったことに加えて，人種差別を容認する政策につながるとの批判を受けて，衰退した。この頃には，多くの社会学的理論が台頭してきたこともその一因であるといえよう。

② 新生物学的理論

初期生物学的理論は衰退したが，代わって新生物学的理論の時代がやってきた。新生物学的理論は，遺伝的特徴と後天的事象に幅広く注目し，これらの特徴が神経系や脳機能に及ぼす影響までを含めて検討した点を特徴としている。近年の生物学的理論は，これらの特徴と犯罪とを直接的に結びつけることはしておらず，ある生物学的特徴が個人の学習スタイルなどに影響し，刺激反応性や衝撃希求性などの犯罪に結びつきやすい特徴を増加させるなど，媒介変数を考慮した考え方をしている。ここでは，現代でも研究が続けられている生物学

的要因のいくつかを取り上げ，簡単に紹介したい。

　(a)　神経伝達物質──**神経伝達物質**と犯罪行動の研究は，セロトニン，ノルエピネフリン，ドーパミンを中心に行われている。レイン（Raine, 1993）が実施したメタ・アナリシスによると，反社会的行動とセロトニンおよびノルエピネフリンの低下の関係が示唆され，ドーパミンについては効果が認められなかったとされている。セロトニンの低下については，身体の大きいこと，社会的ストレス，栄養の偏りなどが影響していると考えられており，これらの要因が媒介変数となって，犯罪行動に影響している可能性が検討されている。

　(b)　脳機能障害──**脳機能**と犯罪行動の研究は，脳画像を測定する機器の発達とともに広がっている。いまだ研究途上の段階にあるが，現在までの発見をまとめると，粗暴犯罪と前頭葉機能障害の関係，性犯罪と側頭葉機能障害の関係などが示唆されている。ただし，これらの機能障害は，神経系の機能やパーソナリティ，認知的過程，社会的活動などとの関連を見ながら幅広く検討すべきであり，脳機能障害と犯罪行動とを直接的に結びつけるのは時期尚早であるとされている。

　(c)　精神生物学的要因──精神生物学的要因として，**皮膚電位反応**および**心拍**と犯罪行動の研究がなされている。いずれの結果からも，反社会的な人は，そうでない人と比較して，刺激全般や，犯罪行為，自らの行為を責任回避する際の覚せい水準が低いことが示唆されている。生理的覚せい水準の低さは，古典的条件づけの困難さにも結びついているといわれ，これらの特徴をもった人が罰から学びにくいなどの理由で犯罪行為に及びやすいとの説明が可能だとされている。

　(d)　他の生物学的要因──他の生物学的要因として，頭部外傷，出生時事故，軽微な身体障害，中胚葉型体格（筋肉質で大きい），テストステロンレベルの高さ，低血糖やカルボヒドラーゼ値の高さなどと犯罪行動の関係が示唆された研究がある。しかし，これらの特徴が直接的に犯罪行動と結びついていると主張する研究者は少なく，頭部外傷や出生時事故，軽微な身体障害は，崩壊家庭や虐待過程でより多発しやすいこと，中胚葉型体格やテストステロンレベルの高さは，社会的・文化的に強さを表現するよう期待されやすいこと，低血糖やカルボヒドラーゼ値の高さはアルコール濫用との相互作用が認められることなど，

生物学的特徴と社会的環境の相互作用にも注目する形で理論を展開している。つまり，上記(a)～(c)と同様に，これらの生物学的特徴が犯罪の直接的な原因であるとは考えられていない。

このように，新生物学的理論は，社会学的要素と心理学的要素とを柔軟に織り交ぜた形で発展している。ただし，依然として生物学的理論には懐疑的な学者も多く，生物学的理論を提唱する研究者も，「特定の犯罪者を説明する要因の1つとして有効である」との限定的な主張をするにとどまっている。

[2] 心理学的理論

心理学的側面からの犯罪・非行理解は，本書全体のテーマであり，特に第3章から第6章に心理学的理論の大半が詳述されている。本章では，心理学的理論を，①精神力動論，②特性理論，③機能理論，④学習理論の4種に大別し，簡潔に説明することとしたい。いずれの理論も，心理学的要因と社会的要因の相互作用を包括したものであるといえ，社会学的理論と対立するものではない。社会的環境の違いによって，犯罪につながる特性を備えるに至るかどうかは異なるし，心理的機能が犯罪行為につながるか，あるいは犯罪行動を学習するかどうかは異なってくる。したがって，心理学者も社会的環境の影響に関心をもって研究対象に含めるような動きが生まれ，ここに社会学的理論と心理学的理論のオーバーラップが認められる。別の言い方をすれば，資質か環境か，いずれか一方では犯罪・非行は説明しきれないことがしだいに受け入れられていったともいえる。

① 精神力動論

フロイト（Freud, S.）の**精神力動論**が心理学の発展上重要であることはいうまでもないが，非行・犯罪を説明する理論の発展においても，きわめて重要な位置づけを占めている。続いて説明する特性理論，機能理論，学習理論に影響を及ぼしているばかりでなく，前述のハーシの統制理論などにも，フロイトの影響が色濃い。

犯罪理論から見たフロイトの最大の貢献は，**エス，自我，超自我**からなるとする**パーソナリティ構造**を説明したことにある。フロイトは，ある状況で人がどのように行動するかは，自我が外的要因，エスと超自我の要請とどのように

折り合うかによって決定されるとしている。エスが直接的・即時的満足を求めるのに対し，自我と超自我はより長期的な目標のために満足を遅らせることができる能力に関わっている。ここから，犯罪行動の多くは，即時的満足を求めた結果と理解される。つまり，ある環境において，エスの欲求を効果的にコントロールするだけの自我や超自我が十分に身についていないとき，犯罪行動が起こると説明されるのである。フロイトは，自我や超自我の発達に影響を与える要因として，幼少期の経験，特に家族との関係性に注目した。温かい関係性の中で，道徳的な正誤の判断を一貫して示され，これを学ぶ過程がなければ，自我と超自我の健康な発達が果たされない。この考え方はその後多くの研究者に引き継がれているが，例えば，マンハイム（Mannheim, 1965）は，犯罪者を，①超自我脆弱タイプ，②自我脆弱タイプ，③一般的反社会性タイプ，④神経症タイプ，⑤他のタイプに分けて論じている。ここでは詳細を紹介することができないが，①の超自我脆弱タイプは，クレックリー（Cleckley, 1941）から，ヘア（Hare, 1970）へと続くサイコパシー論の原型であり，②の自我脆弱タイプは，社会的技能や現実吟味力の不足が犯罪行動に与える影響を考える理論の原型と位置づけられる。

② 特 性 理 論

　特性理論は，ある特性をもつ個人が，その特性をもたない者と比較して非行・犯罪を行いやすい点に注目した理論である。特性理論の発祥は，グリュックとグリュック（Glueck, S., & Glueck, E.）が1950年に著した有名な『少年非行の解明』（Glueck & Glueck, 1950）に見られる。グリュックとグリュックは，施設に収容された500人の非行少年と，地域で生活する500人の非行のない少年とを年齢，人種，居住する地域の特性，知能をマッチングさせたうえで，幅広い要因を比較した。その結果，非行少年に多く見られた心理学的特性として，外向性，衝動性，敵対心，挑戦性，自己愛傾向，頑固さ，問題解決能力の乏しさ，言語性能力の低さなどを取り上げた。この研究は，同じ環境におかれた場合でも，その誰もが非行・犯罪を行うわけではないという点を説明する意味でも，同時代の社会学的理論に一石を投じることとなった。

　現在の心理学的理論でも，犯罪に結びつきやすい個人の特性として，言語性知能の低さ，学習障害，過活動，衝動性，注意欠陥性，衝撃希求性，罰から学

ぶ力の乏しさ、共感性の低さ、刺激反応性、道徳性の未熟さ、社会的技能と問題解決スキルの乏しさなどが引き続き研究対象となっている。しかし、これらの多くは、何をもってそれぞれの要因の多寡を測定するかという方法論が確立されていないという問題をはらんでいる。例えば、非行・犯罪行動を行ったことをもって「衝動性が高い」としたのでは、犯罪を行う者は犯罪を行いやすい特性をもっているといっているにすぎないというのである。各要因の客観的な測定方法の発展がまたれるところである。

ここでは、非行・犯罪行動そのものとは別の観点からの測定方法が比較的確立されている知的障害と学習障害を取り上げ、簡単に紹介したい。

(a) 知的障害——知能と犯罪行動の研究の歴史は古く、1910年代にゴダード（Goddard, H. H.）が矯正施設に収容された者の知能検査を実施したのが始まりであるといわれている（Goddard, 1914）。近年では、より詳細な知能検査の発展とともに、特に言語性知能の低さや、言語性知能を動作性知能と比較した場合のアンバランスさと犯罪・非行の関係性が一貫して示されている。ただし、知的障害と犯罪・非行が結びつく機制については、まだ十分には明らかになっていない。可能な説明としては、知的障害が学業での失敗、自尊感情の低さ、孤立感、就労不安定などを引き起こし、これらの要因が犯罪・非行に結びついているとするもの、知的障害が育てにくさにつながり、保護者からの十分な養育を受けられないことが犯罪・非行に結びついているとするもの、知的障害は部分的に遺伝しているうえ、幼児期の頭部外傷等による左脳の機能不全の結果である可能性があり、これらの要因は**養育環境**の不安定さなどを反映していることから、結果として犯罪・非行との関係性が示されるとするものなどがある。いずれも、知的障害と犯罪・非行を直接的に結びつけるのではなく、生物学的要因や社会的要因に媒介された相互作用を重視している。

(b) 学習障害——学習障害と犯罪行動の研究は、知的障害との関係と比較すると新しい動きである。1980年代以降の研究では、非行少年は非行のない少年と比較して学習障害がある場合が多いことが一貫して示されている。上記の知的障害の場合と同様に、学業での失敗、養育環境、遺伝や外傷などの要因が媒介し、犯罪・非行に結びついているとする説明がなされている。一方で、学習障害のある子どもの大半は非行化しないという点にも関心が寄せられた。学

習障害がある子どもは，学業での失敗やこれに基づく強い欲求不満を経験することが予測されるが，支持的で安定した養育環境があれば，これが保護因子となり，非行化を防げるという説明がなされている。

③ 機能理論

機能理論は，犯罪・非行の行動面の機能に注目したものということができる。

ヒーリー（Healy, W.）とブロナー（Bronner, A. F.）は，長年にわたって非行少年を調査し，1936年に『非行とその処遇に関する新たな理解』（Healy & Bronner, 1936）を著した。彼らは非行を他の行動と変わらない生活活動の一部分と位置づけ，原則として「満たされない願望や欲求の表現」であると説明した。そして，非行の原因となる要因として，愛情関係や自己表現の満たされなさ，おかれた状況に対する不適応感，劣等感，家庭環境への不満感，抑圧された葛藤から生じる不幸感，意識的・無意識的罪悪感から生じる受罰願望などを幅広く取り上げた。いずれも，ある状況の背景にある情動に注目し，不快な感情の低減を図ったり，気を紛らわしたりするために非行行動が役立っていると理解するものである。このように，機能理論は，非行・犯罪行動がもつ積極的な意味合いを探るものであり，個々の犯罪行動を理解するうえで有益な視点を提供することが多い。また，ある目的があり，目的達成のために用いる手段が誤っていると理解することによって，別の手段を与えるという介入のあり方を示すという意味でも重要である。

④ 学習理論

学習理論は，精神力動論と並んで，非行・犯罪理論の発展に大きく寄与した理論である。学習理論は，「犯罪は，他の行動と同様に学習されたものである」ことを前提としている。

学習理論の発祥は，バンデューラ（Bandura, A.）が1977年に提唱した『社会的学習理論』（Bandura, 1977）に見られる。バンデューラの社会的学習理論は，スキナー（Skinner, B. F.）の**行動理論**の発展型といえるが，外部の**強化因子**と**罰因子**のみならず，個人内の思考過程および認知過程に注目した点で，従来の行動理論とは異なっている。

バンデューラは，人は自らの試行錯誤の経験に加えて，他者の行動とその結果の観察からも学習すると説明した。攻撃的な行動についても，攻撃的な他者

の行動を観察することから学習し，強化されることがあると述べ，体系化した。攻撃行動の学習を促進する要因としては，①攻撃的なモデルとの接触，②他者からのひどい扱い，③攻撃的な行動により肯定的な結果が予測されることなどを挙げ，実際の賞罰の経験のみならず，肯定的な結果の予測という個人内の認知過程が行動の発生に影響することを明らかにした。

　社会的学習理論による犯罪行為の理解は，犯罪者の処遇プログラムとその評価研究の発展に伴い，現在でも広く支持されている。先に言及したリプシー (Lipsey, 1995) のメタ・アナリシスでも，肯定的な再犯抑止効果がある処遇プログラムは，**モデリング**，**強化**，**ロールプレイ**，**スキル獲得**，**認知の再構成**等の要素をもつものであることが示されている。このように，社会的学習理論は，単に犯罪・非行を理解するための理論から，実際に犯罪・非行の生起に影響を及ぼす効果的な介入方法を探るための実践的な理論へと発展している。

5　犯罪・非行理論の今後

　ここまで，刑事政策，社会学，生物学，心理学の各分野における代表的な犯罪・非行理論を歴史的な流れとともに紹介してきた。冒頭に述べた通り，それぞれ着目するポイントや犯罪・非行を説明する目的が異なっており，どの理論が最もすばらしいと単純に比較することはできない。私たちは，自らの目的に沿って，必要な解決策を提示してくれる理論をそのつど選択することが求められる。本章のまとめに代えて，犯罪・非行理論を用いる際に重要な点と今後の展望を3点挙げておく。

①　**犯罪・非行の定義は絶対ではない**

　ある行為が犯罪・非行と見なされるかどうかは，その時代や文化的背景に応じて変化する。個人間の殺人や窃盗など，ある程度普遍的な行為は脇へおくとしても，新たに問題となった迷惑な行為が犯罪に含まれるかどうかは，法制化をまたねばならない。近年では，コンピュータ・ネットワーク上の犯罪，個人情報の濫用，株式の取引に関する情報操作等が新たに注目を集めているところである。ひとたび非合法と位置づけられた場合でも，これが司法制度に発覚し

ない場合に犯罪とよべるかどうかという問題もある。これらの行為を理解するにあたっては，従来の犯罪・非行理論の枠組みが使えるのか，使えないとすればどのような改訂が必要なのか，新たに吟味する必要がある。

② **危険因子と保護因子がある**

犯罪・非行研究の多くは，犯罪・非行が起こった状態や，犯罪・非行を行った個人に注目して展開されている。そのため，犯罪・非行を促進する**危険因子**に目が向きがちであるが，一方で，同様の危険因子が存在する場合にも，犯罪・非行の発生を防ぐよう作用する**保護因子**があることを忘れてはならない。犯罪を未然に防ぐという目的に立てば，危険因子だけではなく，保護因子を広く特定する意味合いは大きい。歴史を見ると，犯罪・非行と相関関係をもつ因子の模索は，犯罪とは直接関係のない技術の進歩とともに拡大している。今後も引き続き，各分野の専門家が，新たな技術を駆使して，危険・保護の両面から鍵となる因子を幅広く研究することが望まれる。

③ **犯罪・非行は多重な要因の相互作用である**

犯罪行為は，現在までにわかっているだけでも，非常に多重な要因の相互作用である。この中で主要な役割を果たす要因の特定も重要であるが，同時に，手を入れやすい要因を特定することも大切である。相互作用のある現象に介入する場合の利点は，どこか1点を変化させた場合，その変化が他の要素にも伝播し，影響を及ぼしうることにある。小さな変化でも，それがさまざまに作用し，犯罪を食い止めることができる可能性がある。そうであれば，なるべく変化させやすい点に焦点をあてることは理にかなっている。

「犯罪を減らすために何ができるのか」という目的に向かって，長期的な視点をもちながら，現実的で効果的な方法を考えていくために，犯罪・非行理論を最大限活用したいものである。

文献案内　BOOK GUIDE

大渕憲一（2006）．『犯罪心理学——犯罪の原因をどこに求めるのか（心理学の世界　専門編4)』培風館
　▷個人と社会環境の両面に焦点をあてながら，犯罪原因を論じた主要な理論を

取り上げ，実証研究の成果に基づいて丁寧に考察したもの。

星野周弘・米川茂信・荒木伸怡・沢登俊雄・西村春夫編（1995）．『犯罪・非行事典』大成出版社
　▷犯罪・非行の実態，犯罪・非行理論，刑事司法と少年保護手続き，犯罪者・非行少年の処遇，犯罪・非行の予防について，各トピックの専門家が詳説している。各章末には，用語解説も付されている。

ウイリアムズⅢ，F. P.・マックシェン，M. D.／藤野京子・浜井浩一・浜井郁子訳（1997）．『犯罪理論』矯正協会
　▷初期生物学的理論と社会学的理論を中心に，各理論の背景と位置づけをふまえて詳細に紹介したもの。同著者らによって，2003年に第4版が発刊されている（邦訳は刊行されていない）。

【朝比奈牧子】

窃盗

コラム②

　窃盗は交通関係を除く一般刑法犯の認知件数の約8割を占め，最も普遍的な犯罪である。知的な能力も体力も特に必要とせず容易に実行可能であり，非行化，犯罪化の初期の段階でなされやすい反面，多数回受刑者に占める窃盗犯の率は最も高く，同じ罪名による受刑が最も多いのも窃盗犯であるなど常習化，固着化もしやすい。窃盗は犯罪統計では，空き巣，事務所荒らしなどの侵入盗，車上盗，万引き，自販機荒らし，部品盗，ひったくりなどの非侵入盗及び乗り物盗に分けられている。かつては経済的困窮からの本格的な窃盗である侵入盗が多かったが，豊かな消費社会を背景に乗り物盗や万引きがとって代わり，最近はひったくりや自販機荒らしなど短絡的で手荒な窃盗が目立つなど，窃盗の手口は時代を反映して変遷している。ひったくりの増加は，強盗，傷害などの暴力的犯罪の増加と連動しており，社会全体の攻撃的行動への抵抗感の低下，即時的，直接的な欲求充足を求める傾向を背景にしている。乗り物盗は未成年者の割合が高いのが特徴である。

　動機としては利欲，経済的困窮のほか，スリル，好奇心，遊び，恨みや腹いせなどが挙げられるが，短絡的な欲求充足行動として単純明快なように見える行動の背後にはもう少し深い問題が横たわっていることが多い。他者のものを奪って自分のものにするという窃盗行為には，そうしなければ満たすことのできない欠乏とそうした欠乏に関わる攻撃的感情があることを意味する面がある。生きていくための基本的な環境の欠乏，対人関係における愛情，受容，承認の欠乏，自我同一性，自立性，社会的対処能力等，自己イメージに関わる欠乏など常態的，状況的な何らかの欠乏があり，窃盗はその欠乏を埋め合わせ，あるいは補償するためになされる。こうしたことは不遇な生育環境で育ち，他者との基本的な信頼関係が築けず，社会のどこにも帰属できる場をもてないまま賽銭盗や空き巣を繰り返す古典的なタイプに典型的に示されるが，万引きに親の愛情確認，乗り物盗に男性性や自立性に関わる自信のなさの補強といった意味合いが認められることも多い。

　なお，DSM-Ⅳ-TRには，他のどこにも分類されない衝動制御の障害として放火癖と並んで窃盗癖が挙げられている。利得を目的とせず，行為自体に意味があるとされるもので，近年は気分障害や強迫性障害との関連性が注目されているが，実際にはきわめてまれである。

【今村洋子】

第3章

犯罪・非行の個別的要因①
パーソナリティ要因

　パーソナリティとは，個々の人間の行動，認知，対人関係などの幅広い機能における特徴的なパターンの総称であり，その人固有にして私的なものである。したがって，医療においてパーソナリティを扱う場合には，必然的に一定の倫理的な制約を伴う。

　しかし，犯罪・非行を扱う場合にはその限りではない。パーソナリティ障害の存在は，男性における全犯罪のリスクを12.7倍，女性における全犯罪のリスクを49.6倍に高める（Wallace et al., 1998）。したがって，矯正教育・更生という観点からいえば，その犯罪者のパーソナリティを評価し治療的な介入を行うことは，避けることのできない問題といえよう。

　では，パーソナリティ障害とは，いったいどのようなものなのであろうか？

1 　*近代におけるパーソナリティ障害概念*

　例えばいま，目の前に1人の重度の犯罪者がいるとしよう。彼は，残忍きわまりない犯罪を繰り返し，まるで悔いる様子がない。自分の犯行について得々と語る彼と会っていると，怒りさえ込み上げてくるかもしれない。いったい彼は何者なのか？　彼のものの見方や感じ方にはどうしても共感できないという点で，正常な精神状態とはいえない。しかし，彼には幻覚や妄想があるわけではなく，したがって精神病でもない。

表 3-1　シュナイダーの精神病質の 10 類型

・気分高揚型	・気分変動型
・抑うつ型	・爆発型
・自信欠乏型	・情性欠如型
・熱中型	・意志欠如型
・顕示型	・無力型

（出典）　Schneider, 1934.

　近代におけるパーソナリティ障害に関する研究は，まさにこのような犯罪者を医学的に説明しようという努力に端を発している。ここではその名を列挙するだけにとどめるが，背徳症候群，生来性変質者，心的変質，犯罪性類破瓜病，モノマニー，衝動精神病などの臨床概念は，そうした過程で生まれた。19世紀の精神医学者は，精神病と正常の中間領域に位置する重度の犯罪者をめぐって，多くの学説や臨床概念を提唱してきたのである。

　こうした近代におけるパーソナリティ障害に関する議論は，シュナイダー（Schneider, 1934）が明晰に整理することで一応の決着をみた。彼は，パーソナリティの異常を，正常と質的に連続する平均からの変異・逸脱ととらえ，天才や聖人のようによい方向に逸脱している場合も**人格異常**と見なされるとした。この人格異常のさらに下位概念には，「その人格の異常さゆえに，自らが悩むか，社会が苦しむ異常」として，10の類型からなる**精神病質**（表3-1）がおかれ，犯罪と密接に関連する先天的な人格異常であるとされたのである。

　ところで，この精神病質の定義には，医学がパーソナリティを扱う際の限界と問題点が如実に反映されている。精神病質概念が，「社会が苦しむ」という社会的な価値基準によって規定されていることは，それが純粋に医学的な概念とはいえないことを物語っている。もしもこの診断が悪用されれば，体制にとって好ましくない思想や信条をもつ人物を，精神医学の名のもとに社会から排除することも可能かもしれない。精神病質概念がさまざまな批判にさらされてきたのは，こうした理由からである。

　そのような批判にもかかわらず，シュナイダーによる人格異常と精神病質の概念化は，明晰さにおいて傑出しており，その類型も優れて実際的なもので

あった。そのため，彼の学説は，その後の精神医学に大きな影響を与え，アメリカ精神医学会の操作的診断基準（**DSM-Ⅳ-TR**；American Psychiatry Association, 2000）における，**パーソナリティ障害**というカテゴリーの前身となった。

なお，シュナイダーの類型の中で凶悪犯罪と最も関係が深いのは，冷酷で他人に対する共感性を欠いている**情性欠如型**であろう。この類型は，ささいなことで激昂する**爆発型**とは異なり，冷静沈着に犯罪行為を行うという特徴がある（Schneider, 1950）。

2 現代におけるパーソナリティ障害概念

[1] 境界例から境界性パーソナリティ障害へ

いささか割り切った言い方をすれば，精神病質に代表される近代的なパーソナリティ障害概念の意義は，危険な犯罪者を同定することにあり，その命脈は，今日の反社会性パーソナリティ障害として残っている。しかし，現代におけるパーソナリティ障害の起源は，これとは別のところにある。

現代のパーソナリティ障害概念の起源は，20世紀半ば以降の，境界例とよばれた患者群の治療経験にさかのぼることができる。この患者群は，幻覚・妄想などの精神病症状を欠きながらも，情動の不安定さや自己破壊的行動などにおいて重篤な病態を示し，洞察志向的な精神療法を実施すると，病的な退行を呈して，ときには一過性の解離症状や妄想様観念などの精神病症状も出現した。このため，これらの患者群は，神経症と統合失調症の中間もしくは境界に位置する病態として，「**境界例**」と名づけられたのである。

しかし，その後の研究によって，長期経過の中で統合失調症を発症する境界例はまれであることが明らかになった。さらにガンダーソン（Gunderson, 1984）は，彼らの情動や対人関係のあり方の不安定さは慢性的なもの，いわば「安定した不安定」であって，疾患というよりもパーソナリティというべき特徴があると指摘した。こうした知見が集積する中で，1980年にアメリカ精神医学会が発表した精神障害の分類と診断基準 DSM-Ⅲ において，**境界性パーソナリティ障害**は，はじめてパーソナリティ障害の中心的なカテゴリーとして，

表 3-2　DSM-Ⅳ-TR

Ⅰ軸	臨床的関与の対象となる障害
Ⅱ軸	**生来性の問題（パーソナリティ障害，精神遅滞）**
Ⅲ軸	合併身体疾患
Ⅳ軸	Ⅰ軸障害発症の誘因
Ⅴ軸	機能の全体的評定尺度（GAF score）

（出典）　American Psychiatry Association, 2000 より作成。

その正式な精神医学的位置づけを与えられたのである。

[2] DSM におけるパーソナリティ障害のとらえ方の特徴

　その後，DSM は 3 回の改訂がなされており，現時点での最新版は 2000 年に発表された DSM-Ⅳ-TR（American Psychiatry Association, 2000）となっているが，その基本的な考えは DSM-Ⅲ以来変わっていない。DSM の基本的な考えには 2 つの特徴がある。第 1 に，現在，10 種類のパーソナリティ障害類型が存在するが，いずれも診断基準のうち何項目以上該当すれば，○○パーソナリティ障害と診断するという操作的な診断方法を採用していることである。第 2 に，Ⅰ～Ⅴ軸までの 5 軸からなる多軸診断を採用し，その中でパーソナリティ障害は，精神遅滞とともに，Ⅱ軸にコードすることが決められていることである（表 3-2）。ちなみに，患者の主訴や主症状を反映する臨床的関与の対象とする問題（気分障害や不安障害など）はⅠ軸障害にコードすることとなる。要するに，パーソナリティ障害は，Ⅰ軸障害の発症前から存在し，介入によって容易に変化しないものであるが，Ⅰ軸障害の発症脆弱性であるとともに，Ⅰ軸障害の症状を修飾する要因としてとらえられているのである。

[3] パーソナリティ障害の定義

　DSM-Ⅳ-TR におけるパーソナリティ障害の全般的な診断基準を表 3-3 に示す。パーソナリティ障害を診断するうえで重要なのは，正常から逸脱した内的体験や行動の様式が，広がりと持続性をもって認められることである。すなわち，その特徴は，複数の場面において認められ，幼少時における気質の発展と

表 3-3 パーソナリティ障害の全般的診断基準

A その人の属する文化から期待されるものより著しく偏った，内的体験および行動の持続的様式。この様式は以下の2つ（またはそれ以上）の領域に現れる。
 (1) 認知（すなわち，自己，他者，および出来事を知覚し解釈する仕方）
 (2) 感情性（すなわち，情動反応の範囲，強さ，不安定性，および適切さ）
 (3) 対人関係機能
 (4) 衝動の制御
B その持続的様式は柔軟性がなく，個人的および社会的状況の幅広い範囲に広がっている。
C その持続的な様式が，臨床的に著しい苦痛，または社会的，職業的，または他の重要な領域における機能の障害を引き起こしている。
D その様式は安定し，長期間続いており，その始まりは少なくとも青年期または成人期早期にまでさかのぼることができる。
E その持続的様式は，他の精神疾患の表れ，またはその結果ではうまく説明されない。
F その持続的様式は，物質（例：乱用薬物，投薬）または一般身体疾患（例：頭部外傷）の直接的な生理学的作用によるものではない。

（出典） American Psychiatry Association, 2000；訳は翻訳書より。

して，遅くとも青年期には顕在化し，その後も持続していなければならない。したがって，Ⅰ軸障害発病後に認められるようになった行動様式の特徴（例えば，統合失調症発病後や頭部外傷後に変化した人格傾向）はパーソナリティ障害には含まれないことに注意する必要がある。

また，Ⅰ軸障害の症状が，一時的に一見パーソナリティ障害に見えるような状態をもたらすこともある。例えば，大うつ病性障害や摂食障害が強迫性を，アルコールや薬物の乱用が衝動性を，それぞれ一過性に高めることがある。このような場合，そうした，一見パーソナリティの特徴と思われるものが，潜在していた傾向が顕在化したものなのか，それともⅠ軸障害によるものなのかを検討し，慎重に評価を進めていく必要がある。

なお，研究目的でパーソナリティ障害診断を行う場合には，DSM-Ⅳ Ⅱ軸人格障害のための構造化面接（SCID-Ⅱ；First et al., 1997）に準拠して行うことが望ましい。

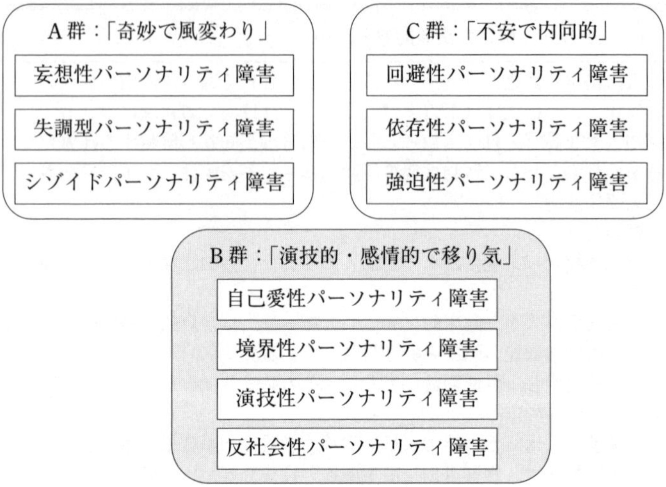

```
┌─────────────────────────┐   ┌─────────────────────────┐
│   A群：「奇妙で風変わり」   │   │   C群：「不安で内向的」    │
│  ┌───────────────────┐  │   │  ┌───────────────────┐  │
│  │ 妄想性パーソナリティ障害 │  │   │  │ 回避性パーソナリティ障害 │  │
│  └───────────────────┘  │   │  └───────────────────┘  │
│  ┌───────────────────┐  │   │  ┌───────────────────┐  │
│  │ 失調型パーソナリティ障害 │  │   │  │ 依存性パーソナリティ障害 │  │
│  └───────────────────┘  │   │  └───────────────────┘  │
│  ┌───────────────────┐  │   │  ┌───────────────────┐  │
│  │ シゾイドパーソナリティ障害│  │   │  │ 強迫性パーソナリティ障害 │  │
│  └───────────────────┘  │   │  └───────────────────┘  │
└─────────────────────────┘   └─────────────────────────┘

       ┌───────────────────────────────────┐
       │   B群：「演技的・感情的で移り気」      │
       │  ┌─────────────────────────────┐  │
       │  │   自己愛性パーソナリティ障害    │  │
       │  └─────────────────────────────┘  │
       │  ┌─────────────────────────────┐  │
       │  │   境界性パーソナリティ障害      │  │
       │  └─────────────────────────────┘  │
       │  ┌─────────────────────────────┐  │
       │  │   演技性パーソナリティ障害      │  │
       │  └─────────────────────────────┘  │
       │  ┌─────────────────────────────┐  │
       │  │   反社会性パーソナリティ障害    │  │
       │  └─────────────────────────────┘  │
       └───────────────────────────────────┘
```

図 3-1　パーソナリティ障害の各クラスター（群）

[4] パーソナリティ障害の分類

　現在，DSM における 10 のパーソナリティ障害カテゴリーは，A，B，C という 3 つのクラスター（群）に大別される（図 3-1 参照）。A 群は「奇妙で風変わり」なことを特徴とするグループであり，そこには，妄想性パーソナリティ障害，失調型パーソナリティ障害，シゾイドパーソナリティ障害が含まれる。B 群は「演技的・感情的で移り気」なことを特徴とするグループであり，自己愛性パーソナリティ障害，境界性パーソナリティ障害，演技性パーソナリティ障害，さらに後述する**反社会性パーソナリティ障害**が含まれる。最後に，C 群は「不安で内向的」なことを特徴とするグループであり，回避性パーソナリティ障害，依存性パーソナリティ障害，強迫性パーソナリティ障害が含まれる。

　この中で，医療機関において最も多く遭遇するのは，自傷・自殺企図や暴力といった，自他に対する破壊的行動を頻発する B 群のパーソナリティ障害である。

3 犯罪・非行とパーソナリティ障害

　医療機関と同様に，犯罪や非行と関係が深いパーソナリティ障害もまた，B群のパーソナリティ障害である。自他に対する破壊的行動と気分・情動の変化しやすさを特徴とするB群パーソナリティ障害では，とりわけ暴力犯罪との関係が深い。
　本節では，このB群パーソナリティ障害の中から，特に代表的な2つのカテゴリーとして境界性パーソナリティ障害と反社会性パーソナリティ障害を取り上げ，さらに反社会性パーソナリティ障害の萌芽的な問題である行為障害についても概説したい。

[1] 境界性パーソナリティ障害と非行・犯罪
　① 臨床的特徴（表3-4参照）
　境界性パーソナリティ障害は，行動パターンや精神症状における広範な不安定さ，特に感情や自己イメージの不安定さを特徴とする。彼らは，コントロールできない激しい怒りや抑うつ，焦燥などのめまぐるしい気分変動を見せ，抑うつ状態にあっては，慢性的な空虚感・虚無感が前景に立っている。対人関係においては，孤独に耐えきれず，周囲の人を感情的に強く巻き込み，同時に本人も周囲の状況に容易に巻き込まれやすい。また，他者を過剰に理想化したかと思うと，突然，一転して価値の引き下げをするといった極端な変化を見せる。こうした動揺の中で，しばしば自傷行為や自殺企図，浪費や薬物乱用，性的乱脈などの自分を危険にさらす衝動的行動に走りやすい。特に，境界性パーソナリティ障害の者は，重要他者（親・配偶者・恋人）などの依存対象から見捨てられることを恐怖しており，その恐れが刺激される状況では，激しい自己破壊的行動に走りやすい。こうした状況の中でさらに心的ストレスが加われば，一過性ではあるが，妄想反応や解離反応などの精神病水準の精神症状を呈し，一時的な現実検討能力が失われることもある。

　② 疫　学
　このパーソナリティ障害は一般人口の 0.7 〜 2.0％に認められ（Coid, 2002），

表3-4　DSM-Ⅳ-TR における境界性パーソナリティ障害の診断基準

対人関係，自己像，感情の不安定および著しい衝動性の広範な様式で，成人期早期までに始まり，種々の状況で明らかになる。以下のうち5つ（またはそれ以上）によって示される。
(1) 現実に，または想像の中で見捨てられることを避けようとするなりふりかまわない努力。注：基準5で取り上げられる自殺行為または自傷行為は含めないこと。
(2) 理想化とこき下ろしとの両極端を揺れ動くことによって特徴づけられる，不安定で激しい対人関係様式。
(3) 同一性障害：著明で持続的な不安定な自己像または自己感。
(4) 自己を傷つける可能性のある衝動性で，少なくとも2つの領域にわたるもの（例：浪費，性行為，物質乱用，無謀な運転，むちゃ食い）。注：基準5で取り上げられる自殺行為または自傷行為は含めないこと。
(5) 自殺の行動，そぶり，脅し，または自傷行為の繰り返し。
(6) 顕著な気分反応性による感情不安定性（例：通常は2～3時間持続し，2～3日以上持続することはまれな，エピソード的に起こる強い不快気分，いらだたしさ，または不安）。
(7) 慢性的な虚無感。
(8) 不適切で激しい怒り，または怒りの制御の困難（例：しばしばかんしゃくを起こす，いつも怒っている，取っ組み合いの喧嘩を繰り返す）。
(9) 一過性のストレス関連性の妄想様観念または重篤な解離性症状。

（出典）　American Psychiatry Association, 2000；訳は翻訳書より。

精神科医療機関においては，入院患者の20～60％，外来患者の11～34％と，非常に広く見られる（Widiger & Rogers, 1989）。矯正施設における発生率については不明である。

③　病　　因

境界性パーソナリティ障害の病因としては，早くから養育環境の要因が指摘されてきた。例えば，家庭内の世代間境界が曖昧で，家庭内の役割規定が不明確であり，家族関係に怒りや敵意などの激しい感情が渦巻き，そのうえ相互のサポートに乏しいことなどが指摘されている（Gunderson & England, 1981）。母親の養育態度における一貫性の欠如と過干渉が関係しているという指摘もある（Bezirganian et al., 1993）。

また，境界性パーソナリティ障害の中でも，自傷行為，解離症状，他害的暴力行動を伴う重篤な病態の者では，幼少期における性的虐待や身体的虐待の既

往が高率に認められることが指摘されている。20年間にも及ぶ追跡調査によれば，幼少期におけるさまざまな虐待やネグレクトの体験は，後年にパーソナリティ障害を発症する確率を4倍に高めるという（Johnson et al., 1999）。こうした中で，ハーマンら（Herman et al., 1989）は，境界性パーソナリティ障害そのものが，幼少期において虐待という心的外傷体験を慢性的に受けたことによる外傷後ストレス障害（PTSD）であるとして，**複雑性PTSD**という概念を提唱している。

さらに近年では，境界性パーソナリティ障害に関連する生物学的知見も報告されている。そうした知見には，例えば，衝動性と神経化学伝達物質であるセロトニンの機能障害（Siever & Davis, 1991）や注意欠陥/多動性障害との関連（Biederman et al., 1991），痛覚の異常（Kemperman et al., 1997）などが知られている。

④　犯罪・非行との関連

境界性パーソナリティ障害は，暴力犯罪と関係がある（Raine, 1993）。その暴力の特徴は，このパーソナリティ障害に特徴的な見捨てられることへの不安から，重要他者の関心をつなぎ止めようとして行われることが多いという点にある。例えば，重要他者を威嚇して操作するための行動が，エスカレートして自分でも制御困難となり，刃物による傷害や放火に至るなどのパターンがある。この場合，被害者となる重要他者は，依存対象であるとともに，怒りと羨望の対象でもある。

また，このパーソナリティ障害は，女性における非暴力的な犯罪とも関係がある。とりわけ女性に多い覚せい剤取締法事犯では，境界性パーソナリティ障害を伴う者が少なくない。その多くは，摂食障害を併発しており，やせ願望・肥満恐怖に対処するために覚せい剤を乱用し，自傷行為や過量服薬を繰り返す者も多い（松本，2005）。自己評価が低く，薬物乱用には一種の自己破壊的行為，もしくは自傷行為としての側面もある。ときには爆発性の暴力や放火，さらには，窃盗癖や買い物依存のような病的な浪費癖を呈する。これらの多岐にわたる嗜癖的・衝動的な問題行動は，「薬物が止まると，食べ吐きが始まり，それが終わると今度は自傷行為になる」というように，相互変換性の症状変遷を呈し，**多衝動性過食症**（Lacey & Evans, 1986）ともよばれる。この病態は，摂食障

害はさほど重篤ではないが，変遷して持続する衝動行為のために，全体としての社会適応は不良である。

多衝動性過食症を呈する覚せい剤事犯の女性では，さまざまな虐待の経験をもち，病的な解離症状を伴う者も少なくないが（松本，2005），同じように，女性に特徴的といわれる窃盗常習犯や放火犯でも，同様の生活背景が認められることがある。彼女たちは，幼少期はもとより成人後にも，養育者・配偶者・恋人からの身体的，あるいは性的な暴力や心理的虐待にさらされている。しかし，あまりにも自己評価が低いために，逃げることもできないまま，怒りを抑圧して，過剰適応的に日常を送っている。あたかも，そうした生活に耐えるために薬物乱用や窃盗が必要であるかのように見える者さえいる。しかし，何かの拍子に，過去の外傷記憶を賦活される事態に遭遇すると，感情の爆発や重篤な解離状態を呈し，放火，さらには子殺しや配偶者・恋人に対する衝動的な暴力へと及ぶことがある。

[2] 反社会性パーソナリティ障害と犯罪・非行
① 臨床的特徴（表3-5参照）

反社会性パーソナリティ障害は，近代より犯罪心理学や司法精神医学の分野で議論が積み重ねられてきた，パーソナリティ障害の類型である。このパーソナリティ障害は，他人の権利を無視，侵害する反社会的行動パターンを持続的に示すという特徴がある。早ければ8歳頃からその萌芽的な症状が出現し，遅くとも14〜15歳頃にはかなりの症状が出そろうといわれている（Robins et al., 1990）。

反社会性パーソナリティ障害に見られる社会逸脱行動には，傷害や殺人などの攻撃的行動，窃盗や暴行などの社会的規範からの著しい逸脱，さらには社会的義務の不履行などの行動が含まれる。彼らは衝動的で思慮に欠けており，容易に攻撃的反応を爆発させる。同時に，他者の感情に冷淡で共感を示さず，信頼・正直さを欠くために対人関係を長期にわたって継続することができない。また，彼らは自らの社会逸脱行動の責任を負おうとせず，罪悪感も生じにくい。彼らに，自分の犯罪行為に対する反省を求めても，虚言や自己弁護に終始し，内省の深まりは得られにくい。また，定職に長く就こうともせず，家族に対し

表 3-5　DSM-Ⅳ-TR における反社会性パーソナリティ障害の診断基準

A　他人の権利を無視し侵害する広範な様式で，15歳以降起こっており，以下のうち3つ（またはそれ以上）によって示される。
(1)　法にかなう行動という点で社会的規範に適合しないこと。これは逮捕の原因になる行為を繰り返し行うことで示される。
(2)　人をだます傾向。これは繰り返し嘘をつくこと，偽名を使うこと，または自分の利益や快楽のために人をだますことによって示される。
(3)　衝動性または将来の計画を立てられないこと。
(4)　いらだたしさおよび攻撃性。これは身体的な喧嘩または暴力を繰り返すことによって示される。
(5)　自分または他人の安全を考えない向こう見ずさ。
(6)　一貫して無責任であること。これは仕事を安定して続けられない，または経済的な義務を果たさない，ということを繰り返すことによって示される。
(7)　良心の呵責の欠如，これは他人を傷つけたり，いじめたり，または他人のものを盗んだりしたことに無関心であったり，それを正当化したりすることによって示される。
B　その人は少なくとも18歳である。
C　15歳以前に発症した行為障害の証拠がある。
D　反社会的な行為が起こるのは，統合失調症や躁病エピソードの経過中のみではない。

（出典）　American Psychiatry Association, 2000；訳は翻訳書より。

ても扶養義務を果たそうとしないことも多い。性的関係もしばしば乱脈さと無責任をきわめる。
　② 疫　　学
　このパーソナリティ障害は，一般人口の 0.6 〜 3.0％に認められるとされ（Coid, 2002），精神科医療機関では，入院患者の 4％，外来患者の 2 〜 6％（Yoshikawa, 1994）と，境界性パーソナリティ障害に比べると低い。このパーソナリティ障害は，アメリカの刑務所に服役する受刑者の約半数に認められるという（Robins et al., 1990）。また，イギリスの刑務所の調査では，男性受刑者の 63％，女性受刑者の 31％に認められたと報告されている（Singleton et al., 1998）。
　③ 病　　因
　双生児研究（Cadoret et al., 1983）や養子研究（DiLalla & Gottesman, 1991）による知見は，このパーソナリティ障害の病因として，遺伝的要因と養育環境の要因がともに重要であることを示している。ただし，重度の累犯者になればなる

ほど，遺伝的要因の関与が大きくなるという指摘もある（DiLalla & Gottesman, 1991）。なお，養育環境の要因については，その多くが行為障害の病因と重なるので，次項で詳述する。

なお，自律神経系の異常や脳波の異常所見（Raine et al., 1995），セロトニン機能低下などに関する報告（Hollander et al., 1994）もあるが，まだ非特異的な知見にとどまっている。また，神経画像的研究により，重度の反社会性パーソナリティ障害を伴う犯罪者における脳の微細な形態学的異常も報告されているが（福島, 2003），いずれも予備的な知見といわざるをえない。

④ 犯罪・非行との関連

このパーソナリティ障害は，あらゆる犯罪と関係しているが，特に暴力犯罪との関係は重要である。スウェーデンにおける誕生コーホート研究（Hodgins et al., 1996）によれば，このパーソナリティ障害が存在することにより，地域において暴力犯罪を起こす危険が，一般の者に比べて，男性で5.35～7.2倍，女性で7.86～12.15倍となるという。また，フィンランドにおける研究（Eronen et al., 1996）によれば，このパーソナリティ障害の存在は，殺人を犯すリスクを，男性で一般人口の10倍以上，女性で50倍以上に高めるという。これらの知見は，このパーソナリティ障害が，暴力犯罪と密接に関係していることを示すとともに，男性に多いとされるこのパーソナリティ障害が女性に併発した場合には，男性以上の高い犯罪のリスクが予測されることを示唆している。

なお，このパーソナリティ障害は，アルコールや薬物の乱用・依存である物質使用障害というⅠ軸障害と密接な関係があるが，物質使用障害を併発した場合には，暴力犯罪を起こすリスクはさらに高まる（Hodgins et al., 1996）。また，性犯罪者で，このパーソナリティ障害を併発する者も，再犯率が著しく高くなることが指摘されている（Rice et al., 1990）。

⑤ 診断上の問題点

上述したこのパーソナリティ障害の臨床的特徴は，あくまでも理念型であるにすぎない。DSM-Ⅳ-TR（American Psychiatry Association, 2000）における反社会性パーソナリティ障害の診断基準（表3-5）からもわかるように，実際の診断では，表に示されたA項目の診断基準のうち3つ以上に該当し，過去に行為障害に合致する非行歴があれば，ほぼ自動的に診断がなされてしまうわけで

ある。その意味で，この診断は，単に「繰り返し犯罪行為をする人」という同語反復に陥っている印象は否めない。こうした点を克服した反社会性の評価方法については，次節で言及したい。

[3] 反社会性パーソナリティ障害に先行する問題——行為障害

　DSM の診断基準（表3-5）からも明らかなように，理論上は，行為障害が先行しない反社会性パーソナリティ障害は存在しない。I 軸障害である**行為障害**が，18歳を過ぎた時点で反社会性パーソナリティ障害というⅡ軸診断となって，「もはや容易には変化しないもの」と見なされてしまうのは奇妙と言えなくもないが，いずれにしても，反社会性パーソナリティ障害の病因を知るために，行為障害について理解を深めることは重要であろう。

　DSM においては，行為障害は，幼少期の**注意欠陥/多動性障害**から**反抗挑戦性障害**を経て発展し，さらにその一部は，将来，反社会性パーソナリティ障害へと発展するという，一連の発達論的連続体の中に位置づけられている（Lahey & Loeber, 1994）。わが国の児童精神科医は，これに**破壊的行動障害**（disruptive behavioral disorder；DBD）マーチという名を与えている（Harada et al., 2002）。

　① 　**臨床的特徴**

　DSM-Ⅳ-TR では，行為障害は，「他者の基本的人権または年齢相応の主要な社会的規範または規則を侵害することが反復し持続する行動様式」とされている（表3-6）。これは要するに，従来，非行とよばれた未成年者の行為を意味しており，暴力行為や窃盗といった犯罪行為はもとより，親や教師の指示に従わず，怠学して夜間外出や家出を繰り返し，周囲に平気で嘘をつき，学校や家庭の規則を破ることを含んでいる。要するに，行為障害とは，司法や教育の分野で用いられている非行概念を医学的に表現したものである。

　DSM-Ⅳ-TR では，行為障害症状の出現時期が10歳未満かそれ以降かで，**小児期発症型**と**青年期発症型**に分類している。一方，WHO の操作的診断基準（ICD-10；World Health Organization, 1992）においては，行為障害は，**家庭内限局型**，**非社会化型**，**集団型**などの，より細分化された下位分類がなされている。行為障害の各症状を，暴力・威嚇行為・強盗などの**顕現的**（overt）**症状**，並びに窃盗・虚言・怠学などの**密行的**（covert）**症状**に分類することもある（Lahey

表 3-6　DSM-Ⅳ-TR における行為障害の診断基準

A　他者の基本的人権または年齢相応の主要な社会的規範または規則を侵害することが反復し持続する行動様式で，以下の基準の3つ（またはそれ以上）が過去12カ月の間に存在し，基準の少なくとも1つは過去6カ月の間に存在したことによって明らかとなる。

〈人や動物に対する攻撃性〉
(1)　しばしば他人をいじめ，脅迫し，威嚇する。
(2)　しばしば取っ組み合いの喧嘩を始める。
(3)　他人に重大な身体的危害を与えるような武器を使用したことがある（例：バット，煉瓦，割れた瓶，ナイフ，銃）。
(4)　人に対して残酷な身体的暴力を加えたことがある。
(5)　動物に対して残酷な身体的暴力を加えたことがある。
(6)　被害者の面前での盗みをしたことがある（例：人に襲いかかる強盗，ひったくり，強奪，武器を使っての強盗）。
(7)　性行為を強いたことがある。

〈所有物の破壊〉
(8)　重大な損害を与えるために故意に放火したことがある。
(9)　故意に他人の所有物を破壊したことがある（放火以外で）。

〈嘘をつくことや窃盗〉
(10)　他人の住居，建造物，または車に侵入したことがある。
(11)　物や好意を得たり，または義務を逃れるためしばしば嘘をつく（すなわち，他人を"だます"）。
(12)　被害者の面前ではなく，多少価値のある物品を盗んだことがある（例：万引き，ただし破壊や侵入のないもの；偽造）。

〈重大な規則違反〉
(13)　親の禁止にもかかわらず，しばしば夜遅く外出する行為が13歳以前から始まる。
(14)　親または親代わりの人の家に住み，一晩中，家を空けたことが少なくとも2回あった（または，長期にわたって家に帰らないことが1回）。
(15)　しばしば学校を怠ける行為が13歳以前から始まる。

B　この行動の障害が臨床的に著しい社会的，学業的，または職業的機能の障害を引き起こしている。
C　その者が18歳以上の場合，反社会性パーソナリティ障害の基準を満たさない。

（出典）　American Psychiatry Association, 2000；訳は翻訳書より。

& Loeber, 1994）。

　また，行為障害の児童では，10代になっても注意欠陥/多動性障害などの症状が残遺している者が少なくない。児童自立支援施設の調査（Harada et al.,

2002）によれば，行為障害に該当する児童のうち，65％に注意欠陥/多動性障害を，69％に反抗挑戦性障害を併発していたという。

② 疫　　学

アメリカでは，一般の児童・青年のうち，男性の6～16％，女性の2～9％に行為障害が認められるという（American Psychiatry Association, 2000）。わが国では一般人口における行為障害の発生率は不明であるが，少年鑑別所入所者の発生率ならば多数の研究がある。それによれば，入所者の42.9～56.1％が行為障害の診断に該当し（原田・吉村，2000；井上ら，2001；近藤ら，2004；田島ら，2002），そのうち10歳未満に行為障害を発症した小児期発症型は4.5～16.7％（原田・吉村，2000；井上ら，2001）と報告されている。

③ 病　　因

行為障害発症には，個体側の要因，個体を取り巻く養育環境側の要因が複雑にからみ合って影響している。

まず個体側の要因としては，未熟児・低体重児・新生児仮死などの周産期の問題，拙劣な協調運動障害，自律神経系の覚醒度の低さ，発達遅滞，低知能（特に低い言語性知能）と学業成績不良などが指摘されている（Yoshikawa, 1994）。発達論的な視点からの要因も指摘されており，幼少期に注意欠陥/多動性障害の存在は行為障害の早期発症を促し（Farrington, 1995），反抗挑戦性障害の存在によって，行為障害が発症する確率が4倍に高まるという（Cohen & Flory, 1998）。これらは，DBDマーチという仮説の妥当性を裏づける知見といえよう。

養育環境側の要因としては，家族の反社会的行動，親のアルコール依存，貧困，両親の不和・離婚，大家族であること，欠損家庭であること，養育者の精神障害やパーソナリティ障害の存在，厳しい体罰や虐待，ネグレクト，親の子どもに対する拒絶，親の監督や子どもとの関わりの不足などが挙げられている（Yoshikawa, 1994）。とりわけ親の不適切な養育や拒絶，または養育支援のなさは，後年の行為障害の発症に重要な影響を与える（Loeber & Stouthamer-Loever, 1986）。また，親が本人を出産する前に人工妊娠中絶を試みたこと，生後1年以内に施設に預けるなどの母親の養育態度の問題が，後年の反社会的行動の早期発生に影響するという報告もある（Raine et al., 1997）。逆に，行為障害の発症を抑止する養育環境要因としては，安定した愛着関係の経験，家庭や学校に

おける，柔軟性を向上させるような良好な対人関係の経験（Rutter, 1987），親子関係の強さと母親の適切なコントロールなどが指摘されている（Mason et al., 1996）。

非行内容をふまえた行為障害の発展経路としては，以下の3つが推測されている（Burke et al., 2003）。ⓐ顕現的経路：ささいな攻撃的行動から始まり，身体攻撃，さらには暴力行為へと発展する経路，ⓑ15歳までに始まる密行的経路：15歳までに家財持ち出し・万引きなどの密行的行動が始まり，財産侵害（器物損壊や放火）などの非行へと発展する経路，ⓒ12歳以前から始まる権威葛藤経路：権威者に対する偏屈さ，挑戦的態度，回避する態度からの発展経路である。

④　行為障害の転帰

幼少期に行為障害の診断に該当する挿話があった者のうち，全体の3分の1が反社会性パーソナリティ障害に発展し（Robins, 1978），行為障害の有無による，反社会性パーソナリティ障害発症の相対リスクは16.8倍という報告がある（Lahey & Loeber, 1994）。また，早期から行為障害を発症し，初回逮捕年齢が若年である者ほど，反社会性パーソナリティ障害に発展する可能性が高まる。例えば，15歳までに3つ以上の行為障害症状に該当した者の約4分の1が，また，6歳までに8つ以上に該当した者の71％が，後年に反社会性パーソナリティ障害になったという（Robins, 1991）。

行為障害は，暴力犯罪だけでなく，将来における生活のさまざまな局面に悪影響を及ぼす要因でもある。行為障害の既往は，将来における学業達成の失敗，早期の妊娠，成人後の配偶者に対する暴力，配偶者からの暴力被害，離婚，ネグレクトを含む児童虐待，無職，アルコール過量摂取と関係する（Farrington, 1991, 1995）。また，後年の身体負傷，身体疾患や気分障害，不安障害，物質使用障害などの精神疾患への罹患のリスクを高め（Bardone et al., 1996；Robins, 1991），死亡率も高い（Rydelius, 1988）。

⑤　反社会性パーソナリティ障害への発展を促進する要因

成人後の反社会的行動と関係する行為障害の症状は，怠学，家出，器物損壊，けんかであり，嘘をつくことや盗みは関係していないという指摘がある（Robins, 1991）。その一方で，暴力，威嚇，強盗などの顕在的症状に加えて，窃

盗，虚言，怠学などの密行的症状が併存している場合には，成人後の転帰が不良であるという報告もある（Biederman et al., 2001）。この点については，現時点では諸説があるようである。

しかし，いずれにしても，多くの研究において成人後の反社会的行動への発展を促す要因として一致しているのは，アルコール・薬物などの物質乱用の存在である（Burke et al., 2003 ; Modestin et al., 2001 ; Robins, 1991）。物質乱用の併発は行為障害の経過に大きな影響を与え，行為障害と物質乱用は，相互に悪化しあいながら，将来の反社会性パーソナリティ障害の発症を促進してしまうことが指摘されている（Burke et al., 2003）。

4 サイコパシーとサイコパシー・チェックリスト

[1] サイコパシーとは

すでにふれたように，DSM においては，反社会性パーソナリティ障害の診断基準項目の多くは，過去の犯罪歴や問題行動の有無から成り立っており，定義そのものが同語反復的である。これは，力動的特徴からなる境界性パーソナリティ障害の診断基準とは，あまりにも対照的である。同様のことは，反社会性パーソナリティ障害に先行する行為障害の診断基準についてもいえる。結局，それは，最近1年間における非行的行動の有無をチェックするものでしかなく，少年院入所や保護観察による管理状況が一定期間続けば，内的な構えにいささかの改善が見られなくとも，行為障害は改善したことになってしまう。要するに，いずれの診断も，行動の結果のみに注目し，行動に先立つ認知・感情・思考パターン，さらにいえば，「生き方そのもの」の特徴には言及していない。これでは，潜在的な危険性の予測には限界がある。

その意味で，アメリカの精神科医クレックリー（Cleckley, 1964）の研究は，まさに反社会的な人物の本質的な特徴に迫ろうとする仕事であったといえる。彼は，精神科医療機関にときおり紛れ込んでくる，犯罪傾向の著しいパーソナリティのもち主を描写し，この一群の者を**サイコパシー**と名づけた。その後，ヘア（Hare, 1991）らのグループは，クレックリーのサイコパシー概念に基づ

いて，**サイコパシー・チェックリスト**（Hare Psychopathy Checklist-Revised；PCL-R）というアセスメントツールをつくり上げ，サイコパシー概念の洗練化を行った。

　ヘアらが提唱するサイコパシーは，自己中心的で尊大，操作的かつ衝動的，さらに冷酷で無責任という特徴からなるパーソナリティをもっている（Hare, 1991）。その多くは，シュナイダーの情性欠如型の精神病質と共通しているが，異なる点もある。サイコパシーは，単に他人への共感性が乏しく冷酷であるだけでなく，しばしば表面的には魅力的な人物なのである。この点は，シュナイダーの情性欠如型精神病質では指摘されていない特徴である。

　サイコパシーとよばれる者は非常に弁が立つ。どこで身につけたのか，学術用語や専門用語を駆使し，ジェスチュアを交えてじつに説得力のある話しぶりをするために，専門家でさえもすっかりだまされてしまう。また，面接の場面では，面接者にいきなり顔を近づけてパーソナル・スペースに侵入するなどして圧倒し，巧みに話の主導権を握り，自分に都合のよい話題にしかふれさせない。結果として，面接者は，多くの会話をしたにもかかわらず，自分が聞きたいことは何ひとつ聞き出すことができず，翻弄された感覚だけが後に残る。

　彼らは，自分を特別な存在と見なし，人をだますことで優越感や快感を覚え，自らが犯した犯罪を悔いたり恥じたりすることがない。「この国の刑事司法システムの不備がいけない」と責任を転嫁したり，被害者に対しても，「確かに俺は奴を殴ったが，それと奴のけがとは別の問題だ」などと容疑を否認したり，「あいつは運が悪かったのさ」「家族に保険金が入ったわけだから，感謝されるべき点もある」と居直る。

　サイコパシーの行動は場当たり的で，将来に関する計画や夢などはなく，単純に興奮と刺激を求めている。また，退屈することを恐れ，苦労してささやかな収入を得て生計を立てていこうなどと考えることはできない。だから，例えば女性のヒモとして寄生的な生活を送り，彼女たちの財産や自尊心を根こそぎ奪うと，別の女性のもとへと去っていく。たとえその女性が自分の子どもを妊娠していようとも，意に介することはない。彼らは性的には乱脈をきわめるが，そこには情感のこもった恋愛はないのである。女性は，自分に刺激を与え，利用できるモノにすぎない……。

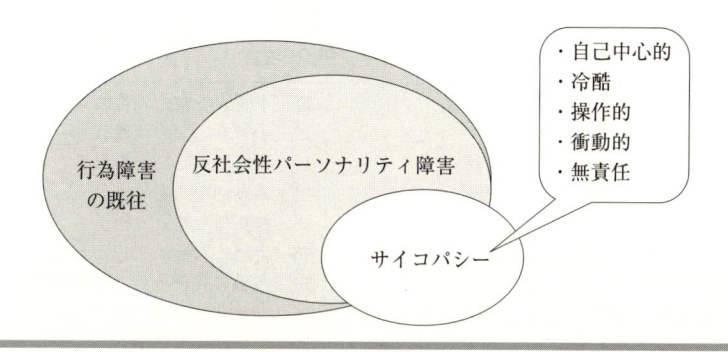

図3-2 行為障害，反社会性パーソナリティ障害，サイコパシーの関係

さて，サイコパシーと反社会性パーソナリティ障害は，どこが共通しどこが異なるのであろうか？　ヘアら（Hare et al., 1991）によれば，サイコパシーといえるのは，DSMにおける反社会性パーソナリティ障害に該当する者の3割程度という。サイコパシーは，反社会性パーソナリティ障害の診断基準（表3-5）のA項目が3つ以上ではなく，もっと多くの項目に該当するという点で，いっそう限定された重篤な一群といえる（図3-2）。しかし他方で，図からもわかるように，反社会性パーソナリティ障害に該当せず，行為障害の既往もない，というサイコパシーも存在する。法律の抜け道をかいくぐり，表面的な魅力や操作性を駆使して政治・経済・学問の世界において成功を収め，人々からの尊敬を得ているサイコパシー（ヘアの表現を用いれば，「ホワイトカラー・サイコパス」）もいるという（Hare, 1991）。

[2] サイコパシー・チェックリスト

PCL-Rは，表3-7に示した20の評価項目について，半構造化面接と過去の記録などの資料に基づいて，各項目を0, 1, 2の3段階，40点満点で評価するものである。PCL-Rでは，評価対象者の犯罪歴以上に，対人場面における態度や感情表出のあり方，生活史に通底する無計画性，衝動性，無責任さなどに焦点をあてられているのが特徴である。反社会性の精神病理に一歩近づいた視点である。

PCL-Rの20項目のうち18項目は，その因子構造に基づいて，その人物の

表3-7 サイコパシー・チェックリスト（PCL-R）の項目

1	口先だけのこと/表面的な魅力	11	不特定多数との性行為
2	誇大化した自己価値観	12	子どもの頃の問題行動
3	刺激を求めること/退屈しやすさ	13	現実的・長期的な目標の欠如
4	病的なまでに嘘をつくこと	14	衝動的なこと
5	詐欺/人を操ること	15	無責任なこと
6	良心の呵責・罪悪感の欠如	16	自己の行動に責任がとれないこと
7	浅薄な感情	17	多数の長続きしない婚姻関係
8	冷淡さ/共感性の欠如	18	少年非行
9	寄生的生活様式	19	仮釈放の取り消し
10	十分な行動のコントロールができないこと	20	犯罪の多種方向性

（出典）　Hare, 1991.

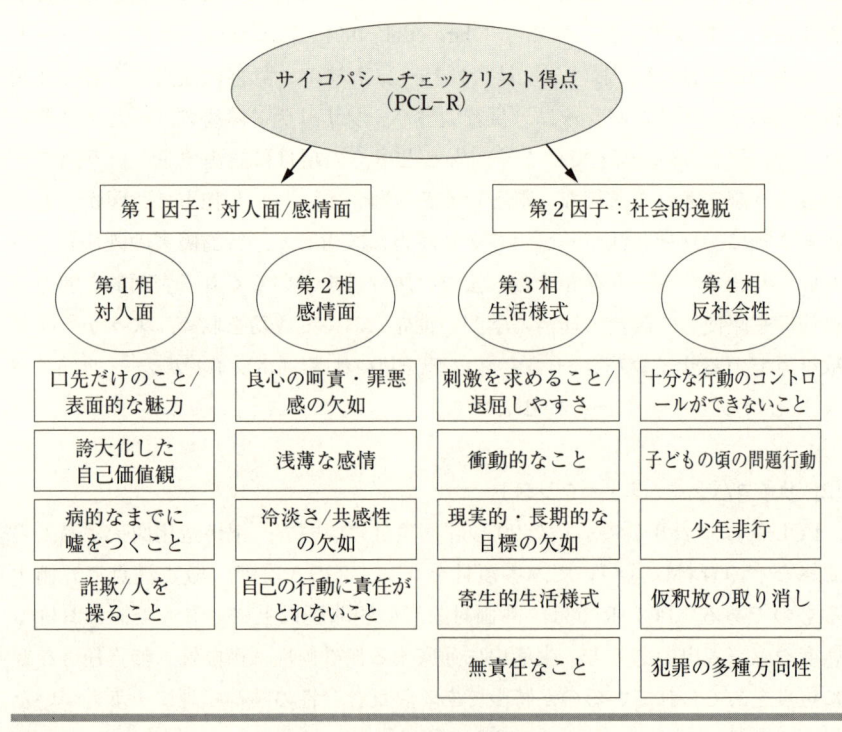

図3-3　サイコパシー・チェックリスト（PCL-R）の構造

対人面/感情面を反映する第1因子と，社会的逸脱の程度を反映する第2因子に大別され，さらに第1因子は第1相（対人面）と第2相（感情面）とに，第2因子は第3相（生活様式）と第4相（反社会性）とに分類される（図3-3）。

ヘアらは，一般人口を対象とした研究に基づいて，サイコパシーをPCL-R得点によって定量的に定義している。すなわち，サイコパシーとは，一般人口において正規分布するPCL-R得点上位1％の高得点者のことであるという（Hare, 1991）。なお，英語圏の国では，上位1％にあたるPCL-Rのカットオフ得点（最低基準得点）は，おおむね30点前後である（Hare, 1991；現在のところ，わが国におけるカットオフ得点は不明である）。

サイコパシーの評価にあたっては，PCL-Rの総得点だけでなく，各因子・相の得点にも注目する必要がある。サイコパシーの評価で重視されるのは，第1因子における高得点である（Hare, 1991）。したがって，例えば，PCL-Rの高得点を，主に第2因子の高得点で稼いでいる場合には，純粋な意味でのサイコパシーというよりも，帰属する反社会的集団（例えば，暴力団など）の集団文化・規則に忠実であった可能性がある。サイコパシーの特徴として重要なのは，自分が帰属する反社会的集団さえも平気で裏切ることである。

[3] リスクアセスメントツールとしてのサイコパシー・チェックリスト

PCL-Rは，暴力犯罪者に対するリスクアセスメントツールとして，北アメリカを中心に広く使用されており，その予測精度を検証する，多くの実証的研究が行われてきた。例えば，暴力犯罪者の再犯予測については，231名の保護観察中の元受刑者のうち，PCL-R得点上位3分の1の者は，下位3分の1の者の，4倍の暴力事件を起こしたという報告（Hart et al., 1994）をはじめ，多くの研究が，PCL-R得点と暴力再犯の密接な関係を指摘している（Harris et al., 1991；Harris & Rice, 1997）。性犯罪者においても，PCL-R得点は，再犯の予測因子（Rice et al., 1990；Rice & Harris, 1997）であることが明らかにされている。また，統合失調症を代表とする精神障害患者の暴力行為を予測するうえでも，PCL-R得点が予測因子となることも示されており（Harris et al., 1993），**VRAG**（Violence Risk Assessment Guide；Harris et al., 1993）や **HCR-20**（Historical, Clinical, and Risk Management, 20 items；Webster et al., 1997）などの触法精神障害

者のリスクアセスメントツールにおいても，重要な変数として採用されている。

その後，PCL-R は，スクリーニング用の簡易版（Hare Psychopathy Checklist: Screening Version；PCL: SV；Hart et al., 1994）や若年者版（Hare Psychopathy Checklist: Youth Version；PCL: YV；Forth et al., 2003）などもつくられ，すでにそれらの妥当性と有用性も確立されている。

[4] サイコパシーの治療可能性

多くの研究者（Cleckley, 1964；Fallon et al., 1999）が，サイコパシーの治療可能性については悲観的である。中には，治療によるサイコパシー悪化の可能性を指摘する報告もある（Quinsey et al., 1998）。それによれば，PCL-R 得点が高い受刑者に，治療共同体を用いた治療を行ったところ，まったく治療を施さなかった場合よりも，再犯率が高かったという。その一方で，PCL-R が比較的低得点であった者の場合は，治療共同体による治療を行われた者の方が，何の治療を受けなかった者よりも再犯率は低かった。この研究では，サイコパシーは，治療共同体の中で「表面的な表現力」や巧妙な対人操作性を身につけ，よりサイコパシーとしての特徴を強めてしまう可能性が指摘されている。しかし，この研究における治療共同体プログラムは，スタッフの関与やレクレーションプログラムが少なく，非自発的な参加であったなど，改善の余地が相当にあるものであり，したがって，その結論をただちに一般化することはできない。

サイコパシーの治療可能性に関する議論は，慎重になされなければならない。安易に治療不可能という結論をすれば，サイコパシーという診断はそのまま排除的なラベリングとなってしまう（Blackburn, 1988）。その意味では，ヘアらが，PCL-R の使用に関して，研修の義務化や資格認定に関するさまざまな厳しい条件を設けているのは（Hare, 1991），安易な使用を制限するために当然のことといえよう。

5 おわりに

最後に，反社会性パーソナリティ障害との関連で，個人的に気になっている

ことを書かせていただきたい。それは，筆者が関わっている少年院入所者でよく見られる，自傷行為をした経験のある少年たちのことである。その自傷には，刃物で切る，火のついた煙草を押しつける，拳で壁や床を殴るなどさまざまな方法があるが，彼らの中には，「転んでケガした」「昔のけんかのあとだ」ととぼけて，自傷であることを隠そうとする者もいる。まるで，それを，「弱い人間のすること」と恥じているかのように。

彼らの多くは暴力犯罪の加害者であり，同時に虐待の被害者でもある。しかし一様に，「あれは虐待じゃない，当然のしつけだった」といって，虐待されていた「弱い自分」を否定している。加害者となることで被害者の立場から脱け出せた体験が，彼らに暴力肯定的な価値観を植えつけたのかもしれない。いずれにしても彼らは，犯した犯罪について表面的には「申し訳ない」とはいうものの，じつは「たいしたことじゃない」「相手の方が悪い」「警察は汚い」と考えている場合が少なくない。要するに，18歳を過ぎた時点で，そのまま操作的に反社会性パーソナリティ障害と診断されてもおかしくない少年たちである。

彼らの自傷行為の特徴は，「痛みを感じない」という点にある。このことは，彼らは，幼少期の暴力被害を生き延びるために，解離の機制によって身体的な痛みを――そしておそらく心理的な痛みをも――麻痺させてきた可能性を意味している。痛みを欠いた自傷行為で自らを刺激しながら，彼らが何を確認しているのかは不明であるが，筆者には，彼らが，「痛みを感じない」毎日を生き抜く中で，いつしか他人の痛みまでも感じなくなってしまったような気がしてならないのである。これが，繰り返される犯罪や共感性を欠いた態度，つまり反社会性パーソナリティ障害とよばれる状態を生み出すとしたら……。

もちろん，これは1つの仮説にすぎない。他にも多くの仮説が考えうるであろう。

筆者は，ある者をパーソナリティ障害と見立てることは，必然的に，「彼はなぜそのようなパーソナリティになったのか」という仮説を立て，介入の余地を探って挑戦することを伴うものでなければならない，と信じている。ややもすると援助者は，自分の手に負えない者に遭遇すると，パーソナリティ障害と決めつけて治療をあきらめてしまいがちである。だが，パーソナリティ障害を

診断することは，援助の終わりではなく始まりである。このことを肝に銘じなければ，パーソナリティ障害の診断など，本当にただのラベリングとなってしまうであろう。

文献案内 BOOK GUIDE

林直樹（2002）．『人格障害の臨床評価と治療』金剛出版
▷わが国では，パーソナリティ障害に関する著作として最も包括的であり，その概念の歴史的変遷と研究の状況だけでなく，その診断，評価，治療の指針が論じられている。

藤岡淳子（1999）．「反社会性人格障害の精神療法」福島章・町沢静夫編『人格障害の精神療法』金剛出版，pp.106-123.
▷反社会性パーソナリティ障害の精神療法を論じた貴重な文献であり，治療に対する考え方や心構えを理解するうえで有用である。

ヘア，R. D.／小林宏明訳（2000）．『診断名サイコパス——身近にひそむ異常人格者たち』早川書房
▷本章で紹介したサイコパシー・チェックリストの原著者による，一般向けの啓蒙書である。サイコパシーの概念が，具体的な事例提示とともにわかりやすく解説されている。

岡田幸之・安藤久美子（2003）．「暴力に関する欧米の司法精神医学的研究（1）——暴力のリスクファクター」『犯罪学雑誌』69（5），181-201.
▷暴力犯罪のリスク要因に関する総説であり，その中で，暴力とパーソナリティ障害との関係についても言及されている。

安藤久美子（2003）．「暴力に関する欧米の司法精神医学的研究（2）——暴力のリスクアセスメントツール」『犯罪学雑誌』69（6），220-232.
▷サイコパシー・チェックリストをはじめとする，海外の司法心理学領域で汎用されるリスクアセスメントツールが解説されている。

【松本俊彦】

放火　　　　　　　　　　　　　コラム③

　放火は,「弱者の犯罪」とよばれる。こっそりと火を放つことによって不満を発散させるという攻撃性の受動的な表現であり, これといって体力も知力も必要とせず, 誰にでも容易にできる犯罪だからである。実際, 統計資料を見ると, 放火犯は他の犯罪者に比べ, 精神障害（特に知的障害）がある者の比率が高い。以前は, 放火犯の実数では男性が多いものの, 全犯罪者に対する割合では相対的に女性が多いことから, 放火は女性的な犯罪とされており, それも弱者の犯罪とよばれるゆえんであったが, 最近では性差は見られなくなっている。

　また, 放火は一般に機会的, 状況的な犯罪といわれ, 保険金詐欺を除くと, 放火を意図してから実現までの間は即時ないし1日以内のものが大半を占め, 単独で衝動的に行われる傾向が強く, アルコールや薬物の影響も認められる。動機としては復讐, 憂さ晴らしが多く, その他に犯行の隠蔽・容易化, 保険金目当ての利得欲などが見られる。殺人や自殺の手段として放火がなされることもあり, こうしたケースでは, 追い詰められた状況で何もかも消し去ることで一気に葛藤に終止符を打とうとするような破壊的で激しい攻撃性が認められる。

　最近は不特定の対象に向けられた怒りや不満感の発散, あるいはスリル・興奮を得ることを動機とする連続放火が増加しており, プロファイリングの観点からの研究も進められている。成人の連続放火犯の特徴は, 受動的で, 自己主張に欠け, 対人スキルに劣り, 抑うつ感や無力感を抱きやすく, 自尊心が低い。その典型像は, 社会的に恵まれない, あるいは崩壊した家庭で育ち, 身体的・精神的障害が重複しており, 知的レベルや学業成績は低く, 定職についていないか無職で, 社会的に孤立している。こうした社会的弱者としてのありようは特に年長者で顕著である。一方, 若年層の連続放火犯では多動性, 衝動性, 攻撃性が認められ, 幼児期にADHDの兆候を示す者も多いなど, 一見すると成人の放火犯とは対照的だが, 人とうまくやっていけず, 失敗, 孤立しやすい点は共通している。

　なお, DSM-Ⅳ-TRには, 他のどこにも分類されない衝動制御の障害として放火癖の診断基準があり, 興奮や快刺激を得るため以外の動機や他の精神疾患なしに放火を繰り返す場合が該当するが, 純粋の放火癖はまれである。また, 放火と性障害との関連については, 実証的な研究はほとんど見られない。

【今村有子】

第4章

犯罪・非行の個別的要因② 発達障害

1 2つの留意点

　発達障害のある人々がときに犯罪・非行を犯した際の相互連関について言及する前に，あらかじめ2点の断りをしておく。

　まず犯罪・非行という用語は，市井の児童精神科臨床を行う身にとってなじまない。この定義は第1章でふれているが，医療者は**行為障害**（素行障害）という用語を用いるだろう。これは第3章で説明している。しかし筆者はこの診断名は「状態像」を示す言葉にすぎず，行為者の行為の発生理解への接近をせき止める危険性を感じる（田中，2006a）。診断とは当人と周囲にとって役立つものであることにこそ存在理由がある。状態像に向き合い，その症状に至る推定上の原因，「意味」に近づき読み解くことこそが，精神科的な診断（神庭，2003）である。その意味で，可能な限り「**反社会的行動**」という言葉を用いる。

　2点目は，近年の社会が示す反社会的行動に対する関心，特に発達障害と少年非行における関心の高さに関連している。この方面の研究は若く，意義の高さは認めるが，報道等で当事者・関係者が必要以上に傷つくことも無視できない。例えば2005年3月に日本自閉症協会は，一連の発達障害に関係した事件報道に関し，「最近，世間の注目を集めるような少年事件で，加害者に自閉症やアスペルガー症候群などの障害が認められるケースがあります。（中略）報道の影響で，多くの自閉症やアスペルガー症候群の人々や家族が偏見や誤解に

さらされています。(以下略)」という見解を「メディア・ガイド」として提出した。全文は協会のホームページ (http://www.autism.or.jp/) で読めるので参照していただきたい。筆者も本章執筆に際し，発達障害と反社会的行動が安易に結びつかないよう，できるだけ配慮した。エピソード的に挿入する事例は個人が特定できないよう多くの改変をしたが，筆者が伝えたいことは，発達障害のある人々が示す反社会的行動の「意味」である。

2 発達障害とは

[1] 医学モデルとしての発達障害

　発達障害という言葉は，辞書的には「心身の機能の発達が困難な，あるいはきわめて緩慢な状態，あるいは幼児期に起こり，成長過程においても精神・知能・感情などの発達が阻害されたままの状態」といえよう。鯨岡 (2005) は「一人の人間の時間軸に沿った成長・変容の過程において，身・知・こころの面に通常とは異なる何らかの負の様相が現れ，しかもそれが一過性に消退せずに，その後の成長・変容に何らかの影響を持続的に及ぼすこと」と定義する。表 4-1 は，クルツら (Kurtz et al., 1996) が俯瞰した発達障害の一覧に，鯨岡にならい負の様相を付記したものである。「通常とは異なる負の様相」とは一般的に，困難な，緩慢な，阻害された発達状態と評価される。それは，おおよそ以下の4つのスケールで判断される（田中，2006b）。

(1) **平均スケール**――血圧や血糖値のような常識的，平均的な範囲を正常とよぶ。しかし，実際には，境界線は曖昧で，絶対的，客観的とは言い難い。

(2) **発達スケール**――平均スケールに時間的変化を組み入れたものである。何歳なら身長はどの程度を基準とするか，という視点である。これも例外や幅があり，時間的停滞と急激な変化という個体差の進度までは測れない。

(3) **価値スケール**――例えば美的基準といった評価で，曖昧な視点からなる。イメージのよしあしも含め，個人的な価値観や時代的影響が関与しやすい。

(4) **社会スケール**――いわゆる社会的思想や哲学，主義主張といった相対的視点によるので，不均衡で共有しにくい評価となりやすい。

表 4-1 発達障害の内容と負の様相および発現率

障害名	負の様相	発現率	関連する障害
脳性麻痺	運動障害，麻痺	0.5%	知的障害，聴覚・視覚障害
聴覚障害	聴力機能の障害	1%（重度例は0.2%）	知的障害，視覚障害，過活動，言語発達障害
視覚障害	視機能の障害	斜視2% 視力障害0.06%	知的障害（48〜75%）
知的障害(精神遅滞)	メタ認知機能の障害	2.5%	脳性麻痺，聴覚・視覚障害，広汎性発達障害，注意欠陥/多動性障害，てんかん，言語発達障害
コミュニケーション障害 （表出・受容言語発達障害）	言語の表出，受容機能の障害	3〜10%	
広汎性発達障害 （自閉症，アスペルガー症候群，特定不能の広汎性発達障害など）	対人相互関係の障害。言語・非言語コミュニケーションの障害，想像力の障害，感覚過敏	0.6〜1.2%	知的障害（40〜66%），行為障害
注意欠陥/多動性障害	著しい多動性，不注意，衝動性	3〜10%	学習障害（50〜60%）
学習障害	学習スキルのつまずき	2〜10%	言語発達障害（70〜80%），運動能力障害，行為障害
発達性協調運動障害	粗大，微細運動障害	2〜6%	言語発達障害，音韻障害
行為障害	反社会，非社会的言動	2〜15%	学習不振，自尊心の低下，事故にあいやすい，薬物・アルコール・性行為依存など

（出典） Kurtz et al., 1996 を一部改変。

運動制限や視聴覚の機能障害などは平均スケールで，知的機能は発達スケールで評価されやすく，広汎性発達障害に認められる対人関係の特性や，注意欠陥/多動性障害における多動や不注意は平均スケールと発達スケールと社会スケールをからめた評価といえよう。

　2004年12月に制定された発達障害者支援法は，「この法律において『発達障害』とは，自閉症，アスペルガー症候群その他の広汎性発達障害，学習障害，注意欠陥多動性障害その他これに類する脳機能の障害であってその症状が通常低年齢において発現するもの」と規定した。これは，発達障害の中でもその発達のつまずきが軽微で周囲から認められにくい「**軽度発達障害**」への注目の大きさを物語る。次項以降，この軽度発達障害と反社会的行動について検討を加える。

[2] **生活モデルとしての発達障害**

　こうした「発達障害」の特性をもちながら日々を過ごす当人は，その特性によって，生きることをどのように感じているのだろうか。保護者や周囲の関係者はどのように理解しているのだろうか。

　四肢に障害のある乙武（1998）が「障害は不便です。だけど，不幸ではありません」と表現したことはあまりにも有名であるが，ここに記された「不便」は，彼にある四肢の機能から生じる社会活動と参加における制限状況における表明であり，同時にその制限を不幸と感じるか否かという問い立てへの返答でもあった。しかし実際は，不便であるだけでなく，個々の存在価値が肯定されにくいほどの実情に追い込まれている人々が少なくないといえないだろうか。上述したように「通常とは異なる負の様相」の判定基準は，常に不明確さをもっているが，不便と不幸の両面の存在が負の様相となる。一般的な障害観が，生きる喜びや充実した人生の獲得へ向けたまなざしでないことは自明である。

　医学モデルとしての発達障害は，日常生活場面での「生きにくさ」についての評価を棚上げし，機能や能力を医学的に判断する。軽度発達障害は，この機能や能力が平均スケールから見ても境界線上に位置しやすく，発達スケールでは個人差が大きく，ときに非常な変化（進歩）を見せる。そのため障害特性は，周囲の関わりから生じた言動と判断されやすい。また，価値スケールでも個々

の価値観から曖昧に判断されやすく、ときに時代的・社会的価値観によっても評価が分かれる。昔からこういう子はいた、という評価と、このような子どもと出会うのははじめてです、という関係者の発言は、軽度発達障害が論じられるときに、よく聞かれる。また、軽度発達障害という表現は、あたかも発達のつまずきが軽い（から、障害の中でもよい方）と評価されやすい。この評価は機能のつまずきの程度であるが、そのつまずきがある中で生きることを検討した判断ではない。

　発達障害のある人々は二重の否定を抱えている。1つは、障害自体はけっして消滅しないことを前提にしながらも、その障害から脱却あるいは克服が求められることで、「障害とともに生きること」の否定である。もう1つは、障害があるということは、「同じではない」という否定的な社会的視点である。障害があることから生じる差異感により浮上した自分自身による自己否定と、周囲から不幸と評される他者による自己否定という、自己と他者（あるいは社会）から指摘される自己否定である。

　自己および・あるいは他者（あるいは社会）からの評価で決定される負の要因は、生活場面の中でこそ修復されるべきである。

　この視点に立つと、医学モデルとしての生物学的課題が消滅しなくとも、「負の要因」を持続させないこと、負の評価を低減することが、市井の関わりとして浮上する。いわゆる生活モデルに立つ「回復」である。筆者はさらに、生活する者としての当事者自身が、自ら生活するうえでの「生きにくさ」を提示し、修復へ向かうことが大切であると考える。いわゆる「**生活者モデル**」からの検討である（田中、2006c）。

3　発達障害のある人々の生きにくさの心理

　発達障害のある人々が、どのように思い、感じながら、日々を送っているかを、「生活者モデル」の視点から記述・解説することには限界がある。ここでは個々が障害特性に折り合いをつけて生きている中にある、生きにくさや自己存在を賭けた問いを、多くの当事者の出会いや手記から拾い出すことにする。

[1] 知的障害（あるいは精神遅滞）のある人々

　知的障害あるいは精神遅滞とは，明らかな平均以下の知的機能（知能指数が70以下）と同時に，その文化圏でその年齢に対して期待される**生活適応能力**（コミュニケーション，自己管理，家庭生活，社会的・対人的技能，資源の活用，自律性，学習能力，仕事，余暇の活用など）の不全が18歳未満で認められた場合をいう。

　中度の知的障害がある小学6年生のA君は，面接中，終始顔を伏せていた。社会的なルールはよく守り集団行動もとれていたが，会話しようとすると，うつむいてしまう。母親は，ちょっとでもわからなくなると，まったくしゃべらないのです，と肩を落とした。日々の生活が「できるか，できないか」という評価にさらされるA君にとって，会話で失敗することは「できない」と評価されてしまう。消極的な子とは評価されない社会で，緘黙的態度を示していたと思われる。

　軽度の知的障害のある中学3年生のB君は，面接でいきなり「先生，僕はどのくらいバカなのか知りたい。勉強してもいつも10点くらいしかとれない。バカだと思うけど，どの程度かわからない」と話した。定期試験のたびに頭をかきむしり，部屋で「もうだめだ」と叫ぶB君にとって，必要なことは「軽度の知的障害」という説明ではなく，いまの力でいかに生きるかという前向きで建設的な話し合いであった。

　A君のように，理解できないということから生まれる，わけのわからなさや失敗体験は，明らかに自信を失わせ，無気力にさせやすい。意欲的なB君も，なぜできないのだろうと真剣に悩み，日々イライラが生じ，自己評価を高めることができず無力感に陥る。

　知的障害（あるいは精神遅滞）のある人々も犯罪を起こすことはあるが，一般少年に比べ再犯率は低く，そもそも犯罪の発生率が高いということはない（奥村・野村，2006）。

[2] 広汎性発達障害のある人々

　広汎性発達障害は，診断基準によれば3歳までに認められる，**社会性**の障害（視線が合わない，よばれても振り向かない，関わられることを嫌がるなど），**コミュニケーション**の障害（言葉の遅れ，一方通行の会話，奇妙なイントネーションなど），

想像力の障害（ごっこ遊びや見立て遊びが苦手）とそれに基づく**行動の障害**（繰り返しの行動，くるくるまわるなど）と，日常で確認される**感覚の敏感さ**（特に音やにおいに関する過敏さ）を特徴としている。最近は知的な遅れのない群を**高機能自閉症**とよぶ。また言語表出の遅れのないグループを**アスペルガー症候群**とよび，上記の特性を示す**自閉症**と区別している。アスペルガー症候群と自閉症，およびその周辺の障害をくくった総称を広汎性発達障害という。

当事者であるグニラ（Gunilla, 1997）は，「周囲の人間たちは誰一人，私が何を必要としているのか，わかっていないらしい，ならば自分を守るために必要な手は全部，自分一人の判断で打たなければならない。私にはこんなに大切なことなのに，こんなにわかりきったことなのに，誰一人その理由を知らない」と述べ，家族といえどもまったく別の世界の住民という認識をしていたことを明かしている。だから「私は自分の必要を満たそうとすると，それはいつも『反抗』とよばれた」と述べ，「彼らは，自分を測るのと同じ尺度で私を測っていた」と認識していた。両親や姉とは人生を平行に走りながら何の共通点もなく「人は普通，どうあることになっているのか，知らなかった」。ときに「ずっと前に起きたことの記憶が，目の前のことに結びつき」かんしゃくの原因になり，「ある声は聞こえるのに別の声は聞こえない」ことは都合のよいことしか聞けない子と評価された。

グニラの著書を翻訳した同じ障害のあるニキ・リンコ（2000）は，あとがきで「障害を持って生まれながら，何も知らず，健常児として育つ。それはときに，二重の意味で屈辱的な経験」となるという。ニキによれば，理由もわからずに人と同じことができないと自分のせいと思ってしまうことと，みんなとの能力の差を埋めようとする努力も，ごまかし，不自然，卑怯と思い込んでしまうという。

相談で出会ったC君は，こうして面接すること自体に価値を見出せない，無意味だと思う，ほうっておいてほしい，最後には誰の手も煩わせずに海に捨ててほしいと，落ち着いて述べた。

所属する世界さえも脇におき，真の世界を手に入れることもできず，結果どこにも所属できない広汎性発達障害のある人々の自己観というのは，自己評価，自尊感情という間接的に他者が存在する世界からの評価が生まれていない。真

空の宇宙の中にいるような雰囲気を感じさせ，自分にはめるワンピースを探し続けているようにも見える。

反社会的行動との関係は，現在最も議論されている。後述する十一（2004）の分類理解が注目されている。筆者は後にふれるように，この障害特性のある子どもたちが反社会的行動に至る情緒に注目している。

[3] 注意欠陥/多動性障害のある人々

注意欠陥/多動性障害（注意欠陥・多動性障害，以下ADHD）は，7歳までに認められる年齢不相応な著しい**多動性**，**注意散漫**（不注意，集中困難），**衝動性**が生活場面の至るところで長期間認められる場合に診断を検討するが，正確には発達障害というくくりではない。生来性の中枢神経系の機能障害という理解に立つことで，臨床的に発達障害グループとして認識されている。

当事者である30歳のDさんは，自らの体験を生かして「ADHD者本人とコーチによる相談室」を開いている。コーチとは，Dさんを長年サポートしている叔母さんである。Dさんは，思考が途切れる，うまく考えられないことが最も大変なことの1つと述べ，「まるで新幹線に乗って，通過駅のホームの表示を読み取るくらい」大変であると述べる。人と話をしているときも，ぼんやりした状況で，話すべてが聞き取れず，虫食い状態のようであるともいう。

40歳のEさんは筆者との会話中，急に目がうつろになり生返事になることがある。問いただすと，「とてもよいことがひらめいた」ときで，その瞬間は周囲の声がまったく聞こえていないという。

小学3年生のF君は，自らが話し続けている途中に，話そうとしていた内容を忘れてしまう。確かにその直前までちゃんと話をしていたにもかかわらず，次の言葉というよりも続けていた話が急に消えてしまうようである。

こうした人々は，頭の中がどんどんと散らかりながら相手と会話していくようである。散らかる末に他人とやりとりができなくなる。広汎性発達障害と違い，どうしたらうまくいくかというイメージをもちながらも，それを実現できない。所属する世界に所属しながらも踏み外すことで，達成感を失う，自己評価を傷つける，という体験を繰り返しているように思われる。わかっていたのに失敗することと，わからずにつまずいたときでは，前者の方が情けない気分

になるだろう。

　反社会的行動との関係は，齋藤（2005）による**破壊的行動障害**（崩壊性行動障害）**マーチ**（以下 DBD マーチ）が有名である。田中（2003, 2004b）は症例報告を含め，ADHD があることで生まれる生きにくさに注目している。

　青少年の犯罪においては，近年広汎性発達障害や ADHD との関係を指摘する研究が少なくない。シポンマら（Siponmaa et al., 2001）は 126 名の青少年の犯罪者を詳細に分析した結果，ADHD という診断が 15％，広汎性発達障害も 15％（そのうち特定不能の広汎性発達障害が 12％，アスペルガー症候群が 3％）認められたという。

[4] 学習障害のある人々

　日本では 1990 年に文部省（現在の文部科学省）が**学習障害**（learning disabilities；以下 LD）に関する検討を開始し，1995 年の中間報告を経て，1999 年に最終報告を出した。それによると，LD を「基本的には全般的な知的発達に遅れはないが，聞く，話す，読む，書く，計算する又は推論する能力のうち特定のものの習得と使用に著しい困難を示す様々な状態を指す」ものとし，原因として「中枢神経系に何らかの機能障害があると推定されるが，視覚障害，聴覚障害，知的障害，情緒障害などの障害や，環境的な要因が直接の原因となるものではない」と定義した。医学用語の LD は learning disorders であり，読み・書き・計算の学習技能に注目しているが，現在は，この区別が曖昧になり通称 LD というよび方でくくられる。明らかなことは，本来の知的能力につまずきがないのに，学習が積み重ならない状態を示すことである。

　品川（2003）は，LD のある人々の生きにくさを当事者インタビューから浮き彫りにした。小学 3 年生のときに読み書き障害が判明した G さんは，漢字が書けないことを怠けと判断され，高校時代には LD の研修を受けている顧問から「ここにいても友達はできない。できても漢字が読めないと知ったらみんな逃げていく」と言われ，「高校を辞め，他の道に進んだ方がよい。先生も大変なのよ」と言われたという。

　中学 2 年生のときに読み書き障害と診断された H 君は，小学 3 年生のときにみんなのように字が書けないことに気づき，しだいに読みもたどたどしくな

り，自分で努力不足と考えていたという。

I君は，勉強しても努力しても文字が書けないことで，「自分は知恵遅れなんだ」と思い，同時に自分でわかるくらいだからたいして遅れていないと「明るく落ち込んだ」という。

ここに登場した子どもたちは，それぞれが時間をかけて自らの生きる道を見つけているが，現実は大きな生きにくさを抱えている人々の方が多い。

読み書き障害のあるJ君は，中学に進み一念発起して学習に200％の頑張りを示した。しかし5月の連休明けくらいになるとエネルギーも枯渇し，腹痛，嘔吐の身体症状が激しくなった。文字通り「身がもたなく」なったわけである。

中学の定期試験のたびに，強い不安と自傷行為を繰り返すKさんも，小学4年生から読み書き障害が認められた。

LDのある子どもは，学校に行っている間は常に学習に関する評価と向き合わなければならない。読めない，書けない，計算ができないとうことは，通常そこに生きにくさをもっていない人から見ると，怠け，努力不足と思われがちで，実際当事者である子どもたちも，診断後でさえ，どこかで努力不足を恥じている。学習機能以外には大きなつまずきがないため，ときには診断すらも「不憫に思っての慰め」というとり方をしている人もいる。

反社会的行動との直接的な関連は否定的である (Malmgren et al., 1999)。臨床的にも自傷行為や不登校に，より注意が払われるべきである。

[5] 生きにくさの心理を知る意義

軽度発達障害のある人々は，その障害とともに生きることで，生活場面での生きにくさに直面する。よく障害は個性のようなものという専門家もいるが，読み書き障害で苦しんだH君は，「こんなにつらいことを，個性だなんて簡単に言ってくれるな」と述べた。

軽度発達障害のある人々の生きにくさの心理に近づくことは，彼らにある**「主観的体験」**を知ることであり，彼らにある障害体験に近づくことを意味する。発達障害の生活（者）モデルのゴールは，障害の消失や克服ではない。浜田 (2005) は発達支援として「手持ちの力を使い，いまのできなさを引き受けて，なんとかやりくりしながら，自分の最大限をそのつど生きていくなかで初めて，

次の力は伸びてくる」と述べ，発達は結果であって目標でないと看破した。さらに，「力を使って単独個体で生きる」にとどまらず，「ともに生き，共有の生活世界を立ち上げる」というこの共同のありようこそが，発達の原則にかなったことであると主張した。

結局は，もてる力を正しく評定し，評価され，差異を認め合い，多様性を社会の資源とする思想と文化（花崎，1993）が必要条件となる。「共生のモラル」「共生の哲学」が，生きにくさを当たり前の日常に転化する。

4　発達障害と反社会的行動の関係

ここからは，反社会的行動に視点をおいて検討していく。

反社会的行動とは，時代文化的背景などにより，評価基準が流動的となり曖昧さを示す。ここでは，反社会的行動を4つのカテゴリーに分けて検討したものに基づく（図4-1）。

こうした行動を引き起こすエネルギーは，ローレンツ（Lorentz, 1963）の闘争と衝動の研究に行き着く。ローレンツは，攻撃を捕食獣の獲物に対する攻撃と，獲物にされる動物の補食獣に対する憎悪とに分け，さらに3つ目の攻撃として**臨界反応**という言葉を使用した。臨界反応とは「窮鼠猫を嚙む」という一切をかけて戦う絶望的な攻撃を意味する，いわゆる「背水の陣」というものである。

確かに誤解と自己評価の低下にさらされ続けてきたADHDのある子どもたちが，いじめからの脱出として，いじめ側にまわる，いじめ側に反旗を翻す，という場面に出くわすことはある。これは「獲物にされる動物の補食獣に対する憎悪」から打って出た攻撃といえよう。

かつて広汎性発達障害のある子どもが，毎回ナイフを隠しもって受診していたことを母親から教えてもらったことがある（田中，2004a）。母親によれば，「以前，入院したときに病棟の職員さんに『君は英語が得意だね』と言われたことがあります。息子は『あの職員は，俺が英語を苦手にしていることを知っているのに，あんなことを言った。俺は別に得意げになんかしていない。俺を

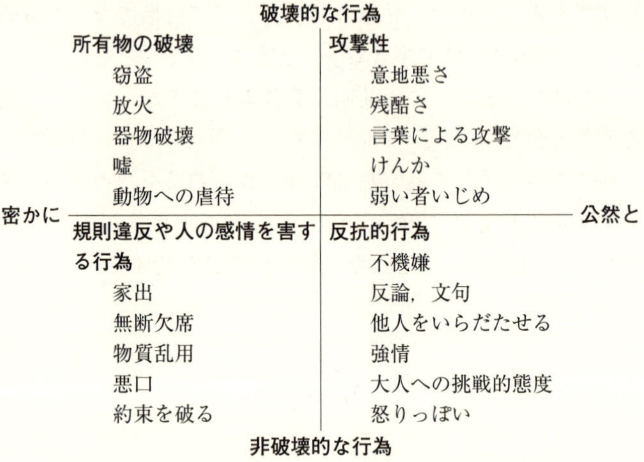

```
                        破壊的な行為
      所有物の破壊              攻撃性
          窃盗                  意地悪さ
          放火                  残酷さ
          器物破壊              言葉による攻撃
          嘘                    けんか
          動物への虐待          弱い者いじめ
密かに ─────────────────────────────────── 公然と
      規則違反や人の感情を害す  反抗的行為
      る行為                    不機嫌
          家出                  反論, 文句
          無断欠席              他人をいらだたせる
          物質乱用              強情
          悪口                  大人への挑戦的態度
          約束を破る            怒りっぽい
                        非破壊的な行為
```

図 4-1 反社会的行動
  （出典）　Wener & Kerig, 2000 を一部改変。

バカにしている！』と，ときどき家で思い出しては怒り出す」という。それで仕返しを，と問う筆者に母親は「いえ，息子は『また，あの職員に嫌なことを言われたら耐えられない。自分がもたない。だから，言われそうになったら，これを見せて黙らせる』と言うのです」と語った。これは，「自分は理不尽な目にあった」という怒りを伴う被害意識から生まれた「獲物にされる動物の補食獣に対する憎悪」に近く，（彼にとっては）正当な自己防衛という意識もあると思われる。幸いそのナイフは取り出されることはなかった。万が一彼がナイフを振りかざせば，反社会的行動と判断されただろうが，それは「窮鼠猫を嚙む」という一切をかけて戦う絶望的な攻撃である臨界反応と判断できよう。筆者は絶望的な戦いは多少の解離症状を伴いやすく，逆に解離なくして踏み出せない言動ともいえると考える。

　視点を変えて，近年の脳科学的見地から攻撃性について検討してみる。
　上田ら（2004）によれば，脳には2つの攻撃行動促進回路があり，同時に2つの制御機構があるという。制御の1つは前頭眼窩野から扁桃体における回路であり，衝動性を抑止する。もう1つはセロトニン・ニューロン系である。

セロトニン・ニューロン系は，生存のために必要な攻撃本能の調節機能を有している。攻撃動因系の視床下部や辺縁系に抑制的に働き，前頭葉の抑制系を促進的に制御している。特に辺縁系は教育的配慮による後天的な学習の影響を受ける。セロトニン・ニューロン系は環境の影響を受けやすく，その機能低下に関与する因子が検討されている。最近では生活習慣との関与が言及され，太陽光がセロトニン・ニューロン系の活性化に関与するという指摘から，昼夜逆転の生活がセロトニン・ニューロン系の機能低下に関係する，あるいはリズム運動がセロトニン・ニューロン系を活性化させることで，外出しない，あるいは運動しないことが，セロトニン・ニューロン系の機能低下を生むと想定されている。すなわち日常生活の乱れがセロトニン・ニューロン系の機能低下を生み，攻撃動因の抑制と攻撃抑制系の促進に失調を来す可能性がある（有田，2004）。

　また，われわれは対人相互関係の中でさまざまな情報を処理・蓄積していくことで，社会性の機能を高めていく。状況を認識し，解釈し，反応を決めていく情報処理モデルで有名な理論が，ドッジ（Dodge, 1986）による「**社会的情報処理モデル**」である。濱口（2002）の解説によれば，①情報の符号化，②解釈，③目標の明確化，④反応の探索・構成，⑤反応決定，⑥実行という6つのステップで，情報処理が行われる。適切な社会的行動ではこのステップが正確に歪みなく処理されるが，この処理のどこかに歪みがある場合は，適切な社会的行動がとれなくなる。攻撃行動を示しやすい子どもは，示さない子どもに比べて「自分は，仲間から嫌われている」「相手は自分に敵意をもっている」という歪んだ認識をもちやすいという印象がある。確かにわれわれは，日常に生じる手がかりをときに良くとったり，悪く解釈したりする。その解釈から，われわれは相手に対する行動を決定する。経験として蓄積されたことが，さらに次の解釈や反応を決める材料となる。

　軽度発達障害と神経伝達物質との関連は，分子遺伝学的にも注目されつつあり，今後より検討が進む可能性がある。また，軽度発達障害のある人たちが自己評価に傷つき疎外感を味わいやすいことで，被害的解釈に傾きがちになることは確かに日常的に遭遇する。

　発達という時間軸と，遺伝と環境から攻撃性を論じた八島（2002）によると，

図4-1の反社会的行動のうち，窃盗やけんかなどの攻撃性，すなわち破壊的な行為に位置している部分は，遺伝的影響が強いという。双生児研究によると，攻撃的人格特徴は44％程度の遺伝的影響が想定されるという。また生来性な気難しい気質とよばれる子どもたちは，育てにくさもあるが，幼児期から反抗的，否定的な感情を示しやすいともいわれている。一般的に幼児期から反社会的行動を示す場合は，生来性の気質や遺伝的影響がより強いと考えられる。育てにくさと養育状況という資質と環境の影響については，虐待された子どもたちに，反社会的行動や各種の精神症状を認めやすいことが指摘されている。これは第5章でふれる。別な環境要因としては，第6章でもふれるいじめの問題がある。いじめ体験はいじめられる立場からいじめる立場への報復的転換や，慢性的いじめを生む。前者は，前述の否定・警戒的に歪んだ認知と，二度といじめられたくないという強い不安や恐怖を芽生えさせ，後者の場合は自尊心の低下や慢性的な抑うつ的気分などを生むことが知られている。また，攻撃的言動が改まらずに，あるいは別の要因から仲間集団から排斥されたときに，攻撃性を示す子どもは反社会的集団に加入しやすい。反社会的集団からの影響は加齢とともに増すことも知られており，早期の脱退がその危機を回避する。仲間集団から排斥される，あるいは自ら進んで仲間集団から離れていく背景に，学習不振や対人関係面のつまずきやすさ，ときに性的虐待の既往などが知られている。学習不振や対人関係のつまずきの背景に知的な障害のない広汎性発達障害やLD，あるいはADHDといった軽度発達障害を想定しておく必要がある。

広汎性発達障害と反社会的行動との関係について，十一（2004）はこの障害のある子どもたちの示す反社会的行動を，障害特性の無理解と悪循環から生じる偶発型，思春期以降の性的衝動が加わった性衝動型，知的関心や好奇心による理科実験型，対人交流時に生じるつまずきとしての高次対人過負荷型に分類した。筆者は，偶発型，性衝動型は確かに状況によっては反社会的行動と判断されるだろうが，社会モデルとしての規範やルールの獲得という学習成果が問われるべきで，後天的なルールの学びと経験の積み重ねから回避できる可能性があると考える。理科実験型を筆者は，現実と非現実の曖昧な境界の存在に急激にさらされた状態と推定し，実体験の積み重ねと後天的なルールの学びの重要性を主張しておく。さらに高次対人過負荷型は，単純型がこじれた二次的障

害と理解している。

　筆者の事例では，数回の面接の末に「生きているうちに，どんどんと道からそれてきて，もう収拾がつかなくなった」という自暴自棄的な言動を反社会的行動の動機として述べた広汎性発達障害と診断された人がいた。彼はさらに「自殺はできない。自ら命を絶つのではなく，社会から抹殺してほしい」と懇願した。ここで求められているのは，障害を抱えて生きる中での生きにくさの実情の理解と，適時な支援のなさの議論である。筆者はかつて軽度発達障害のある人々の示す反社会的行動について，眼前の社会・集団を依存対象として，適応あるいは奮闘した途上の産出物で，社会・集団内適応の難しさを表していると考察した（田中，2004a）。

5　排斥でなく育ちの保障を

　ここまで，反社会的行動と軽度発達障害との関連についてできるだけ多面的な展開を試みた。さまざまな学説をさまよいながら筆者は，ローレンツの示した臨界反応，「窮鼠猫を嚙む」という一切をかけて戦う絶望的な攻撃行動という，「そこに至る個々の心情理解」を大切にしたい。
　非行臨床の専門家からすると，あまりにも甘く失笑を買うことになるだろうが，流動的で多面的な社会病理の中で，いま議論されているテーマは，われわれが醸し出してきたものであり，その責任を問われている気がしてならない。
　総体としての子どもには，排斥でなく**育ちの保障**を与えたい。今後，児童精神科医療は学際的な学問分野へ突き進むであろう。多職種が束になって子どもの発達と成長に取り組むことが求められる。どのような戦略が取り組まれようとも，子どもを追いつめず孤立させてもいけない。
　共生のモラルを，ローレンツ（Lorentz, 1963）は連帯の絆と称した。そして，この絆は「人間において，愛と友情の感情という形でその最も純粋かつ高貴な姿をしている働き」と類比できる。性格や性行上の問題をもつ子どもの心理療法家であるアレン（1955）は，「子どもを治すには先ず子ども自身が自己を治すのでなくてはいけない」と主体的な参加を促しつつ，「生活を介して一人の

個人を他の色々な人々と共に暮らしてゆけるような真の個人たらしめる」重要性を説き，次の言葉を残した。

「親や子どもに対する心理治療の実際は暖かい人間愛が保たれていてはじめて有効である」。

文献案内 BOOK GUIDE

ニキ・リンコ (2005). 『俺ルール！──自閉は急に止まれない』花風社
▷発達障害を学ぶには，当事者が書いた本を読むことで得ることが多い。中でもニキ・リンコによるこの本は，この障害特性のある人の心情を理解するのに，最もわかりやすい。

ネーブン，R. S.・アンダーソン，V.・ゴッドバー，T.／田中康雄監修，森田由美訳 (2006).『ADHD医学モデルへの挑戦──しなやかな子どもの成長のために』明石書店
▷注意欠陥/多動性障害をより多面的に理解しようとする本。子どもの言動を一面的に理解することに警鐘を投げかける「考えさせられる本」である。

佐藤幹夫 (2005).『自閉症裁判──レッサーパンダ帽男の「罪と罰」』洋泉社
▷われわれに経験を豊かにしてくれる作業に「症例検討」というものがある。発達障害と反社会的行動を考えるとき，まさに，ある事例に学ぶことは，得るものだけでなく，改めて人として生きることを考える機会をもつことができる。

鯨岡峻 (2006).『ひとがひとをわかるということ──間主観性と相互主体性』ミネルヴァ書房
▷障害を超えて，人が人と人の中で生きることについて，子どもたちの成長を見つめながら，知り問い続ける本である。生活者モデル構築のために必須の良書。

田中康雄 (2008).『軽度発達障害──繋がりあって生きる』金剛出版
▷軽度発達障害とその周辺（虐待や非行）について，体系的に解説し，その対応についても解説している。

【田中康雄】

薬物犯罪

コラム④

　薬物関連の犯罪は，密造，密輸，譲渡等，不法収益獲得目的の供給関連問題及び自己使用等の需要関連の問題に大別できる。規制薬物問題の効果的統制のためには，社会政策上，供給削減と需要削減とをバランスよく実施する必要がある。供給削減は，徹底した取り締まり，法規制や処罰の強化等によって一定の成果を上げられるが，薬物問題には，依存や嗜癖という疾病や障害としての側面もあるため，薬物乱用の予防や治療的介入に重点を置いた需要削減プログラムを効果的に編成・実施しなければならない。諸外国の各種実証研究を見ると，薬物乱用問題は薬物事犯のみならず他の犯罪の再犯率を高める危険因子であることが確認されており，薬物依存の問題を有する者は拘禁による処罰だけでは簡単に薬物再使用に陥ってしまうが，ドラッグコート実務のように刑事司法機関が治療を義務づけ治療的介入に投資することで刑事司法過程のコストや再犯を相当削減できるという報告がある。日本で検挙者が多い薬物は覚せい剤，有機溶剤，大麻の順だが，近年は大麻や麻薬取締法違反者の検挙が増勢にあり，MDMA等の合成麻薬，脱法ドラック，市販薬や処方薬の目的外使用等の形で多剤乱用者も少なからず存在し，刑務所では覚せい剤事犯者が依然高い比重を占め，過剰収容を煽っている。不法収益獲得目的の薬物事犯者は暴力団等の反社会集団関係者が多く，違法性を承知で非合法活動に従事する価値観や態度の偏りが主たる問題となることが多い。一方，自己使用者の場合は，非行・犯罪との関連性，物質乱用履歴や薬物依存の進行状況等の諸条件を精査し，動機づけ促進の面接技法等を利用し治療意欲を喚起しつつ，対象者のリスクやニーズに応じたプログラムを組織的に立案・実施する必要がある。薬物依存症の医学的治療では，乱用薬物の性質等に応じ治療法が異なるが，心理社会的介入では，再発防止プログラムを含む認知行動療法や治療共同体モデル（TC，例えばアミティ）による介入の再犯防止効果が有望視されている。日本では，近藤恒夫が創始したダルク等の部外協力者が，現在，刑務所の薬物依存離脱指導プログラムに積極的に協力しており，回復者自身の支援を得た受刑者が出所後，ダルクやNAなどの自助グループ活動につながる例もある。他の嗜癖行動同様に薬物依存からの回復の道は平坦ではなく，官民や医療・福祉・刑事司法の垣根を越え，再犯防止や回復支援のためのネットワークやケアの連続性が今後さらに拡充されていくことが求められている。

【寺村堅志】

第5章
非行と家族関係

1 非行少年の家族の変遷

　犯罪・非行と家族関係を取り上げるに際して，未成年としての少年と家族の関係にその特徴が凝縮した形で出やすい。そこで，本章では「非行と家族関係」に焦点をあてて論じていくことにする。
　ところで，非行と家族関係を考えるときに，家族そのものが時代とともにどのように変遷してきたのかをまず理解しておくことが必要である。
　戦後最初の非行のピークは1952年（第1章の図1-2参照）で，この時代は社会全体が戦争で壊滅した日本経済を立て直すことに懸命であった時期である。非行は"貧困"と隣り合わせにあり，非行少年の家族も物理的な貧困だけでなく，死別や離婚などで単親家族の割合が多く，精神的な貧困に直面していた。
　1955年頃から経済成長が本格化し，産業構造が大きく変化する中で，都市化の波が一気に押し寄せてきた。多世代家族から核家族への動きとともに，家族は"貧困"から脱出し，1964年に第2の非行のピークを迎える。この時期の非行少年は，「繁栄の落とし子」と称されるように，高度成長期の影響が家族関係にも顕著に現れた。
　その後，日本の経済は驚異的な発展を遂げ，国民総生産が世界第2位になるなど，社会は"貧困"の時代から一転して"過剰"の時代へと様変わりした。1985年に第3の非行のピークを迎えることになるが，この時代はいろいろな

ものが豊富にありすぎる時代となっていく。そんな社会の変化と連動するように，親の養育スタイルも過保護，過干渉となり，行きすぎた養育態度や過度な子どもへの関わりが今度は浮き彫りにされた。

しかし，そのような"過剰"の時代はバブル経済の崩壊へと結びつき，不良債権，赤字国債など先の見通しがきかない"不安"の時代に世の中は突入していった。第4の非行のピークともいわれている現代の非行は，1996年から再び増加傾向が見られ，1998年と2003年に2つの小さなピークを迎えている。

2　従来の非行少年の家族研究

このような時代の変遷とともに，非行少年の家族研究もしだいに変化してきた。

最も初期の家族研究としては，離婚や死別で両親がそろっていない，出稼ぎや共働きなどで保護者が不在といった家庭の構造自体を問題にした研究が多かった。また，貧困が非行を生んでいるとの考えを背景にしながら，家庭の経済的状況と非行との関連を明らかにした研究もあった。中でも，保護者の不在と非行との関係については，**愛着形成の問題**，情緒発達の問題，**同一性形成**の問題等に関係するとして注目された。代表的なものが，ボウルビィ（Bowlby, 1944）の**マターナル・デプリベーション**（maternal deprivation）の研究である。彼は，44名の盗癖児（非行群）を同数の同年齢の盗みのない情緒障害児と比較した結果，非行群には生後5年間に母親あるいは里親と完全な離別もしくは6カ月以上にわたる長期の離別を経験しているものが多いこと，何事にも無感動である性格（affectionless character）の障害をもっているものが多いことを見出した。

その頃の非行研究は，フロイト（Freud, S.）の精神分析の影響もあり，非行少年は人間関係（特に，家族関係）の葛藤から情動を阻害され，非行に至るとする考えが強かった。ヒーリーら（Healy & Bronner, 1936）は，家庭内の人間関係での不安全感，喪失感，挫折感，無力感，劣等感の結果，情動障害を解消しようとして安全感や充足感を得ようとし，それが非行という代償された行動

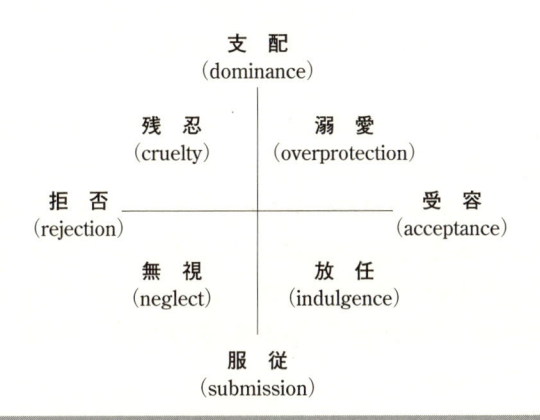

```
            支 配
         (dominance)

    残 忍     │    溺 愛
   (cruelty)  │ (overprotection)
              │
   拒 否 ─────┼───── 受 容
  (rejection) │   (acceptance)
              │
    無 視     │    放 任
   (neglect)  │  (indulgence)

            服 従
         (submission)
```

図 5-1 サイモンズによる親子関係の図式
（出典） Symonds, 1939.

(substitute behavior) となると主張した。

　そして，それをさらに発展させ，大がかりな家族研究に発展させたのがグリュック夫妻（Glueck & Glueck, 1950）である。彼らは，500人ずつの非行少年群と無非行少年群を比較検討し，非行予測をするための家庭に関する5つの因子（①父によるしつけ，②母による監督，③父の愛情，④母の愛情，⑤家庭全体の調和）を見出した。そして，少年が非行に走らないためには両親のしつけが何よりも大切であり，しつけに対する両親の意見の不一致や矛盾，しかりすぎること，子どものささいな過ちに過度に情緒的に反応することは，かえって子どもの情緒を歪め，問題行動を引き起こし，権威に対するアンビバレンス（両価的感情）や権力に対する反抗となってしまうと結論づけた。

　親の養育態度についての研究では，サイモンズ（Symonds, 1939）が有名で，親子関係を規定する基本的要因として，「受容―拒否」と「支配―服従」を両極とする二次元直交座標（図5-1）を示した。サイモンズは親の態度には程度の差こそあれ，この2つの要因の組み合わせで親子関係の型が決められると主張した。そして，理想的な親子関係は愛情を与えすぎても拒否しすぎてもうまくいかず，また，子どもの環境を整え世話はするが，子どもの成熟や独立心を阻害するまでには世話を焼かないことが大切と述べた。そして，その程度が偏

りすぎてしまうと，「溺愛」「放任」「残忍」「無視」の型となると報告した。

さらに，非行少年の家族関係には，社会学の立場からも注目され，家族員の性格や態度，行動についての研究が多くなされた。**社会的統制理論**を提唱したハーシ（Hirschi, 1969）は，従来の「なぜ人は規範から逸脱するのか」という発想を逆転させ，「なぜ人は規範に従うのか」という考えから研究を進めた。そして，犯罪傾向のある両親のいる家庭からは非行少年が出やすいと報告し，一般少年と比べて，非行少年の親は情緒不安定をはじめ，アルコール依存症，性的逸脱，公的扶助，犯罪前歴，知的障害，精神病質，精神病，性病などが高確率で認められたと指摘した。

以上見てきたように，家庭環境における人的および物的な欠損，親子関係における特徴，親自身の負の要因等が非行と密接に関わっているとの研究結果がこれまでの非行少年の家族研究の代表的なものであった。まとめると，非行少年の家族は，①単親家族，②貧困家族，③葛藤家族，④不道徳家族の4つが代表的な特徴であるとさえいうことができる。しかし，これはあくまで従来の非行少年の家族研究であり，すでに述べてきたように，社会変動とともに，現代の非行少年の家族は相当様変わりしている。

その1つが家族構成の変化である。"貧困"から"過剰"の時代に移行する中で，女性の経済的な自立が進み，離婚の増加や母子世帯の比率が高くなってきた。図5-2は少年院に入所してきた非行少年の保護者別の構成比であるが，1961年頃までは実父母でない割合が5割を超えていたが，その後は5割前後を行き来している。確かに，一般少年の単身家族の割合と比べると，非行少年の方がはるかにその割合は高いとはいえるが（直接には比較することはできないが，厚生労働省大臣官房統計情報部によると，2004年の全国の母子世帯率は全体の1.4%，父子世帯率は0.2%で，それと比べると非行少年の単身家庭の割合は優位に高い），離婚率の増加などを考慮すると両者はそれほど顕著な特徴をもたなくなったといえなくもない。

また，経済面を見ても，図5-3に示されるように，1955年では，「貧困」と「被保護」に属していた少年は69.4%もいたが，1965年になると，その割合が25.8%に減少し，「普通」が71.9%と急増した。その後，「普通」以上の生活程度の家庭が着実に増え，1995年ではその割合は全体の92%に達している。日

	□ 実父母	□ 実父	■ 実母	■ 義父実母・実父義母	■ その他
					(%)
1951年 (11,333)	40.2	14.9	19.1	5.9	20.0
1956年 (7,818)	44.3	13.5	19.6	8.4	14.1
1961年 (8,621)	46.8	11.1	21.9	9.5	10.6
1966年 (8,065)	51.9	7.5	17.0	12.3	11.3
1971年 (3,290)	56.5	6.7	15.4	11.9	9.5
1976年 (2,662)	53.1	9.4	15.2	12.2	10.1
1981年 (5,004)	54.2	9.9	16.6	11.6	7.7
1986年 (5,747)	48.7	12.7	20.8	11.8	6.0
1991年 (4,329)	50.2	12.3	22.0	11.3	4.3
1996年 (4,208)	51.9	10.6	23.5	9.8	4.2
1999年 (5,533)	51.8	11.0	24.2	9.3	3.7

図 5-2　少年院新収容者の保護者別構成比（1951〜1999年）
(注)　1　少年矯正保護統計,『少年矯正統計年報』および『矯正統計年報』による。
　　　2　かっこ内は実数である。

	□ 裕福	□ 普通	□ 貧困	■ 被保護
				(%)
1955年	0.8	29.8	59.5	9.9
1965年	2.3	71.9	22.9	2.9
1970年	2.7	76.0	18.4	2.9
1975年	2.9	82.8	11.5	2.8
1980年	2.7	83.9	10.1	3.3
1985年	2.0	83.5	10.5	4.0
1990年	2.3	88.2	7.0	2.6
1995年	2.2	89.8	6.0	2.0

図 5-3　一般保護少年の保護者の生活程度別構成比（1955〜1995年）
(注)　1　『司法統計年報』による。
　　　2　1970年以降は，交通関係業過を除く。
　　　3　1970年以前は，「要扶助」として計上されていたものを「被保護」に計上している。
　　　4　不詳を除く。

第5章　非行と家族関係 —— 93

本国民の8，9割近くの人が自分の家庭を中流と評価している現代では，このような結果はいわば当然かもしれない。

そのような視点から現代の非行や家族関係を見てみると，一般少年と非行少年との間に，家族の構造における外見的な大きな差異は見当たらなくなってきている。従来から指摘されていた非行少年の家庭における欠損や貧困は現代では固有の特徴とはいえなくなり，個々の家族員を取り上げても直接非行に結びつくような行動面や性格面での大きな負の要因が必ずしも見られない。このことはマスコミが重大少年事件を報じる際，「ごく普通の家庭で育った少年」と表現することが多いことからも裏づけられる。

しかし，"いきなり型"といわれるように，突如として社会を騒がせるような重大な非行を起こす少年や，"低空飛行型"といわれるような同種非行を反復して非行性を高めていく少年の中には，一見問題のない家族関係に見えても，よくよく見てみると，どこか家族の機能が不十分となっていたり，機能が麻痺していることがある。次節では，現代の非行少年の家族関係が従来のものとどこが違うかに焦点をあてながら，家族の機能不全について論じたい。

3　機能不全に陥っている家族の親の4タイプ

筆者が感じている機能不全に陥っている家族には，「自信欠如タイプ」「評論傍観タイプ」「責任回避タイプ」「常識欠如タイプ」の4つの親のタイプが挙げられる。

【自信欠如タイプ】　子どもの問題行動を知りながら，それを指摘すると子どもから反発を招いたり，親子関係がぎくしゃくすることを懸念し，どのように振る舞えばよいのかがわからず，自信がもてない親のタイプ。

例えば，親は門限を守らないわが子を注意するものの，しかったことが逆効果となって，親への反発を強めたり，ますます夜遊びがひどくなるのではないかと不安を抱き，結果的には門限を緩くしたり，しかった直後に子どものご機

嫌をとってしまう親の例が挙げられる。

　このタイプの親は，子どもの問題行動を知りつつ，自分自身に自信がもてないことから子どもをしかることができない。仮にしかったとしても，その直後に「これでよかったのか」との強い不安感や自責の念に襲われ，自分のとった言動を肯定できずにいる。

　一昔前の親には，いい意味でも悪い意味でも，たとえ間違った指導法であっても，子どもの前では親としての弱みを見せず，自分の養育観を貫き通すことが必要だと主張する人が少なくなかった。「子どもは親の背中（後姿）を見て育つ」という言葉もよく聞かれたが，最近では立場が逆転し，「親は子どもの背中を見て悩む」ことが多くなっている。このような親の自信の欠如が，逆に子どもの方からすると親のもろさを見ることとなり，しかられたことが行動規制にまったくつながらないばかりか，さらなる逸脱に発展してしまう。現在の"不安"の時代を反映した親の姿勢がここに顕著に見受けられる。

【評論傍観タイプ】　親として子どもと腹を割った関わりが必要だと頭では理解しているが，親自身の不十分な自己開示のために，評論家的もしくは傍観者的となってしまう親のタイプ。

　具体例を挙げると，補導された子どもを警察署に引き取りに行った際，「夜遊びは非行の始まりだとテレビでも言ってたし，学校の先生にも言われただろう。警察の人からもこの際，徹底的に説教をしてやってほしい」と述べる親を見かける。そのような親は自身の考えを一切子どもに言わず，一般論や他者の話を借りて評論ばかりしてしまう。また，「うちの子どもはまだ覚せい剤使用には至っておらず，シンナー耽溺（たんでき）の初期段階にいる。薬物依存そのものは重症とはいえないが，今後はどうなるかわからない」と，親としての立場よりもあたかも評論家や傍観者の立場に近い発言に終始する場合もある。

　このタイプの親は子どもが問題行動を起こしているにもかかわらず，自分自身をかけて子どもをしかることが少ない。何かを常に媒介として，あくまでも間接的な関わりしかもてない。子どもを注意する場合でも，自分はどう考えるのか，親としての気持ちはどうかといったことを抜きにして，誰かが言ってい

たことをそのまま引用したり，事態を遠目で眺めるような姿勢となってしまう。そのため，少年と保護者の間に心理的な距離を感じることが多い。

　このタイプは「自信欠如タイプ」と共通点も多いが，自分自身を子どもに関与させない点が大きな特徴である。子どもという対象を自分と切り離して批判や説教をするため，親としての役割はきわめて表面的となり，"借りてきた猫"ならぬ，"借りてきた親"となってしまう。

　【責任回避タイプ】　自分自身のことやわが子という限られた狭い範囲でしか物事を考えられず，周囲の状況を客観視できないばかりか，社会の中での役割などにはまったく無頓着で責任を回避する親のタイプ。

　具体的なものとして，集団で窃盗や傷害の事件を起こしたときの被害弁済といった対社会的な場面で，「息子は嫌々ながらについていっただけで，共犯者にやらされたも同然。ある意味では息子自身も被害者だ。ただ，裁判所での処分が重くなると困るので，頭割りの被害弁償だけはする」と言い，親は自分の子どもを過剰にかばったり，自分自身に責任追及が及ばないような言動に終始する例などがある。

　このタイプの親は，問題が生じると目先のことや自分の身を守ることばかりに目が向き，物事の本質を見極められない。ときには，自分もしくはわが家さえよければいいとの狭い視野でしか思考できず，社会の中での役割や責任についてはまったく考えが及ばない。そのため，他者と連携がとれなかったり，周囲への共感が不十分となりがちで，結果的には子どもの養育に対しても十分な責任が果たせなくなる。

　ところで，無責任な親は非行少年の親の1つの典型タイプとして従来からも指摘されてきた。現代の「責任回避タイプ」の親は従来のタイプと比べて，一見親としての責任ある行動をとっているかのように見えるところが大きな違いである。しかし，それはきわめて一面的，部分的なものであり，全体として見てみると十分責任を果たさず，結果的には責任を回避しているのである。

　また，「自信欠如タイプ」や「評論傍観タイプ」とも共通点が見られるが，「責任回避タイプ」では個人や家庭ということだけでなく，地域や学校，被害

者対応など社会的な事柄で問題がクローズアップされることが多い。

　【常識欠如タイプ】　本来は親として当たり前の行動であるにもかかわらず、その常識的な判断や考えが一部欠落しているために、規範意識や言動にズレを生じさせてしまい、子どもの逸脱を修正できない親のタイプ。

　例えば、常習的な家出を繰り返している子どものことを、「プチ家出ですから、たいした問題とは思っていない」「家出をしていても、携帯に連絡するとつながるので心配ない」と事態をそれほど深刻に受け止めていない親が挙げられる。
　親の社会的な通念や価値観が常識から相当に逸脱し、それが子どもの問題行動に影響を与え、非行を繰り返してしまうことはこれまでの非行研究の中で指摘され、これも1つの親のタイプとして取り上げられてきた。これらは不道徳家庭という範疇(はんちゅう)に入るもので、犯罪性が高く、規範意識の欠如が見られる親の中には、「若いうちは悪さをしても当たり前」といったことを平気で言う人さえあった。しかし、現代の「常識欠如タイプ」はそれほど顕著で大きな価値観や常識の逸脱は見られないものの、小さなズレが随所で見られ、結果的には大きなズレを招いてしまうことが特徴である。
　「常識欠如タイプ」の親の特徴を表現する言葉は見つけにくいが、以前のような"筋金入り"の大きな逸脱や価値観のズレがあるわけでも、"暖簾(のれん)に腕押し"や"箸(はし)にも棒にもかからない"というほどあてにならない頼りない親ともニュアンスを異にしている。1つひとつの日常感覚の微妙なズレはそれほど大きな問題にはならないが、"塵(ちり)も積もれば山となる"方式で、全体として見るとかなり常識の欠如が見られることが多い。

　これらの親の4タイプの特徴を裏づけるものとして、法務省法務総合研究所（2005）が保護者の指導力について、少年院の教官に調査した結果（図5-4と図5-5）がある。それによると、「指導力に問題のある保護者が増えたか」という質問に対し、「増えた」と回答した者が全体の82.7％で、「変わらない」と回答した者が17.0％、「減った」と答えた者はわずか0.4％しかなかった。また、

指導力に問題のある
保護者が増えたか。
（少年院教官調査）

減った 0.4%
変わらない 17.0%
増えた 82.7%

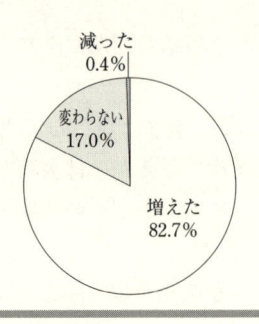

図 5-4　少年院教官への保護者の指導力についての調査①
（注）　1　法務総合研究所の調査による。
　　　2　「増えた」は，「かなり増えたと思う」および「やや増えたと思う」を合計したものであり，「減った」は，「かなり減ったと思う」および「やや減ったと思う」を合計したものである。
　　　3　無回答を除く。
（出典）　法務省法務総合研究所，2005 より。

「最近の非行少年の処遇において，以前より大きくなっていると感じる親の指導力の問題には，どのようなものがあるか」との質問に対し，「子どもの行動に対する責任感がない」とするのが 62.5％ と最も比率が高く，ついで「子どもの言いなりになっている」(50.2％)，「子どもの行動に無関心である」(49.1％)，「子どもの問題を他のせいにする」(43.2％) となり，無責任な保護者や溺愛傾向の保護者が増えたとする結果を示している。つまり，このことは筆者が述べた「自信欠如タイプ」「評論傍観タイプ」「責任回避タイプ」「常識欠如タイプ」と非常に重なっている。

　ところで，4 タイプの親にいずれも通じるのは，一見親らしい言動や子どもとの関わりを示しているかのように見受けられるが，よくよく見ると，子どもと真正面から向き合おうとせず，親子本来の関わりが乏しい。つまり，家庭や社会で親としての役割機能が十分に果たされていないことが共通点なのである。

　その点では従前の非行少年の家族とはかなり違っている。従来なら子どものことで責任をとらなかったり，常識を逸脱していることが明らかな親が 1 つのタイプを形成していた。それらの親を分類するとすれば，この 4 タイプ中での「責任回避タイプ」や「常識欠如タイプ」に入るかもしれない。しかし，従

最近の非行少年の処遇において，以前より大きくなっていると感じる親の指導力の問題には，どのようなものがあるか。
（少年院教官調査）

- 子どもの行動に対する責任感がない　62.5
- 子どもの言いなりになっている　50.2
- 子どもの行動に無関心である　49.1
- 子どもの問題を他のせいにする　43.2
- 虐待がある　36.1
- 子どもに対して過干渉的である　23.6
- 父母の指導が一致していない　19.4
- 子どもに親の考えを一方的に押しつける　17.9
- 子どもに言うことがその場その場で変わる　12.5
- 子どもに期待過剰である　11.0
- 子どもの悩みを抱え込んで周りに相談しようとしない　10.1
- その他　9.0
- 特にない　2.7

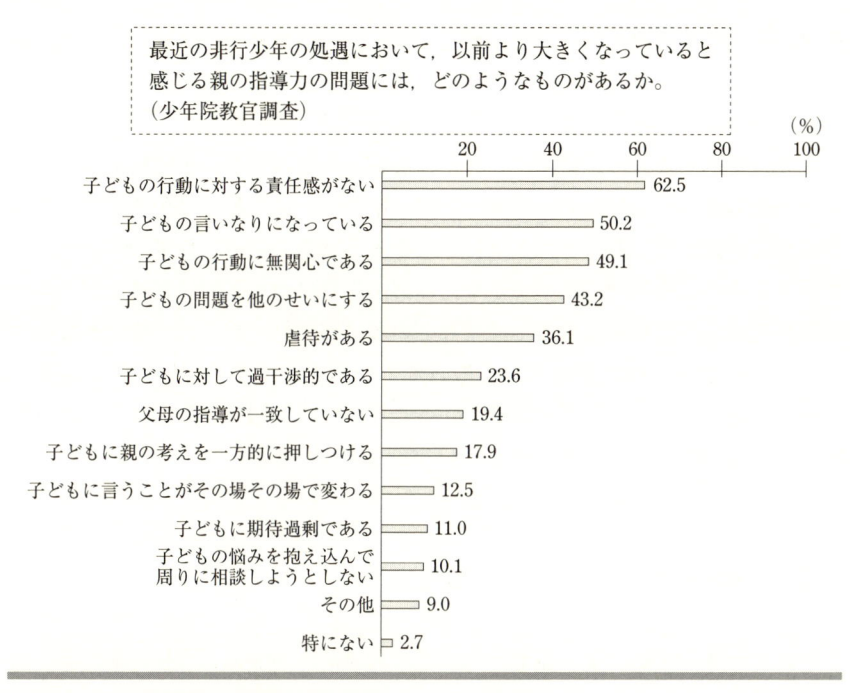

図 5-5　少年院教官への保護者の指導力についての調査②
（注）　1　法務総合研究所の調査による。
　　　　2　上限のない複数回答である。
（出典）　法務省法務総合研究所，2005 より。

前のそれらの親と現代とでは，やや性質が違っている。例えば，いまの「責任回避タイプ」の親は，以前のようにまったく責任を回避してしまっているというわけではなく，「常識欠如タイプ」の親は価値観などのズレは生じているが，常識がまったく欠落しているわけでもない。要するに，親としての不適格さが問題になるのではなく，親の役割や家族の機能が部分的に果たせなくなっていると考えた方が当を得ている。

そして，その背景には，従来のように家族の機能そのものが明確になりにくくなっている要因も大きい。つまり，家族の機能の果たす役割や効果を親自身が十分に自覚しにくくなっていることから，このような機能不全の問題が随所で見られる。例えば，従来なら子どもがしでかしたことは親の責任という固定

観念が多くの親に強くあったが，最近ではその一端は社会や学校の責任でもあるとの多様な考え方もすることができ，親の責任という機能そのものが限定したものでしか作用しなくなってきた。

　すでに述べたように，経済的に豊かになり，社会の分業化が進むにつれ，家族の機能も変質してきたのは事実である。中でも，電化製品の普及で家事労働が大幅に軽減され，お金を払えば何でもそろう時代である。食事もコンビニやファミレスなどの外食産業でまかなえるし，教育についても学習塾などの教育産業が進出し，生殖面でも人工授精などいわば家庭外で営まれる時代となりつつある。いまや家族の機能として残されているものはすべて外注化できるといっても過言ではなく，子どもをしかったりしつける機能も家庭外の学校や警察，裁判所でなされるべきと考えている親も少なくない。

4　非行臨床における家族の位置づけ

　これまで非行少年の家族研究について，古典的な研究から現代の家族の問題に視点を移して概観してきたが，非行臨床の中で家族はどのように位置づけられるべきだろうか。

　家族関係や家庭におけるさまざまな要因が非行と関係し，ときにはそれらの要因が非行の原因になっているという考え方は古くから存在し，現在もその考えは根強く残っている。「親の甘い養育態度が子どもの問題行動を助長し，悪いことをしてもしかられないで見過ごされるため，非行がエスカレートしていく」といった指摘はその典型例である。

　このように家族は非行臨床においていつも諸悪の根源のような扱われ方をされ，非行の原因の1つとして見られてきた。しかし，そのような家族のとらえ方は不十分なものといえる。藤田（1992）は「原因としての家族」以外に，「隠された被害者としての家族」と「社会復帰のための家族」を挙げている。生島（1993）もこれに基づき，「家族に〈病因〉を求める《家族を治療する》伝統的なアプローチは，学校からも地域からも非をとがめられてきた家族にとって，援助どころか，かえって家族を追い詰めることになりかねない。求められるも

のは，家族を心理的に支え，応援しながら家族のもてる力を引き出す《家族を手立てとして援助する》アプローチである」と指摘し，従来の「非行原因としての家族」という観点から「子どもの非行化による被害者としての家族」，さらには「非行からの立ち直りの支援組織としての家族」へと家族援助システムを確立していくことが緊急の課題であると強調している。

　確かに非行臨床において，少年の問題行動が家族の負の要因や機能の不全とからみ合っていることを実感することはよくある。しかし，そのことを単に指摘するにとどまるだけでは臨床的とはいえない。少年を非行から立ち直らせることを目指すこと，その中でいかに家族がそれを支援していけるのかを考えていくことこそが非行臨床の大きな役割である。非行の原因が家族にあるとしても，そこから家族を切り離し，家庭から遠いところで少年を更生に導くのは容易なことではない。それよりも，低下している家族の機能を少しでも回復させ，少年の立ち直りに協力してくれる存在となってくれるように働きかけることが，何よりの少年の更生の近道である。

　このことは虐待のある親子関係において顕著に現れ，そこから教えられるところが大きい。次節では，虐待を受けた少年が非行に走るメカニズムを取り上げながら，親が加害者から被害者へと立場を変えること，少年が非行から立ち直るためには虐待からの回復を図らねばならず，それには家族の変容や支援が必要であることを述べていきたい。

5　虐待と非行の家族関係

[1] 虐待と非行の悪循環

　非行少年の中には，過去や現在，親から暴力をふるわれた，食事や身のまわりの世話を十分にされずに育ったというように，**虐待**を受けてきた者が多い。このことはいまさら大きく取り上げることではなく，古くから指摘されてきたことである。しかし，虐待研究が進む中で**トラウマ**や**解離**などの現象がしだいに解明され，それが非行との関連で論じられるようになって，新たに虐待と非行との関係が取り上げられることになった。

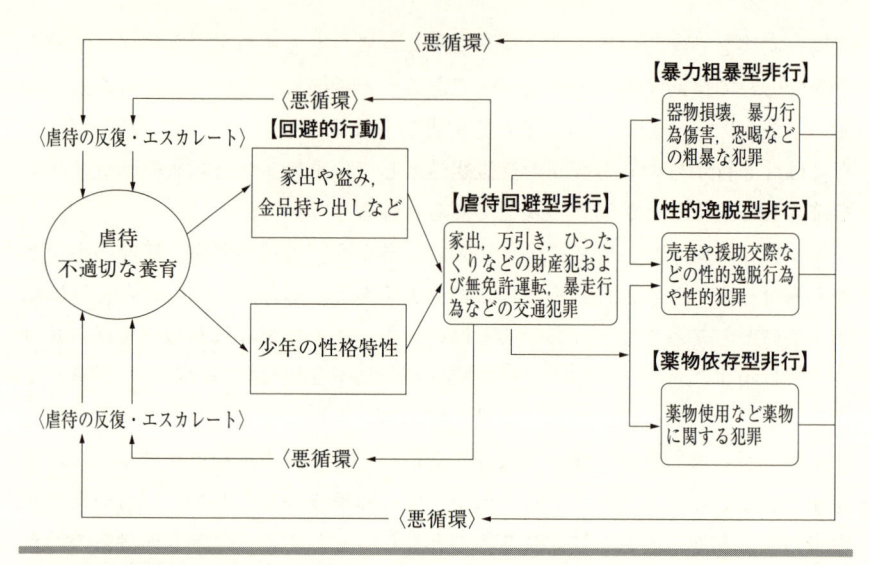

図 5-6　虐待と非行のメカニズム
（出典）　橋本, 2004。

　虐待を受けた子どもがすべて非行少年になるわけでも，虐待がすぐに非行に結びつくわけでもない。橋本（2004）は，虐待が非行に至るメカニズムを図5-6のように説明している。それによると，虐待を受けた子どもは虐待そのものや虐待による恐怖や不安を避けようと，家出等の回避的行動に出ることが多い。回避的行動は虐待を避けるための適応行動であり，非行とは区別されなければならない。しかし，虐待が繰り返されると，本来子どもがもっている性格と相まって，回避的行動はしだいに家出や盗みなどの虐待回避型非行へと移行していく。そして，非行が反復されると，暴力粗暴型非行や性的逸脱型非行，薬物依存型非行といった別のタイプの非行にまで発展することもある。
　ここでの問題点は，虐待と非行が一回性のものではなく，「親から叩かれるので，それを避けるために家出をする。そして，家に戻るといっそうひどい暴力をふるわれるので，再び家出を繰り返し，長期間家に戻らなくなる」というように，悪循環を繰り返してしまうことにある。この悪循環を脱するためには，虐待と非行のメカニズムをよく理解しておくことが大切である。そして，もう

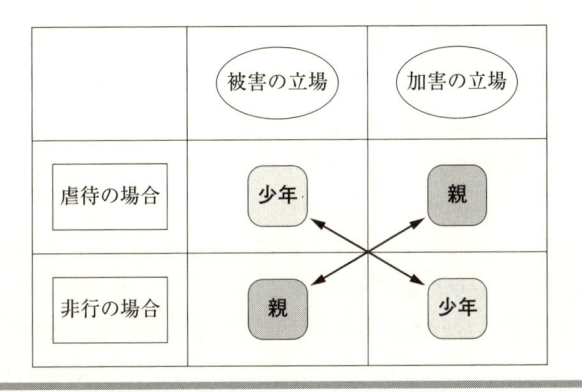

	被害の立場	加害の立場
虐待の場合	少年	親
非行の場合	親	少年

図 5-7　被害と加害の逆転現象
（出典）　橋本，2004。

1つ重要なポイントは，「非行は親の虐待が原因である」との一元的な見方をしないことである。虐待が子どもを非行に走らせる大きな要因となっていたとしても，少年が本来もっている性格や周囲の環境による影響も無視できない。虐待と非行を一元的な因果関係で見てしまうことは，すでに述べた「非行原因としての家族」として家族を位置づけてしまい，親との葛藤をますます大きくしたり，事態の悪化を招いてしまう。

[2]　「被害と加害の逆転現象」と家族関係の修復

　虐待と非行が見られる親子関係では，橋本が指摘する「**被害と加害の逆転現象**」（図5-7）が大きなテーマとなりやすい。

　非行少年の親は，警察署まで子どもの身柄を引き受けに行ったり，児童相談所や家庭裁判所から呼び出されれば出頭しなくてはならない。また，被害者に対して謝罪をしたり，被害弁償を迫られるばかりでなく，ときには地域にいづらくなるなど窮地に立たされる。これは，藤田や生島の述べている「被害者としての家族」にほかならない。ところが，虐待という観点を含めた場合，虐待に関してはあくまで加害者は親であり，少年は被害者の立場にあったことは事実である。そこに非行という観点が入ってくると，加害者は少年で，被害者は親というように立場が一気に逆転してしまう。この「被害と加害の逆転現象」

が問題解決を複雑にする要因の1つである。つまり，親も子どももどちらか一方的な立場に身をおいてしまい，被害者でもあり，加害者でもあるといった中間的な立場に立つことはできなくなる。そのため，よりいっそう互いの対立が激しくなり，心理的距離が広がって親子関係を修復することがますます困難になってしまう。

このようなこじれた関係を修復するには，親子の話し合いが必要であることはいうまでもない。少年や親に関わる援助者は，相手の立場に視点を動かすように働きかけ，「そっちも悪かったが，こっちも悪かった」といった着地点を早く見つけるようにしてやることが大切である。ただ，両者の調整を急ぐあまりに，虐待の問題から目をそらしたり，非行の問題の所在をあやふやにしてはならない。逆説的な言い方をすると，それぞれが身をおいている心情を十分に理解し立場の違いを明確にするからこそ，はじめて双方がつながれるのである。そこを親子関係の再出発の基礎としたいものである。

6 さまざまな家族支援とその問題点

2000年に少年法が改正され，それまで条文に規定されていなかった**保護者に対する措置**（少年法25条の2）が盛り込まれた。それには，「家庭裁判所は，必要があると認めるときは，保護者に対し，少年の監護に関する責任を自覚させ，その非行を防止するため，調査又は審判において，自ら訓戒，指導その他の適当な措置をとり，又は家庭裁判所調査官に命じてこれらの措置をとらせることができる」とあり，家庭裁判所や家庭裁判所調査官が保護者に対し，訓戒，指導その他の適当な措置をとることが定められた。つまり，非行少年の保護者の位置づけや果たすべき役割について明確化を図ったのである。

確かに，公権力がこれまでは当該少年には指導や助言はできてもその保護者には法的にはなかなかアプローチがしにくかった。この条文によって，不適切な養育を改善しない親などに対してさまざまな措置を講ずることができるようになったことはある意味では前進といえる。しかし，この条文には強制力がないこともあり，はたしてどこまで実効力があるかは今後の実務上の運営を検証

していかねばならない。いずれにせよ，これまで繰り返してきているように，家族は子どもを非行から立ち直らせる支援組織であることをここでも忘れてはならないし，この条文の立法趣旨もそれをふまえている。

ところで，家族が支援組織となるためには，家族の否定的な側面ばかりに目を向けるのではなく，家族の機能が円滑に動いている部分や健康な側面に着目することである。そして，援助者はそのような働きかけをすることによって，家族が本来もっている力を発揮させたり，低下している機能を回復させるように心がけなければならない。

最近では，その1つの方法として，**グループワーク**による家族の支援がある。

非行少年の家族は，子どもの問題行動や社会不適応があるために，家族自身が地域社会から孤立している場合が少なくない。子どもの問題が非行であるだけに，その悩みや不安を誰に話せばよいのかわからず，1人で悩みを抱えているという親も意外に多い。

これまでの非行少年の家族に対するアプローチは，どちらかというと，個別的なものに限られてきた。しかし，「非行の原因としての家族」ではなく，「子どもを非行から立ち直らせる家族」という積極的な家族観へと変遷する中で，同じ悩みをもった家族同士が寄り添って助け合うグループワークの動きがしだいに広がってきている。

その先駆けとなったのが，保護観察所が保護観察中の少年の家族援助の新たな処遇プログラムとして行った「家族教室」（生島，1993）である。その目的は，①家族に共感し，家族の努力を肯定してサポートを与え，②参加メンバー間に相互援助のシステムをつくり上げ，個々の家族の問題解決に有用なサポートと情報を与え合い，③家族間のコミュニケーションを改善するために有効な行動を学習させ，④家族の問題解決技能を高める働きかけを通して，家族機能の改善を図り，本人の再非行の抑制に寄与する，というものである。

このようなグループワークは，「家族の会」「保護者グループ」などの名称で児童相談所でも家庭裁判所でも積極的に行われるようになってきている。筆者も家庭裁判所で調査官をしていたときに，「家族の会」の運営に参加していたが，それらに参加した親の感想は非常に肯定的なものが多かった。中でも，「自分と同じ悩みをもっている人がいることがわかっただけでも安心した」「同

じ境遇にいる保護者の人が，わが子にこのように接してうまくいったという話を披露され，大変参考になった」などと，仲間と悩みを共有し，グループからエネルギーを分けてもらったと感じる保護者も少なくない。山本（2005）は，このような会の効果的要因を，①孤独感，被害感からの解放，②カタルシス，③立ち直りへの希望，④親の主体性の高まり，⑤対人関係学習，⑥子どもの非行の意味の明確化，を挙げており，「癒しの場」でもあり「学びの場」でもあることを指摘している。

　このようなグループを活用したアプローチは，非行臨床に限らず，さまざまな問題をもつ人に有効だとされている。従前からあるアルコール依存症などの嗜癖問題に取り組む断酒会や自助グループが最も代表的である。また，最近では，虐待などの子育て問題に悩む親同士が集まって語り合ったり，犯罪被害を受けた人々が犯罪被害者の会を結成し互いに助け合ったりしているのもその1つである。このような動きは，個別的な処遇や関わりとは違って，グループ員相互の連携やグループそのものの力を効果的に使って，問題解決を図っている。そして，これらのグループワークを通じて，これまで停滞していた家族の機能が回復したり，パワーが回復していくのである。

文献案内 BOOK GUIDE

加藤幸雄（2003）．『非行臨床と司法福祉——少年の心とどう向きあうのか』ミネルヴァ書房
▷元家庭裁判所調査官で，心理鑑定の経験も多い著者が，非行少年へのアプローチの方法論を論じている。

橋本和明（2004）．『虐待と非行臨床』創元社
▷虐待と非行との関係を論じた著書は少ない中，この本では両者のメカニズムやその親子関係について言及している。

家庭裁判所調査官研修所監修（2001）．『重大少年事件の実証的研究』司法協会
▷全国の家裁に関わった重大事件を実証的に研究した結果を冊子にしたもので，一般書店での注文もしくは司法協会売店で購入することが可能である。

【橋本和明】

女性犯罪

コラム⑤

　一般刑法犯のうち女性の占める割合（女子比）は，第二次世界大戦後10%未満で推移していたが，1963年に10%を超えてからほぼ一貫して上昇を続け，平成に入ってからはおおむね20%程度を維持している。女性犯罪は，以前に比べると珍しくはなくなっているものの，男性に比べて少ない。年齢別に見ると，20歳未満の比率が，時代を超えて5割程度を占めている。近年は，60歳代以上の高齢者が占める割合が2割近くまで上昇しており，そのぶん少年比が低下している。この2点に関しては，男性にも同様の傾向が見られる。

　罪名別では，窃盗が7割強，横領が2割弱で，約9割が財産犯であり，窃盗のうち約8割が万引き，横領のうちほとんどが遺失物横領である。特別法犯を見ると，女子比が比較的高いのが，売春防止法，風営適正化法，入管法などいわゆる性風俗に関わる犯罪であり，他の1つが，毒劇物取締法，覚せい剤取締法といった薬物犯罪である。恐喝，傷害といった粗暴犯は，女子比は低く，女性がやるとすれば女子少年の割合が高い。

　ただし，凶悪犯罪のうち，殺人と放火は女子比が20%程度であり，他の暴力犯罪に比べると女性にも比較的多く見られる。女性による殺人は，ほとんどが夫，家族等の密接な関係にあったものが被害者となっている。典型的には，人間関係において自らを「被害者」と体験してきた女性が，あるとき爆発する。別の「解決法」があるように思えるが，本人としては追い詰められた状態にある。攻撃は，自分を抑圧してきた対象に直接向かうこともあるが，自分より弱いものに向かうことや，できるだけ露見しないよう間接的対象に向かうことも多い。嬰児殺は，女子比が9割である。子どもの虐待を厳密に犯罪化すれば，犯罪の女子比は上昇するのではあるまいか。また，放火，毒殺等は，比較的体力を要せず，かつ隠された激しい攻撃性を間接的に表現するのに適している。

　少女の場合，身近な対人関係に何らかのつまずきや不満があって，家出や怠学によって枠のある生活から外れていき，同じような少女たちとの万引きなどで収まっているうちはまだよいが，成人男性犯罪者との関係が深まると性犯罪と薬物犯罪に関わるようになり，泥沼にはまっていく。ただし，女性の場合，成人期を過ぎると，犯罪等の攻撃行動（外在化）よりも，精神症状や身体症状などの心身問題（内在化）として表されることが多くなるといわれている。

【藤岡淳子】

第6章

犯罪・非行と学校・職場・地域

　犯罪や非行の要因については，犯罪者の個体としての要因を考えるアプローチに対し，犯罪者を取り巻く環境の要因を考えるアプローチがあり，ここでは，後者に焦点をあてる。
　犯罪者を取り巻く環境にはさまざまなものがある。犯罪や非行をする人たちは，どのような形態であれ社会の中で生活しているが，ここでは，学校，職場（仕事），地域との関係を見ていくこととする。これらは，彼らにとって，重要な意味をもつものとして，非行の場面にもなり（温床ともなる），背景にもなり，そして同時に，彼らが帰っていくところでもあるのである。

1 学校と非行

[1] 統計で見る学生・生徒の非行

　いったいどれくらいの学生・生徒が非行をしているのか。じつは，これは難しい問いである。当たり前のことだが，何らかの非行が行われた場合に，それがすべて統計として計上されるわけではないからである。非行が発覚しなかった場合，あるいは，発覚したとしても，警察に通報されることなく，叱責や非難といったインフォーマルな処理で済んでしまった場合等，これらの数を正確に知るすべはない。
　また，とりわけ最近においては，義務教育を終えた後の高校生という身分は

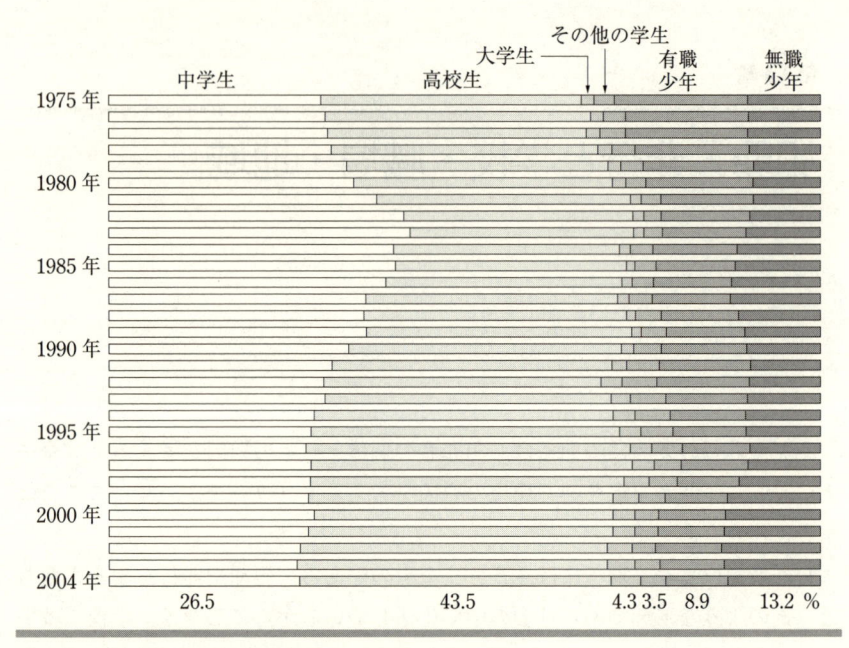

図 6-1　非行少年の就学・就労状況（1975 ～ 2004 年）
　　（注）　非行少年の数は，一般刑法犯で検挙された少年の数である。
　　（出典）　法務省法務総合研究所，2005 より。

確固としたものではない。例えば，アルバイトをしながら定時制高校に在籍したり，高校を中退して通信制教育を受けたりすることは珍しいことではなく，しかも，そうした身分の移動は頻繁に行われ，「非行をしたとき，たまたま帰属していた立場」が統計として計上される。

とはいえ，こうした統計上の制約は認めつつも，おおづかみに動向を見ることは有益であろう。

図 6-1 は，過去 30 年間の，非行少年の就学・就労状況である。少年刑法犯の検挙人員が戦後最多を記録した 1983 年においては，中学生の比率も最高の 42％であったが，これは徐々に低下し，1988 年には高校生の比率を下まわった。以降，高校生が最も高い比率で推移している状況である。

ともあれ，ここからは，わが国の非行少年人口の約 8 割が何らかの学校とい

う場に帰属していることがわかる。

[2] 非行の諸形態と非行抑止の手がかり

　学校が，少年にとって重要な環境であることは論をまたない（不登校等，物理的に学校敷地内にとどまらない状況が継続している場合においても同様であり，むしろその少年の問題はいっそう深刻であろう）。

　学校と非行との関連を考える際，学校の中で行われる非行と，学生・生徒という属性の者によって学校外で行われる非行を見る両方のアプローチがある。前者としては，学校内における暴力行為やいじめが典型例であり，後者としては，学校不適応や学業不振と非行との関連が語られてきた。

① 学校内における暴力行為

　警察庁の統計によると，校内暴力事件の検挙・補導人員は，1981年（1万468人）をピークとして減少し，近年では，事件数は1000件未満，人員は1000～1500人台で推移していたが，2005年の事件数は1060件であった（法務省法務総合研究所，2006）。とはいえ，この数字は，あくまでも，警察の介入が行われ，検挙・補導に結びついた数値なのであり，必ずしも，学校内における暴力事犯が沈静化したとはいえないだろう。というのは，学校内における暴力行為を行った児童・生徒に対して，警察の補導等の措置がとられたものは，いわば，その一部にすぎないからである。例えば，1999年において，加害児童・生徒のうち，警察の補導等の措置を受けたのは，小学校では2.6％，中学校では13.1％，高等学校では9.8％であった（文部科学省，2002）。

　文部科学省の統計によると，学校内における暴力行為は1980年代後半から増加を続けている（文部科学省，2004）。1996年には，校内暴力について，それまで「学校生活に起因して行った暴力行為」を計上していたものを，より広く「学校内における暴力行為」ととらえるようになったこと，また，1997年以降は小学校における暴力行為も計上するようになったことなどの統計上の変更もあったが，1999年以降3万件にも及んでいる。

　内容においては，前出の文部科学省の報告書によれば，教師の胸ぐらをつかんだ，けがを負わせたといった対教師暴力，けんかが起因となったけが，一方的な暴力などの生徒間暴力，卒業式で来賓を足蹴りにするなどの暴力，トイレ

のドアの損傷や補修を要する落書き，学校で飼育している動物を故意に傷つける器物損壊などが報告されている。

学校内暴力行為を起こした児童・生徒数を学年別に見ると，小学校・中学校では，学年が進むにつれて多くなっており，高等学校では，学年が進むにつれて少なくなっている。成長によって相応の落ち着きを身につけた場合もあるだろうが，むしろ，高校生の場合，義務教育ではない高校教育の場において暴力行為を発現するより，学校からのドロップアウト，または排除される場合も多いと考えられる。

② いじめ

いじめが社会問題として注目されるようになったのは，いじめが原因と思われる自殺者の増加が見られた1980年代半ば以降であろう。いじめの形態には，言葉による脅し，冷やかしやからかい，もち物隠し，仲間外れ，集団による無視，暴力，たかりなどさまざまなものがある。これらの中には刑法の構成要件に該当するものもあるが，必ずしもすべてが刑事司法手続きの対象となるわけではない。

文部科学省の調査によれば，いじめの発生件数は大きく減少している。1985年には15万5000件にも上ったものが，2003年には2万3000件にまで減っている（文部科学省，2004）。しかし，いじめの性質上，潜在化して実態が把握しにくいこと，手段や手口が陰湿化・巧妙化して発覚しにくいことなどを考えれば，いじめの問題が大幅に改善されてきたとは考えにくいだろう。

前掲の報告によれば，いじめ発見のきっかけは，教師等学校関係者（担任教師，他の教師，養護教諭，スクールカウンセラー等）の発見によるものは約3割であり，いじめられた児童・生徒からの訴えによるものが3割強，保護者からの訴えによるものが2割強となっている。児童・生徒が学校内で過ごす時間は相当長時間に及ぶのに，教師等から容易に発見されにくいところに問題の深刻性がある。

③ 学校不適応等と非行

学校不適応等と非行との関連については，教師等の教育実務家，あるいは，家庭裁判所，少年鑑別所，少年院，保護観察所等の少年刑事司法の実務家が，非行少年を取り扱う中で，数多く言及してきた。事実，多くの非行少年の生活

歴において，低学歴，怠学，学業不振，学校からのドロップアウト等はしばしば見られる現実である。

当然のことながら，学校不適応の少年のすべてが非行を行うわけではなく，不適応そのものが非行の直接的な原因ではないと考えるのが普通であり，不適応と非行との関係を結びつけるさまざまなアプローチがされてきた。

例えば，わが国では「悪風感染」「朱に交われば赤くなる」と表現されるような，交友関係の問題性や非行行動の学習という考え方（**学習理論**的アプローチ），学力が重視される学校環境の中で学業不振の生徒は，成績を上げるという目標を達成することができずに欲求不満，緊張状態に陥り，この状態から逃れるために非行に走るという考え方（**緊張理論**的アプローチ），非行少年は，学校や教師の偏見によって「落伍者」「落ちこぼれ」等といったレッテルを貼られることによって，そのレッテルにふさわしい非行行動を繰り返すのだという考え方（**ラベリング理論**的アプローチ）等がある。

また，「なぜ非行を行ったのか」ではなく，「なぜ非行を行わないのか」という考え方で，非行に至らせない統制のメカニズムも説得的に主張されている（**社会的統制理論**的アプローチ）。

社会的統制理論の主唱者であるハーシ（Hirschi, 1969）は，非行を抑止する**社会的な絆**（bond）として，愛着（attachment），投資（commitment），巻き込み（involvement），規範観念（belief）の4つを挙げている。学校と非行との関係に着目すると，学校の教師に対する愛着・尊敬の念，進学や学力向上に向かって努力する投資，学業やクラブ活動等の合法的な活動への巻き込みによる多忙，ルールに従わなければならないという規範観念といったことが，非行を抑制するのに有効だと説明できよう。

2　職場と犯罪・非行

[1]　**統計で見る就労と犯罪・非行**

職業や職場と犯罪・非行との関係を論じるとき，ホワイトカラー犯罪等も重要な論点ではあるが，ここでは，むしろ，就労の有無に着目することとする。

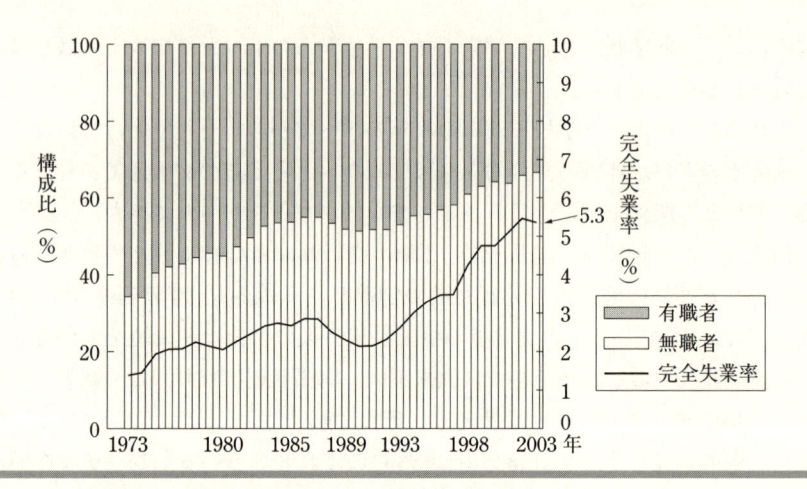

図 6-2　新受刑者の有職・無職別構成比（1973〜2003年）
（出典）法務省法務総合研究所，2004より。

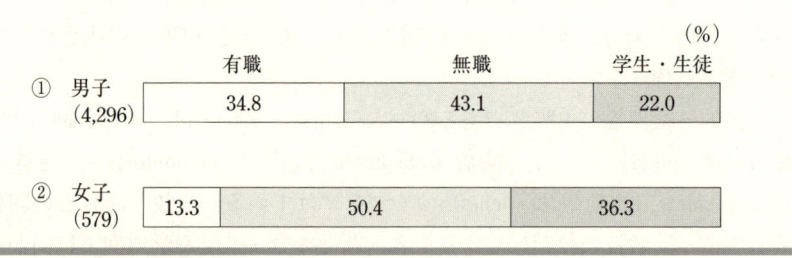

		有職	無職	学生・生徒
①	男子 (4,296)	34.8	43.1	22.0
②	女子 (579)	13.3	50.4	36.3

（％）

図 6-3　少年院新入院者の就学・就労状況（2005年）
（注）かっこ内は実数である。
（出典）法務省法務総合研究所，2006より。

職業は，多くの人にとって，生活の糧を得るということにとどまらない重要な意味をもつと考えられるからである。

犯罪や非行をした人のうち，どれくらいの者が職業に就いていないのか，例として，図 6-2 および図 6-3 を示す。

図 6-2 は，刑務所に新たに入所した人の就労の有無別構成比の推移に，同期間中の完全失業率を重ねたグラフである。最近においては，無職の者の比率が

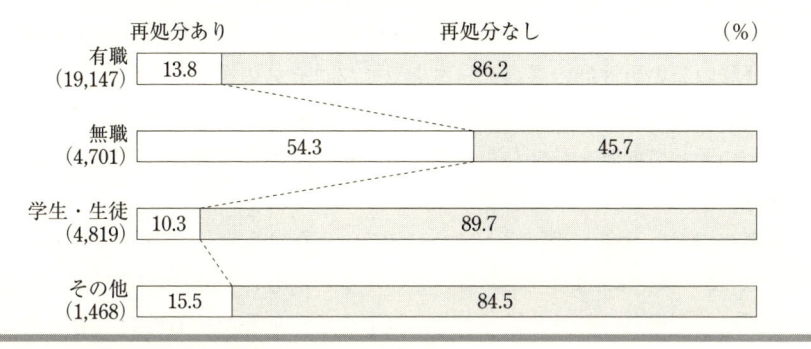

```
              再処分あり         再処分なし           (%)
    有職
  (19,147)    13.8              86.2

    無職
  (4,701)     54.3              45.7

  学生・生徒
  (4,819)     10.3              89.7

   その他
  (1,468)     15.5              84.5
```

図 6-4　保護観察少年の再処分の有無（2004 年）
（注）　かっこ内は実数である。
（出典）　法務省法務総合研究所，2005 より。

約7割に迫っていることがわかる。また，無職者の比率と完全失業率の動きの上昇や下降とは関連性がありそうである。

図 6-3 は，少年院に新たに入った少年の男女別就労状況である。少年においても，やはり，無職の者が多い。

[2] 就労状況をめぐる問題と犯罪・非行抑止の手がかり

犯罪や非行をした人は無職であることが多いことは先に指摘した通りであるが，彼らが犯罪や非行から離れるターニングポイントは何であろうか。

図 6-4 は，非行によって保護観察となり，それが終了した者について，再非行による処分の有無を就労・就学別に見たものである。保護観察が終了する時点において無職であった者の過半数が，期間中に何らかの再非行があった。これだけでは，不就労と再非行の因果関係については判然としないが，非行と距離をおいた社会生活を送り続けることと，就労とは関わりがありそうである。

犯罪や非行をした人の指導に携わる刑事司法の実務家の中で，彼らの立ち直りと就労の関係について指摘する者は少なくない。彼らが更生したと思えるのは，「仕事が続き，生活にリズムができてきたとき」「職場に定着できたとき」など，就労の継続を更生の重要な目安とする意見が多く見られる（法務総合研究所，2005）。

サンプソンとラウブ（Sampson & Laub, 1993）は、非行経験のある男性群と非行経験のない男性群の調査データをライフコースの視点から分析し、人を犯罪から引き離すことは可能であるとし、そのための重要なターニングポイントのひとつとして就職を挙げたが、この分析は、実務の経験から考えても説得的である。

　無職の者は、金銭に窮する（食うに困るような窮乏から、遊興費が足りない状態まで、その様相はさまざまである）ということはもとより、規則正しい生活が送れず、ただ漫然と毎日を送ったり、同じように無職でいる仲間と過ごすことも多い。このような遊興中心の生活は、しばしば、非行に陥りやすい。一方、就労に成功し、それが継続できた場合、仕事を機軸としたリズミカルで規則正しい生活のパターンにつながりやすい。経済的な安定や、違法的な人たちとの関わり合いにより、同類の仲間とのつきあいのみでは得ることのできない価値観（勤労、忍耐、社会的なルールの尊重等）を得ること、「期待を裏切れない」「迷惑をかけたくない」といった大切だと思える人間関係をはぐくむことにもつながり、これらは、犯罪や非行から彼らを遠ざけるように機能する。

3　地域と犯罪・非行

[1] 地域社会の変容と犯罪・非行

　現代社会では、地縁・血縁に基づいた地域共同体が急速に崩壊しつつある。地域の人間関係の希薄化、住民相互の不干渉、他人の子どものしつけや教育への無関心等が、地域におけるインフォーマルな犯罪統制の機能を弱めているということは否定できない。犯罪の増加の原因としてコミュニティの崩壊が主張され、失われた治安の回復のための切り札としてコミュニティの再生が強調されている。

[2] 環境犯罪学の台頭

　イギリスやアメリカでは1970年代から1980年代にかけて、犯罪者を処遇によって改善させようとする社会復帰思想が後退し、刑罰の厳格な執行を重視す

る正義モデルが台頭した。しかし、このモデルに基づく刑事司法制度を導入しても、犯罪の減少は見られず、犯罪を事後的に処理するシステムである刑事司法制度が効果をもちえていないのではという主張がなされるようになった。こうして、犯罪の実行を事前に阻止するシステムを主張する犯罪予防論が注目を集めることとなったのである。

こうしたことを背景に、環境のもつ犯罪誘発要因を分析して犯罪機会の減少を目指す**環境犯罪学**が台頭してきた。環境犯罪学には、環境工学に基づいて犯罪発生を防止する**防犯環境設計論**（crime prevention through environmental design；CPTED），日常生活において犯罪が実行される機会を減少させることを主張する**日常活動理論**（routine activity theory），1枚の壊れた窓を放置することによって地域が荒廃するため、軽微な犯罪も徹底的に取り締まることで凶悪犯罪を含めた犯罪を抑止できるとする**破れ窓の理論**（broken windows theory）等の考え方がある。

わが国においては、従前、犯罪の原因の探索と除去による犯罪対策が主流であったが、こうした犯罪原因論に比べて、犯罪を実行する機会を奪って犯罪を減少させようとする主張は一般の常識にも合致しやすく、また、目に見えやすい具体的な対策と結びついて、犯罪防止策として注目を集めている。

[3] 地域社会の取り組みと犯罪・非行抑止の手がかり

わが国においては、環境犯罪学のアプローチに沿った具体的な対策として、照明の改善、防犯カメラやフェンスの設置、住民による防犯活動、パトロール、落書の消去、地域安全マップづくり等を積極的に行おうという動きが始まり、安全で安心な街づくりを目指す活動がかつてないほど活発になっている。例えば、2005年末現在における防犯ボランティア団体数は約2万団体で前年の約2.4倍、防犯ボランティア数は約120万人で前年の約2.3倍と急増している（警察庁ホームページによる）。

この基盤にあるのは、犯罪の防止は、「街ぐるみ」「草の根レベル」などという言葉で表現されるような地域社会、コミュニティが主体となって取り組むという考え方である。

これらの活動に環境犯罪学のアプローチが理論的根拠を与えたのは疑いがな

い。そして，環境改善や防犯のための環境設計は，具体策に結びついた一定の効果を上げることが期待できよう。しかし，こうした方策が，不特定の被害者をターゲットにしたひったくり等の街頭犯罪や空き巣などの一定の犯罪には大きな効果をもちえても，それはあらゆる形態の犯罪防止の万能薬とはなりえないということは常に心にとどめておくべきである。

犯罪から得られる利益とその際の労力を合理的に判断する人間ばかりではなく，見られていることで犯罪を思いとどまる者ばかりでもない。防犯効果により，その場での犯罪が予防されても，別の場所に転移（displacement）することもあるかもしれない。防犯のための環境設計が極端に推進されることによる閉塞感が，別の形の犯罪や非行に結びついていくことも考えられなくはないだろう。

コミュニティを基盤にした犯罪予防活動を謳って，一定地域を囲い込んで監視を強めるのではなく，そもそも，基盤となるべきコミュニティづくりから取り組む方策を模索する時期にきている。コミュニティを強調する活動が，特定の人によって構成されるグループのみによる活動にとどまらず，リーダー層ではない住民や子どもたちの相互のネットワークへと結びついていくことが肝要であろう。

文献案内 BOOK GUIDE

法務省法務総合研究所編『犯罪白書』国立印刷局，各年版
▷法務省の法務総合研究所が毎年作成する犯罪統計書。犯罪および刑事司法に関連する幅広い統計を紹介するとともに，時宜に応じたテーマについて深く掘り下げる特集を掲載している。

ハーシ，T．／森田洋司・清水新二監訳（1995）．『非行の原因──家庭・学校・社会のつながりを求めて』文化書房博文社
▷非行の原因を，社会と個人とを結びつけている社会的な絆の強弱によって実証的に説明したものである。

フェルソン，M．／守山正監訳（2005）．『日常生活の犯罪学』日本評論社
▷犯罪発生は，動機づけられた犯行者（motivated offender），格好の標的（suitable target），監視者の不在（absence of guardian）という要素が重なる

とその可能性が高まるという犯罪発生のメカニズムを提唱している。

ケリング, G. L.・コールズ, C. M.／小宮信夫監訳（2004）．『割れ窓理論による犯罪防止――コミュニティの安全をどう確保するか』文化書房博文社
　▷アメリカで提唱された犯罪抑止理論の解説書。「建物の窓が壊れているのを放置すれば他の窓もまもなくすべて壊されるだろう」との考え方から，軽微な犯罪も徹底的に取り締まることで凶悪犯罪を含めた犯罪を抑止できるとする。

【大場玲子】

殺人・傷害

コラム ⑥

　交通事故を除く一般刑法犯による最近10年間の死亡者は，年間1300〜1400人前後で推移している。うち女性は，400〜500人である。2004年の死亡者1397人のうち，50％が殺人，28.8％が交通関係以外の業過，10.4％が傷害によるもので，以下強盗4.3％，放火2.9％と続く。

　殺人は，第二次世界大戦後減少を続けてきたが，平成に入る頃から1200〜1400件くらいで横ばいあるいは微増している。人口10万人につき1.1〜1.2の発生率である。検挙率は，95％前後と高い水準を維持している。人口が日本の約2倍であるアメリカは，殺人の発生件数は日本の10倍強，発生率は5.6〜5.7，検挙率は65％前後である。殺人は単独犯が多く，成人・少年ともに9割を超えている。被害者と加害者との関係は，家族・親族が約5割を占め，顔見知りを入れると9割近くになる。通り魔といったまったく見知らぬ者による殺人事件は，数にしてしまうと年間に1桁台である。

　少年による殺人は，検挙人員200〜400人台で増減を繰り返していたが，昭和40年代後半から減少し，50年代以降おおむね100人未満で推移していた。平成10〜13年に100人を超えたものの現在は再び100人未満である。ただ，その減少は，大半を占めていた18，19歳の減少によるものであり，17歳以下の割合が増えていること，殺人という数少ない現象の中でさらに少ない家族以外が被害者となる事件が続いたこと，加害者にそれまで非行が見られない「普通の」少年が目についたこと，動機がよくわからないこと，マスコミ報道が過熱したこと等から，注目を集めたと思われる。

　加害者が少年で被害者が死亡している場合，典型的には集団暴行による傷害致死か，非行集団同士の抗争による傷害が念頭に浮かぶ。この場合は，日頃から身体暴力によって威勢を示したり，自己中心的な欲求充足を押し通すことが当たり前になっている犯罪文化や価値観があり，それが集団状況により増幅されることが多い。非行集団は，暴力団によって支配されていることも多い。暴力こそが解決方法であり，「強さ」を押し通すためには，暴力行為をエスカレートさせていかなければならない。表向きには暴力行為の見られなかった「いきなり型」の殺人少年も実際には，犯行のしばらく前からインターネット等による暴力肯定的価値観にのめり込んでいたり，ものを壊したり，弱い者いじめをするなど暴力行為が見られることが多い。

【藤岡淳子】

第7章

エビデンスに基づく評価と介入

1 エビデンス・ベイスト

　エビデンス（evidence）とは実証的な研究に基づく科学的根拠を指す。サケットら（Sackett et al., 1996）によれば，**エビデンスに基づく医療**（evidence-based medicine；EBM）は，「最新かつ最良の根拠を良心的に正しく明瞭に用いて，個々の患者のケアについての決定をすること」と定義される。基本的には，患者の問題の定式化を行い，その問題に関する質の高いエビデンスを収集し，収集したエビデンスを批判的に吟味し，吟味した結果と自らの医療技術をあわせて，最良の治療を患者に提供するという流れをたどる。エビデンスは，その信頼性の高さに基づいて分類されており，オックスフォード・エビデンス・センターによる**エビデンス・スケール**によれば，エビデンスは表7-1に示すように分類される。
　最も質の高いエビデンスは，**単純無作為化比較試験**（randomized controlled trial；RCT）による一次研究をシステマティックにレビューした結果として示される二次研究の知見である。単純無作為化比較試験とは，統制群と実験群を無作為に割り付け，それぞれがどのような転帰を示すかについて前向きに追跡する研究デザインである。単純無作為化比較試験を行う際には，実験者に被験者がどちらの群であるかを知らせない二重盲検法などを用いることによって，実験者バイアスを排除してさらに信頼性を高める方法が求められる。コーホー

表7-1 オックスフォード・エビデンス・センターが示すエビデンス・スケール

レベル1	a	単純無作為化比較試験（RCT）のシステマティック・レビュー（均質性あり）
	b	個々の単純無作為化比較試験（信頼区間の狭いもの）
	c	治療群以外すべてが亡くなっている場合または治療群はすべて生存している場合
レベル2	a	コーホート研究のシステマティック・レビュー
	b	個々のコーホート研究（質の低い単純無作為化比較試験を含む。例：追跡率が80％未満）
	c	アウトカム研究：生態学的研究
レベル3	a	症例対照研究のシステマティック・レビュー（均質性あり）
	b	個々の症例対照研究
レベル4		症例の集積（質の低いコーホート研究や症例対照研究を含む）
レベル5		明確な批判的吟味が行われていない，生理学や基礎実験，原理に基づく専門家の意見

ト研究（cohort study）とは，関心ある事項へ暴露した集団と暴露していない集団の2つの集団（コーホート）を同定し，これらのコーホートが関心ある転帰を示すまで追跡する研究様式である。また，**症例対照研究**（case control study）とは，関心ある転帰を示した集団と，この集団に性別や年齢などの要因が似た対照群とを比較することによって，関心ある転帰を示した集団に特徴的な要因を明らかにしようとする研究様式である。

システマティック・レビュー（systematic review；SR）においては，現存する科学的な知見が矛盾したものではないか，対象集団や，状況，治療上のばらつきにかかわらず一般化できるのか，またはその知見が特定の部分集団ごとに有意に異なるかどうかを，明示的な方法を用いて実証する（Mulrow, 1995）。システマティック・レビューの実施においては，目的を同じくする研究を可能な限り網羅的に収集する必要があり，ランダム誤差以外の系統的バイアスをできるだけ排除する必要がある。そうした作業を個々人が行うには限界があり，客観性のあるシステマティック・レビューを提供するための公共のプロジェクトとして，**コクラン共同計画**（The Cochrane Collaboration）がある。コクラン共同計画は，1992年にイギリスの国営医療機関（National Health Service；NHS）の一環

として開始されたもので，単純無作為化比較試験でなされた研究を中心にシステマティック・レビューを行い，医療関係者等に情報提供するという大規模なプロジェクトである．

　実証的な二次研究のための統計的手法として**メタ・アナリシス**（meta-analysis）がある．森實（2004）によれば，メタ・アナリシスは，①サンプル・サイズを大きくすることによって統計学的な検出力を高める，②論文の結論が一致していない場合に，その不確実性を解決する，③エフェクト・サイズを改善する，④研究の最初にはわからなかった問題に答えることを目的としており，その統計的技法として，①エフェクト・サイズのまとめ値，分散，信頼区間の算出，②仮説の検定に用いる統計値の算出，③各研究の同質性の検定の3つが用いられる．メタ・アナリシスの具体的な手法についてはここでは省略するため，実際の手続きは各種統計書を参照してほしい．最良のエビデンスを提供するための手法がメタ・アナリシスであるとされるが，メタ・アナリシスではオリジナルの論文の著者によるバイアスを見分けることはできない．また，アイゼンク（Eysenck, 1995）が指摘するように，回帰は非線形である場合が多く，効果は一変量というよりは多変量である場合が多いなど，その実施にはいくつかの問題点もある．メタ・アナリシスの結果を吟味するのは情報の受け手であり，情報を吟味する力が情報の受け手に求められている．

　こうした医学における EBM の大きな流れを受け，司法機関や法執行機関のさまざまな実務においても**エビデンスに基づく実務**を行おうとする EBP (evidence-based practice) の流れが生まれている．わが国においても，2002年の日本犯罪心理学会では「犯罪心理学研究の現状とこれから」（藤岡ら，2002）というシンポジウムでエビデンス・ベイストが取り上げられ，2003年の日本犯罪社会学会では「What Works? 科学的根拠に基づく犯罪・非行対策」（原田ら，2003）というシンポジウムが開催されており，エビデンス・ベイストの考え方は普及しつつある．実務の説明責任としても，エビデンスに基づいた介入や活動を選択することは重要であろう．津富（2002）は「EBP は実務上の問題解決のために，文献を批判的に吟味し，実務に生かすという一連の学習・行動様式である」と指摘しており，実務家としてあるべき姿勢を示しているといえる．また，津富（2002）は，矯正における処遇効果に関する EBP の取り組み

には，治療効果に関するEBMの取り組みがこれに援用できるとして，その方法を詳細に説明している。

コクラン共同計画にならい，社会科学の領域のためのキャンベル共同計画（The Campbell Collaboration；http://www.campbellcollaboration.org/ を参照）も設立され，キャンベル共同計画では教育，刑事司法，ソーシャルグループ，福祉，住宅政策，環境といった分野を手がけることが予定されている。日本においては，2006年5月24日に「刑事収容施設及び被収容者等の処遇に関する法律」が施行され，これまでの受刑者処遇では作業が中心であったものが，改善指導や教科指導を受けることも受刑者に義務づけられるようになった。この法律の施行により，それぞれの問題に特化した処遇プログラムの策定，実施が活発に行われることになると考えられる。

策定されたプログラムの有効性を示すものとしてプログラムの客観的な効果測定も求められていくだろう。効果の測定においては，何を評価のターゲットとするかが最も重要な問題となる。評価のターゲットは客観的に測定可能なものでなければならず，できれば定量化できることが望ましい。評価のターゲットを「対象者の更生」といった曖昧なものに設定すれば，その達成度の評価は評価者ごとにばらつきが大きいものになり，客観的なものではなくなってしまうだろう。そもそも評価のターゲットはEBPにおける最初のステップである問題の定式化であるはずである。最初のステップである問題を明確なものとし，それを実現するためのエビデンスを収集して，エビデンスの批判的吟味から処遇方法を探るという過程をたどるのであれば，評価は自ずと明確で具体的なものとなる。

司法機関や法執行機関における実務において，処遇を行う対象者に対して単純無作為化比較試験を実践することは難しい状況かもしれない。しかしながら，エビデンスに基づく評価や処遇を提供していくためには，バイアスの影響を考慮してできるだけ質の高い一次研究を多く積み重ねていく必要があるという点は，日本でも変わらない。医療分野で，診断や治療に関するEBMの実践があるように，刑事司法分野においても，評価や介入，処遇などについてエビデンスに基づく手法を選択していくことが今後いっそう求められていくだろう。

2　犯罪・非行のリスク評価

　犯罪・非行の**リスク評価**では，犯罪・非行の要素ごとにそれぞれを評価することが可能である。

[1] 犯罪・非行の要素

　ルーチン・アクティビティ理論を提唱したコーエンとフェルソン（Cohen & Felson, 1979）の考え方に基づくと，犯罪の発生には次の3つの要素が時間的，空間的に収束することが不可欠とされる。3つの要素とは，①動機づけられた犯罪者，②好適な対象者（物），③違反に対処できる監視者の不在である。
　この3つの要素それぞれについて，犯罪・非行の発生のリスクが評価できる。犯罪・非行のリスク研究の多くは，本章で対象とする，①動機づけられた犯罪者を対象としたものであり，これまでに膨大な量の研究がある。②好適な対象者（物）や，③違反に対処できる監視者の不在については，①動機づけられた犯罪者という要因との相互作用の中で語られることが多い。まず，②好適な対象者（物）および，③違反に対処できる監視者の不在については簡単に記述し，その後，①動機づけられた犯罪者に関する犯罪・非行のリスク研究について記述することにする。
　②好適な対象者（物）についてのリスク評価は，**犯罪者プロファイリング**において，被害者のリスク・レベルに基づく犯罪者の行動や特性の推定に活用されている。例えば，ヘイゼルウッド（Hazelwood, 1995）は，被害者のリスク評価として，被害者を，ⓐ低リスク被害者（定型的な習慣的行動の中で被害にあう，初対面の者はアプローチしにくい），ⓑ中リスク被害者（定型的な習慣的行動が主だが，偶然その枠組みから外れた行動をとったときに被害にあう），ⓒ高リスク被害者（日常生活行動は定型的でなく，初対面の人との交流に慣れている）の3つのレベルに分類している。こうした被害者の特性やライフスタイルに基づく，被害者のリスク・レベルの分類は，被害者へのアプローチの難しさや犯罪者に求められる対人スキルの程度と強く関連していることが指摘されている。
　③違反に対処できる監視者の不在については，**環境犯罪学**や**環境心理学**から

のアプローチから犯罪発生の危険因子が検討されている。ブランティンガム夫妻（Brantingham & Brantingham, 1995）は，犯罪の発生リスクの高い場所として，「犯罪生成場所」（crime generators）と「犯罪誘発場所」（crime attractors）の2つの概念を指摘している。犯罪生成場所とは，ショッピングモールや娯楽施設，交通機関の中心点など交通量の多い場所のように，日常的に大量の人々がその場所を訪れるため，潜在的な犯罪者と潜在的な被害者が遭遇する可能性が高くなり，その副産物として犯罪が発生する場所である。また，犯罪誘発場所とは，犯罪の機会が存在するという評判によって犯罪者を引き寄せる場所であり，酒場の集中する地区，歓楽街，薬物取引場所などが例として挙げられる。では，こうした特性をもつ場所，犯罪が多発する場所に介入するためには，どうしたらよいかを考えるのが，**環境設計による犯罪予防**（crime prevention through environmental design ; CPTED）やディフェンシブル・スペース（defensible space），**状況的犯罪予防**などのアプローチである。これらのアプローチでは，主に機会的に場所が選択されて実行に移される犯罪を対象として，マクロおよびミクロからの視点に基づいて犯罪発生場所を評価し，犯罪・非行の発生リスクに影響を与える場所の要因を詳細に検討する。犯罪発生リスクを低減させるために場所に対してどのような介入をすべきかについてのエビデンスとして，街灯の改良（Farrington & Welsh, 2002）や街頭モニターカメラ（Welsh & Farrington, 2002）などのシステマティック・レビューがある。

[2] 犯罪・非行の危険因子・保護因子

個人が犯罪・非行を行う傾向を促進する方向に働く要因を**危険因子**とよび，個人が犯罪・非行を行う傾向から保護する方向で働く要因を**保護因子**とよぶ。犯罪・非行のリスク研究においては，通常，危険因子と呼ばれるものには保護因子も含まれるが，この双方の要因を考慮し，リスクを低減させるためには，危険因子を弱め，保護因子を強める働きかけが必要となる。

個人が犯罪・非行を行う危険因子については，**犯罪・非行の原因論**に関する研究として，生物学的要因から人格的要因，経済的要因，環境的要因など幅広い領域において多くの知見が積み重ねられている。犯罪・非行の理論においても，「人は元来犯罪を行わないものだ」という性善説に立つ立場のアプローチ

からは，多くの犯罪・非行の危険因子が報告されている。また，「人は元来犯罪を行いかねないものだ」という性悪説に立つ**社会的絆理論**（Hirshi, 1969）のアプローチからは，①愛着（attachment），②投資（commitment），③巻き込み（involvement），④規範観念（belief）といった犯罪・非行の保護因子が報告されている。

　危険因子を特定してリスク評価を行う際には，危険性が高い（dangerousness）という評価で終わるのではなく，危険性が高い場合にどのような介入をすればその危険性を低減できるかを考える**リスク・マネージメント**（risk management）の視点が必要である。リスク・マネージメントにおいては，いかに客観的なリスク評価を行い，リスクの動的要因をプラスの方向に変化させるかが重要なポイントとなる。

3　累犯者
●犯罪を繰り返す人

　再犯のリスク評価について述べる前に，まず犯罪を繰り返す累犯者の特徴について記述する。累犯者について研究する方法には2つある。1つは，検挙した犯人の前科・前歴を確認する方法であり，もう1つは，検挙した犯人のその後を追跡し，再犯の状況について確認する方法である。前者は，ある犯罪を行った人たちのもつ特徴からその犯罪に陥る危険因子を探るために重要な視点であるとともに，新たに発生した犯罪においてどの程度の確率で累犯者による犯罪である可能性があるかを考えるうえで重要な視点である。また，後者は，個々の犯罪者がどのように犯罪を繰り返していくのか，犯罪者がどの程度犯罪を繰り返す危険性があるのかを考えるうえで重要な視点である。まずは，前者の視点に立ち，犯罪統計書から累犯者の実態を概観し，次に，後者の視点に立ち，調査研究の成果から累犯者の実態を概観することとする。

[1] 犯罪統計書から累犯者を見る

　警察の犯罪統計書に基づき，刑法犯で検挙された被疑者に占める前科・前歴

を有する者の比率の推移を表7-2に示した。2004年に検挙された刑法犯総数は38万9027人であり，その中に前科・前歴を有する者が占める割合は35.7%であった。このことは，1年間に検挙された者の3分の1を超える者が，犯罪を繰り返して検挙された累犯者であることを示している。この刑法犯全体で見た累犯者の比率は過去5年間でほぼ同様の比率で推移していた。また，2004年を基準として20年前までを5年ごとに区切って値を比較した場合でも，おおよそ3割台前半から3割台半ばの値で推移していた。

　刑法犯で検挙された被疑者における前科・前歴を有する者の比率は，年齢と相関関係にある。実際，14歳以上の犯罪少年における前科・前歴を有する者の比率は2004年で28.1%，成人の場合のその比率は39.8%であり，10ポイント以上の差が認められる。少年，成人ともにこの前科・前歴者率は，過去5年間ほぼ同様の値で推移している。2004年を基準とした場合の20年前にあたる1984年では，前科・前歴を有する者の比率は，少年で31.3%，成人で31.1%とほぼ同じ値を示しているが，15年前，10年前，5年前のそれぞれにおける少年・成人別での前科・前歴者の比率を見ると，過去15年間では少年と成人別での前科・前歴を有する者の比率の差は一貫して10ポイント程度であるといえる。この10ポイントの差は，累犯者の問題は成人においてより重大であることを意味するかもしれないが，少年においても3割程度の者がすでに司法機関の関与や介入を受けた経験をもっている累犯者であることは大きな問題であり，再犯の抑止方策が必ずしも十分でないことを示唆するものであると考えられる。

　刑法犯で検挙された被疑者における前科・前歴を有する者の比率を見ると2004年では35.7%であるが，同一罪種の前科・前歴を有する者の比率は同年で13.8%であり，前科・前歴を有する者の半数以下で同一罪種の前科歴が認められた。この結果は，前科のある犯罪者は，必ずしも同一罪種のみを繰り返しているわけではなく，他の罪種の犯罪を行って処分を受けることがあることを示している。同一罪種の前科を有する者の比率は，過去20年間一貫して10%台前半で推移していた。この同一罪種の前科歴を有する者の比率を前科回数別で見たものを表7-3に示した。2004年の前科回数別の同一罪種の前科を有する者の比率を見ると，前科1犯では35.9%であったが，前科2犯では47.4%，

表7-2 刑法犯で検挙された被疑者の前科・前歴を有する者の比率の推移

	基準年	過去5年間				5年前	10年前	15年前	20年前
	平成16年 2004	平成15年 2003	平成14年 2002	平成13年 2001	平成12年 2000	平成11年 1999	平成6年 1994	平成1年 1989	昭和59年 1984
刑法犯総数	389,027	379,602	347,558	325,292	309,649	315,355	307,965	312,992	446,617
初犯者	250,030	244,307	226,217	215,314	205,645	217,399	222,041	213,140	307,388
前科・前歴者	138,997	135,295	121,341	109,978	104,004	97,956	85,924	99,852	139,229
前科・前歴者率	35.7	35.6	34.9	33.8	33.6	31.1	27.9	31.9	31.2
少年のみ：前科・前歴者率	28.1	28.0	27.2	26.4	26.4	24.8	23.7	27.9	31.3
成人のみ：前科・前歴者率	39.8	40.4	40.2	39.3	39.0	36.1	31.0	36.4	31.1
成人のみ：同一前科あり	13.8	13.7	14.2	13.8	14.6	14.1	11.0	14.0	12.4
凶悪犯前科・前歴者率	55.7	53.4	53.7	53.5	52.2	51.9	52.2	57.1	57.7
粗暴犯前科・前歴者率	51.6	51.3	50.6	49.8	49.8	51.7	53.1	54.5	54.5
窃盗犯前科・前歴者率	36.1	35.7	33.5	31.6	30.9	29.1	25.3	27.1	25.3
知能犯前科・前歴者率	48.2	50.4	50.0	50.9	50.6	50.7	42.3	47.1	26.8
風俗犯前科・前歴者率	38.6	36.1	35.4	34.8	33.1	32.6	37.9	33.3	39.0
その他刑法犯前科・前歴者率	25.8	25.3	25.3	24.0	23.7	21.1	15.9	23.2	43.0

(注)
1 警察庁による『犯罪統計書』より作成。罪種の分類の定義は『犯罪統計書』に従う。
2 前科・前歴者とは、犯罪統計書の「再犯者」に該当するものであり、刑法犯、特別法犯（道路交通法違反を除く）の別を問わず、前科または前歴を有する者をいう。
3 前科とは、過去に何らかの罪（道路交通法違反を除く）により確定判決で刑（死刑、懲役、禁錮、罰金、拘留、科料）の言い渡しを受けたことをいい、その罪にかかる事件を検挙した機関が警察であるか否かを問わない。刑の執行猶予を取り消されることなくその期間を経過し、刑法第27条の規定により刑の言い渡しの効力が失われた場合、恩赦法第3条もしくは第5条の規定により大赦もしくは特赦を受けた場合、または刑法第34条の2の規定により刑の言い渡しの効力が失われた場合であっても、その言い渡しは前科としている。
4 成人のみ：前科・前歴前科は、犯罪統計書における刑法犯総数、再犯者数、少年再犯者数の値を用いて算出した。

前科3犯では52.5%，前科4犯では56.8%，前科5犯以上では64.2%を示し，前科回数が増えるほど，同一罪種の前科歴を有する者の比率が高くなることがわかる。このことから，前科を有する犯罪者の中でも犯罪を繰り返す傾向の強い者においては，同一罪種を繰り返す傾向は強いと考えられる。

　検挙者に占める累犯者の比率は，犯罪のタイプにより異なる傾向がある。犯罪統計書の罪種別分類を用いて，2004年の検挙者に占める前科・前歴を有する者の比率を見ると（表7-2），凶悪犯（55.7%）や粗暴犯（51.6%），知能犯（48.2%）では5割前後を示すが，窃盗犯（36.1%）や風俗犯（38.6%），その他刑法犯（25.8%）では3分の1から4分の1を占める程度になる。侵入窃盗犯には常習者が多いため，窃盗犯を侵入盗，乗物盗，非侵入盗の3つに分類すると，検挙者に占める累犯者の比率は侵入盗で58.7%と高い割合を示すが，乗物盗（32.8%）や非侵入盗（34.9%）では3分の1程度であった。このように，罪種のタイプ，あるいは罪種別で検挙者に占める累犯者の比率には異なる傾向があり，それぞれの罪種や罪種のタイプごとに検討を行う必要性があり，それぞれの問題に適した処遇や介入方法を探る必要がある。

　犯罪統計書に掲載されている統計は定型的で長期的な比較が可能である利点はあるが，その統計は概要を知るにとどまるものであり，個々の犯罪者が累犯者となる過程は見えにくい。そのため，個々の犯罪者をフォローアップすることによって，どのような要因が累犯者となる危険性の強さと関連しているのかについて検討を行うことが必要である。

[2] 調査研究の結果から累犯者を見る

　個々の犯罪者をフォローアップして，どのような要因が累犯者となる危険性の強さと関連しているのかについて検討を行う方法には，2つの方法がある。1つは，ある特定の時点である条件に該当する個人について，その特定の時点から振り返ってデータを確認する**回顧的な研究**（retrospective study，**後ろ向き研究**ともいう）であり，1つは，ある特定の時点からある条件に該当する個人について，その特定の時点以降の追跡を行ってデータを収集する前向きの**追跡研究**（prospective study，単に**前向き研究**ともいう）がある。回顧的な研究はコストが少ないが，さまざまなバイアスの影響を排除しにくく，必要な情報をすべて

表7-3 前科の回数別で見た前科を有する被疑者に占める同一罪種の前科歴を有する者の比率の推移

前科回数	基準年 平成16年 2004	過去5年間					10年前 平成6年 1994	15年前 平成1年 1989	20年前 昭和59年 1984
		平成15年 2003	平成14年 2002	平成13年 2001	平成12年 2000	5年前 平成11年 1999			
1犯	35.9	33.7	34.6	35.0	34.3	35.2	32.1	35.2	33.9
2犯	47.4	46.1	47.1	45.7	46.1	47.6	44.1	46.2	48.5
3犯	52.5	53.0	51.8	52.7	51.3	52.1	52.0	54.0	57.9
4犯	56.8	55.3	55.8	56.8	55.9	57.7	57.2	60.5	60.5
5犯以上	64.2	65.0	65.5	66.8	67.2	67.7	69.2	71.8	72.5

(注) 1 警察庁による『犯罪統計書』より作成。罪種の分類の定義は『犯罪統計書』に従う。
2 前科とは、過去に何らかの罪（道路交通法違反を除く）により確定判決で刑（死刑、懲役、禁錮、罰金、拘留、科料）の言い渡しを受けたことをいい、その罪にかかる事件を検挙した機関が警察であるか否かを問わない。刑の執行猶子を取り消されることなくその期間を経過し、刑法第27条の規定により刑の言い渡しの効力が失われた場合、又は第5条の規定により大赦もしくは特赦を受けた場合、また刑法第34条の2の規定により刑の言い渡しの効力が失われた場合であっても、その言い渡しは前科としている。

表 7-4 子ども対象・暴力的性犯罪の検挙被疑者（犯罪経歴の有無・内容別）

	2004年の子ども対象・暴力的性犯罪の検挙人員	うち）犯罪経歴あり	うち）暴力的性犯罪あり	うち）暴力的性犯罪以外の性犯罪あり*	うち）性犯罪以外あり	うち）犯罪経歴なし
暴力的性犯罪総数	466	193 41.4％	92 (47.7％)	28 (14.5％)	73 (37.8％)	273 58.6％
強姦	42	16 38.1％	5 (31.3％)	1 (6.3％)	10 (62.5％)	26 61.9％
強制わいせつ	400	164 41.0％	80 (48.8％)	24 (14.6％)	60 (36.6％)	236 59.0％
強盗強姦	0	0 ―	0 ―	0	0	0 ―
わいせつ目的略取・誘拐	24	13 54.2％	7 (53.8％)	3 (23.1％)	3 (23.1％)	11 45.8％

(注)　1　警察庁が作成したものを転載。
　　　2　かっこ内の数字は「犯罪経歴あり」に占めるそれぞれの割合。
　　　3　*は，窃盗のうち色情ねらい，公然わいせつ，児童買春・児童ポルノ禁止法（児童買春），青少年保護育成条例（淫行），軽犯罪法（のぞき，つきまとい）及び迷惑防止条例（卑猥な行為）。

収集できない場合が多い。追跡研究では，調査開始時イコール介入の開始時でありさまざまな要因を当初から測定できるが，追跡には時間的・費用的なコストがかかる。

回顧的な研究の例として，警察庁が報告した**子ども対象・暴力的性犯罪**（被害者が13歳未満である強姦，強盗強姦，強制わいせつまたはわいせつ目的略取・誘拐）の被疑者を対象とした回顧的調査の結果を表 7-4 および表 7-5 に示す。この調査では，2004年に警察が検挙した子ども対象・暴力的性犯罪の被疑者 466 人を対象として，個々の過去の犯罪経歴について調査し，同一の犯罪経歴を有するものの割合を報告している。表 7-4，表 7-5 を見ると，子ども対象・暴力的性犯罪の被疑者 466 人中，過去に犯罪経歴を有していた者は 41.4％（193 人），

表7-5　子ども対象・暴力的性犯罪の検挙人員のうち、以前にも暴力的性犯罪を犯している者の被害者年齢別状況

	2004年の子ども対象・暴力的性犯罪の検挙人員のうち、過去に暴力的性犯罪ありの者	うち）以前の被害者も子ども		うち）以前の被害者は子ども以外	
		人員	割合	人員	割合
暴力的性犯罪総数	92	74	80.4%	18	19.6%
強姦	5	3	60.0%	2	40.0%
強制わいせつ	80	67	83.8%	13	16.3%
強盗強姦	0	0	—	0	—
わいせつ目的略取・誘拐	7	4	57.1%	3	42.9%

（注）　警察庁が作成したものを転載。

過去に性犯罪の経歴を有していた者は暴力的なものとそうでないものをあわせて25.8%（120人），過去に子どもに対する暴力的性犯罪の経歴を有していた者は15.9%（74人）であった。子どもに対する暴力的性犯罪者においては，過去に性犯罪の経歴を有していた者の割合は傷害（20.6%）や恐喝（20.1%），詐欺（19.8%），窃盗（18.6%）など他の犯罪経歴を有する者の各比率に比較してやや高いものの，過去にも今回と同様の子どもに対する暴力的性犯罪の経歴を有していた者の比率は，それらの各比率に比較してけっして高いものではなかった。このことは，「性犯罪者はみな累犯性が高く，性犯罪を繰り返す危険が高い」という社会の懸念が，性犯罪者を一様のものと見なして累犯性や再犯リスクを過剰評価（overestimate）したものであるといえる。

しかしながら，過去に犯罪経歴を有していた193人中，性犯罪の犯罪経歴を有していた者は120人（犯罪経歴を有する者の62.2%），暴力的性犯罪の犯罪経歴を有していた者は92人（犯罪経歴を有する者の47.7%）であり，子ども対象の暴力的性犯罪の犯罪経歴を有していた者は74人（犯罪経歴を有する者の38.3%）であった。このことから，量としては多くはないが，子どもに対する暴力

的性犯罪の累犯性の高い一群が一部に存在しており，そうした者については大多数の性犯罪者とは異なったアプローチも必要とされると考えられる。

次に，再犯の追跡研究の例として，子ども対象・強姦で検挙した被疑者の検挙後の再犯状況に関する筆者の研究例を示す。対象者は，渡邉・田村（1999）の年少者強姦に関する研究で対象とした者であり，1982年から1997年までの間に警察が検挙した子ども対象・強姦の被疑者524人のうち2004年6月30日までの追跡が可能であった506人（追跡率96.6％）について，その後の再犯の状況を追跡したものである。表7-6に示されるように，対象者のうち約半数が何らかの再犯を行って検挙されていた。強姦または強制わいせつの再犯で検挙された者は20.4％であり，再犯で再び子どもを対象とした強姦または強制わいせつを行った者は9.3％であった。過去に暴力的性犯罪歴を有する被疑者の場合には，何らかの再犯を行った者の比率は60.4％，強姦または強制わいせつの再犯を行った者が35.4％を占めていた。また，暴力的性犯罪を有しない場合と比較して，暴力的性犯罪を有する場合に，強姦または強制わいせつの再犯を行う危険性が2.5倍になることが明らかとなった。この結果は，累犯傾向の強い群を見分ける際に，暴力的性犯罪の前歴を有するという静的な要因が重要であることを示している。

性犯罪者の再犯率については，奈良で小学生女児を殺害してわいせつ行為を行った犯人が過去に性犯罪での受刑経験をもつ者であったことが明らかとなり，社会に大きく注目されることになった。法務総合研究所（2006）は，性犯罪受刑者の再犯率に関する調査を実施し，法務省には性犯罪処遇プログラム研究会が設置され，理論とエビデンスに基づいた性犯罪者処遇プログラムの策定作業が行われた。法務総合研究所の調査では，1999年の出所受刑者672人および2000年の執行猶予判決を受けた者741人を対象とし，その後2004年12月31日までの再犯に関する追跡調査を行っている。その結果，出所受刑者の再犯率は39.9％（満期出所者で63.3％，仮出所者で30.8％），性犯罪再犯率は11.3％（満期出所者で19.1％，仮出所者で8.3％）であり，執行猶予者の再犯率は13.5％（保護観察付きで18.8％，単純執行猶予で12.1％），性犯罪再犯率は3.8％（保護観察付きで7.1％，単純執行猶予で2.9％）であった。理論とエビデンスに基づく性犯罪者に対する処遇は2006年度から実施されており，プログラム対象者の再犯率

表 7-6　子ども対象・強姦で検挙した被疑者の検挙後の再犯状況

			対象者全体（506人）		うち)暴力的性犯罪歴あり（144人）		うち)暴力的性犯罪歴なし（362人）	
			人員	割合	人員	割合	人員	割合
再犯あり			240	47.4%	87	60.4%	153	42.3%
	強姦または強制わいせつあり		103	20.4%	51	35.4%	52	14.4%
	（うち被害者が子ども）		47	9.3%	22	15.3%	25	6.9%
		強姦あり	47	9.3%	23	16.0%	24	6.6%
		（うち被害者が子ども）	15	3.0%	6	4.2%	9	2.5%
		強制わいせつあり	76	15.0%	38	26.4%	38	10.5%
		（うち被害者が子ども）	35	6.9%	18	12.5%	17	4.7%
		強姦および強制わいせつあり	20	4.0%	10	6.9%	10	2.8%
		（うち被害者が子ども）	3	0.6%	2	1.4%	1	0.3%

（注）警察庁が作成したものを転載。

がここに示される比率とどのように変化するか，今後期待するところである。

[3] 累犯者の予測

　日本においては，累犯性の高さの見極めは，主に専門家の判断に基づいて行われてきた。しかし，欧米では，犯罪者や犯罪を行った触法精神障害者の再犯のリスク評価，性犯罪者の再犯のリスク評価について，1990年代以降にさまざまな客観的スケールが開発されている。例えば，暴力の再犯リスク評価では，PCL-R（Psychopathy Check List-Revised；Hare, 1991），VRAG（Violent Risk Assessment Guide；Harris et al., 1993），HCR-20（Historical, Clinical and Risk management 20 items；Webster et al., 1995)，性犯罪の再犯リスク評価では，**Static-99**（Hanson & Thornson, 1999），**SORAG**（Sex Offender Risk Appraisal Guide；Quinsey et al., 1995），**J-SOAP**（Juvenile Sex Offender Assessment Protocol；Prentky & Righthand, 2003）などは評価が高い。

　欧米でこうした**保険数理統計的手法**に基づく再犯評価スケールの作成に力が注がれてきたのは，ステッドマン（Steadman, 1973）が，臨床家による専門的判断によってダニモラの保安病院に収容されていた触法精神障害者967人のうち75%を超える者には再犯危険性の判断に基づいて保安病院に拘留される必要がなかったという報告をして以後，保険数理統計的な手法に基づくリスク評価の必要性が認識されるようになったためである。この後1980年代になされたリスク評価研究の結果は，臨床家による専門的判断に基づいた再犯リスク評価は，けっして信頼性の低いものではなく，ある特定の条件のもとで特定のグループに対して行われる際には，予測力が高いことを示している。モナハンとステッドマン（Monahan & Steadman, 1994）は，長期間にわたる危険性や暴力，再犯といった一般的な行動の予測よりも，短期間における特定の行動の転帰については，臨床家はより正確な予測をすることを指摘している。しかしながら，保険数理統計的な手法は，実証的研究で指摘されてきた種々の危険因子から統計的処理によって選択された危険因子に基づいて尺度を構成していること，標準化の手続きをとっていること，明確な手続きに基づいた客観的なリスク評価を実施することができることから，その有用性が広く認識されている。また，多くの研究で，保険数理統計的な手法に基づくリスク評価は，中程度以上の予測力があることが指摘されている。今後，日本においてもエビデンスに基づく評価と介入を目指し，保険数理統計的な手法に基づくリスク評価の方法が検討されることになるだろう。

文献案内 BOOK GUIDE

Chalmers, I.・Altman, D. G.／津谷喜一郎・浜六郎・別府宏圀訳（2000）．『システマティック・レビュー——エビデンスをまとめてつたえる』サイエンティスト社

▷システマティック・レビューの際に気をつけなければいけないバイアスの問題，一次研究を統計学的に統合する際の問題点，メタ・アナリシスの異質性の原因の分析，レビュー作成の際のチェックリストなど，システマティック・レビューを行う者が知っておくべき基本的知識が示されている。

丹後俊郎（2002）．『メタ・アナリシス入門――エビデンスの統合をめざす統計手法（医学統計学シリーズ4）』朝倉書店
▷過去に独立して行われた研究を系統的に収集し，情報を要約・統合して，介入の効果や暴露へのリスクを推定するための統計解析であるメタ・アナリシスについて，その歴史，基本的な考え方，計算方法について丁寧に解説した本。

山上皓編（2006）．『犯罪と犯罪者の精神医学（司法精神医学3）』中山書店
▷犯罪と犯罪者の精神医学的研究について，広く内外の知見を概観した本である。司法精神医学だけでなく隣接領域である犯罪心理学，犯罪社会学の知見をも含んでいる。トピックスごとに簡潔にまとめられている。

越智啓太編（2005）．『犯罪心理学（朝倉心理学講座18）』朝倉書店
▷編者いわくエビデンス・ベースの研究に基づいた犯罪心理学のはじめてのテキストである。犯罪原因論だけでなく捜査心理学，裁判心理学，矯正心理学，被害者心理学などの領域についてわかりやすく書かれている。

【渡邉和美】

恐喝・強盗　　コラム ⑦

　強盗と恐喝は，いずれも暴力的色彩の強い犯罪（非行）で，共犯を伴いやすく，それゆえに模倣学習が進みやすい「物取り」である（法務省法務総合研究所，2002）。しかし，強盗が実際の暴力・脅迫により財産を奪取するのに対し，恐喝は相手を脅し畏怖させて財物を差し出させる行為である。つまり，どちらも相手の反抗を抑制しているが，実力行使をもって奪うか，他者を心理的に操作して目当てのものを差し出すよう仕向けるかという点で異なっている。

　強盗は，「銀行強盗」「コンビニ強盗」等と，犯罪の起こる場所と組み合わせてよばれることがよくあるが，恐喝に関してはそうしたよび名（例えば，「学内恐喝」）はあまり聞かない。実際の暴行・脅迫による強取（ごうしゅ）がなされるには，具体的「場」が必要であるが，脅して相手の「心」に畏怖という状況をつくるには，そうした「場」は必ずしも必要ないからであろう。そして刑法上では，強盗の方が罪が重い。

　だが，心理学的に見て，はたしてどちらの方が「悪い」か。心理的な意味で相手に支配性をもつという意味では，恐喝も相当な侵略的行為である。

　また，恐喝とは，（原則的には）相手に何ら手を出さず，自分の気勢，態度，言葉，声音，語調等によって相手に恐怖心を引き起こすことが必要であり，ある種「高度かつ複雑なコミュニケーション能力と他者操作性」により動機づけられる。したがって，強盗に価する行為は原初的手段に頼るため，理論上は 8 歳の子どもでもできるが，恐喝は一定の精神的な成熟をまたないと無理であろう。

　さらに，成人と少年では，これらの行為に見られる暴力性の意味合いにかなりの違いがあることが多い。例えば，成人の場合は財物ないしは相手への嫌がらせ等具体的な報酬の獲得を目指し，その手段として暴力が使われる（道具的暴力）ことが多いが，少年の場合は相手への優位性を示すため，あるいはその場でかっとなった気持ちを発散するためであるもの（表出的暴力）も少なくない（星野ら，1995）。この場合，金や物は自らの優位性の証明となったり，感情発散についてくる「おまけ」にすぎなかったりする。あるいは，少年たちの「親父狩り」なる非行（強盗）も，実際の目的は金ではなく，父親ほどの年齢の男性を力で支配することであるものが相当数ある。

【門本　泉】

第 II 部

犯罪・非行の心理臨床

第 8 章　犯罪・非行の心理臨床の基礎
第 9 章　犯罪者・非行少年の処遇システム
第 10 章　犯罪者・非行少年のアセスメント
第 11 章　犯罪・非行の治療教育
第 12 章　犯罪被害者の精神的被害
第 13 章　犯罪・非行の心理学の課題と展望

第8章

犯罪・非行の心理臨床の基礎

1 発達と非行・犯罪

　心理学の理論は，**精神力動論**と**認知行動論**とが両輪となって発展してきた。心理療法についても，この2つの理論を支柱とする**精神分析療法**と**認知行動療法**とが，さまざまな技法の源として存在する。現在では，さまざまな技法が相互に影響を与え合って日々発展しており，何か特定の技法を核にするとしても，さまざまな技法を学んだうえで，対象の特質に応じて使いこなす方が実践的であると考えられるようになっている。犯罪・非行に関する心理臨床もまたしかりである。

　この二派はライバルであるだけに，違いを強調し，その優劣を競うことも多く，またそうした論争が研究の発展を促してきたともいえるが，犯罪理論に関しては，大きく考えると，社会学的理論や生物学的理論に比べて，人間の「**発達**」や「**学習**」を強調しているという意味では共通している。認知行動論では，犯罪・非行行動を，感情─認知─行動の不適切なパターンの学習と見なし，精神力動論では，反社会的行動を統制する超自我あるいは自我の発達のつまずきの表れと見なす。したがって，認知行動療法的アプローチでは，学習した反社会的行動パターンを脱学習し，新たな社会適応的な行動パターンを学習することが目標となる。精神分析的アプローチでは，自我あるいは超自我の発達を妨げている要因（例えば抑圧された否定的感情など）を解放し，育ちなおすことが

目標となる。いずれにせよ，犯罪・非行行動を，生育歴上に生じた社会性と情緒性の発達や学習の問題と考え，それを学びなおす，あるいは育ちなおすことが可能であると見なしている。

[1] 個人内衝動の統制力の発達

　ヒトが人間として育つためには，さまざまな衝動を統制し，自他が共存する力を身につけていくことが不可欠である。例えば，生後まもなくから幼児期にかけては，「**あること（being）**」に関わる睡眠，摂食，排泄などの個人内の衝動を統制するしつけがなされる。家族の養育保護機能は十分で，「普通」にしつけているにもかかわらず，この段階で衝動統制不全が生じれば，何らかの生物学的疾患を疑って医師に受診するかもしれない。より多く問題が顕在化するのは，家族が家族として機能しておらず，ネグレクトなどの虐待を受けている場合である。その場合，かなり早い時期，つまり児童期までに非行行動が発現することがある。家出，怠学，嘘をつく，盗むなどの「問題行動」から始まることが多い。子どもは存在自体を脅かされており，個人内の**衝動統制力**の獲得にもつまずきが生じていると推察され，「育ちなおし」には，より多くのエネルギーと時間とが必要であろうと予想される。「問題行動」を見る限りエネルギーがあるかのように見えるが，実際には，内的なエネルギーは枯渇しかけていることが多い。「バウム」（樹木）などを描いてもらうと，細くて，小さな，萎縮した木を描いたりする。児童期以前にこうした非行少年に出会うことが多いのは，児童相談所であろう。彼らには，何より「存在を大切にする養育」が必要である。子どもたちの育ちなおす力は目を見張るものがあり，虐待的環境から離されて，必要な養育が提供されれば，当初は困難があったとしても，反社会的行動から離脱していく可能性はおおいにある。ただし，適切な手当てを受けることができないままに加齢し，成人期に至ると，変化は非常に困難になる。こうした非行少年たちは，生い立ちに恵まれていないことが明白な，いわば「伝統的」非行少年といってもよいかもしれない。

　幼児期から児童期にかけて，個人内衝動統制のしつけは，「**すること（doing）**」に関わるものに重点が移される。授業中イスに座って先生の話に注意を集中したり，勉強に励むなどして，与えられた「課題」を達成するために自己の衝動

を統制する力を身につけることが求められるようになる。「伝統的」非行少年たちは，このdoingのための個人内衝動においてもつまずきを見せ，学業などで達成できないことが多い。

[2] 対人関係における衝動・欲求の統制（調整）力の発達

　それに対し，いわゆる「いきなり型」とよばれる，「普通」の家庭の，勉強もできる，他に問題行動の見られなかった少年の非行は，課題達成のための衝動統制は，むしろきつすぎるほどに統制しているが，他者との関係調整が苦手なままに生育しているという印象を受けることが多い。その場合，保護者の意図にかかわらず，何らかの理由により，子どもとの気持ちや本音のやりとりが阻害されていることが多いようだ。それでいて，どこかで甘やかし，年齢に応じた責任を負っていくことを保護者が肩代わりしてしまっていることが多いという印象を受ける。親にとっての「いい子」であることを求められ，自分自身の欲求や衝動，感情からは隔てられている。

　そういう場合，「勉強がストレスだったのではないか」などといわれることもあるが，保護者は，「本人は嫌がっているように見えなかった」と述べ，実際子どもも勉強をストレスとして体験しているようには思えない。むしろ「勉強」はやることがはっきりしていて，1人で努力できて，成果も目に見え，成果を上げれば周囲からもそれなりに評価されるという意味では「楽」な課題であることが多いようだ。自分が何を望んでいるのかがはっきりわからないまま，与えられた課題に成果を上げているうちは，問題は顕在化しにくい。しかし，遅かれ早かれ，期待するほどには成果が上がらないという事態は生じるし，何より，仲間集団の中で葛藤を乗り越えて，親密な関係をつくるという場面で，ほころびが見えてくる。児童期は，保護者であり，支配者でもある大人との縦の関係から，同年齢集団での「対等」な対人関係をもつことを学んでいく時期となる。その過程では，葛藤や仲直りの経験が貴重になる。自立した個人として，社会の中で他者と共存していくためには，個人内の衝動統制に加えて，対人間でのお互いの欲求や衝動の統制（調整）を学んでいく必要があるのである。

　続く思春期は，課題を達成し，競争に打ち勝つとともに，新たに強くなる性衝動を統制しつつ，同性・異性と親密な関係をつくって，親から自立していく

ことが求められるようになる。思春期には，心身ともに成人に近い状態になり，被害者になっているばかりではなく，加害者になる力ももつようになる。非行行動の好発期である。いずれにせよ，自他ともに生かすことのできる責任ある成人となるには，衝動の外的統制を内在化し，内的な統制ができるようになることが必要となろう。

2 犯罪行動を変化させるための治療教育とは

[1] 非行・犯罪行動を支える反社会的思考とその背景にある否定的感情

　犯罪・非行という反社会的行動が「問題」とされる場合，本人は悩まずに，人を悩ますという選択がなされているといわざるをえない。ある意味で，本人は，悩まないために，不安や葛藤を抱きかかえることをせず，行動として発散させていく。そうした**反社会的行動**を可能にするためには，それを支える**反社会的な思考**（価値観，態度，認知の歪み）がある。例えば，「大人（親）だって勝手なことをやっているのだから，自分も勝手にやる」「相手（被害者）は嫌がっていなかった」「薬物使用は誰にも迷惑をかけていない」「相手が嘘をついたから殴った」等々である。

　ただ，その思考の偏りを扱っていくと，必ずといってよいほど，「感情」の問題にぶちあたる。例えば，親の「勝手な」行動で，悲しい，さびしいといった**否定的感情体験**をした人，「いじめ」にあい，みじめさや，くやしさ，恐ろしさを体験した人，人々にバカにされ，無力感，絶望感，不安感を体験した人，そのおかれた状況や体験はさまざまであるが，対人関係の中で，「被害者」として，否定的な感情を体験し，かつその体験をともに分かちあってくれる人間関係を十分にもててこなかったことは共通しているように思える。当初は，周囲にそうした否定的感情体験を含めて丸ごと聞いてくれる，受け止めてくれる人がいないという状況があるのだが，そのうち彼は，そうした「弱い」否定的な感情体験に「心の壁」を築き，感じなくなるし，気づかなくなる。ましてや，気持ちを言葉にして他者に伝えるといったことが難しくなる。「弱い」気持ちを，「怒り」や攻撃行動あるいは薬物乱用などによる感情のコントロールにす

りかえていく。周囲に「話せば聞いてくれる」「助けてくれる」人がいたとしても，それに気づかないし，他者に「頼る」ことを潔しとしない。自分の心の痛みに気づかない人は，他者の心の痛みを軽視（無視）することも容易である。

[2] 反社会的行動を変化させるためには

　こうした否定的な感情―思考―行動のパターンを，乳幼児期から児童期にかけて身につけてくると，思春期に入る頃には，自己イメージと対人関係にもつまずきが顕著になってくる。より早期から虐待的環境の中にいる「伝統的」非行少年は，自己評価が低くなっていることが多いが，不十分とはいえ，それなりに「特権的」に扱われてもいる「いきなり型」の少年の場合，自己評価が非現実的に過大であることも多い。とはいえ，この非現実的な自己評価は，過小な自己評価の裏返しで，非常に傷つきやすく，脆弱なものではあるが。対人関係のもち方は，お互いの欲求を調整していくことが苦手で，言い分や欲求を押し通されるか，押し通すかの一方的なものになりがちである。

　したがって，個人に焦点をあてて，反社会的行動をとらなくなるときを考えると，①「自分」をまとめる（過去―現在―将来がつながる，感情―思考―行動の反社会的パターンを向社会的パターンに変化させる，適切な自己評価がもてる），②言葉による内的統制力および対人関係調整力を身につける，③人とつながり，共存する，④職業生活の維持など現実の社会適応力を強化する，といったことが働きかけのターゲットとなろう。つまり，犯罪・非行に対する心理的働きかけは，情緒的，社会的，認知的発達を促進するような**発達的アプローチ**であり，基本的には，「教育」とよぶ方が適切である。発達を促進するという意味では，教え育てる「教育」であるが，いったん獲得した不適切なパターンを変化させ，そのうえで適切なパターンを獲得させるという意味で，ここでは「**治療教育**」という言葉を使用する。

3 犯罪・非行に対する治療教育プログラムの展開

[1] 日本の矯正保護における性犯罪者処遇プログラムの開始

　奈良の小学生女児誘拐殺人事件を契機に，「性犯罪者から子どもの安全を守る」ことについての社会の関心は，かつてないほどに高まった。アメリカの**ミーガン法**をはじめとして，欧米諸国では，性犯罪者の個人情報を「顔写真つきで（誰でもアクセスできる）インターネット上で公開している」というマスコミ報道もなされ，日本においても同様の対策をとるべきであるという世論も大きくなった。それを受けて，日本においては，刑務所出所者情報を警察に提供することとなり，一方で，法務省における「矯正教育プログラム」の充実が図られることになり，2006（平成18）年度から，性犯罪者の教育プログラムが実施されている。

　2006（平成18）年度には，全国20ヵ所の刑務所で実施される**性犯罪者の矯正教育プログラム**は，新確定受刑者のうち，性犯罪受刑者の中でも特に再犯のおそれが高いと評価された者（受講必要性の高い者）に対し，心理教育，グループワーク，宿題，個別面接によって，①**自己統制**，②**認知の歪みとその変容方法**，③**対人関係**と**親密性**，④**感情統制**，⑤**共感性**と**被害者理解**について指導を実施する。同時に，刑務所を仮釈放された者および保護観察付き執行猶予を受けた性犯罪者に対しては，全国の保護観察所において，①**性犯罪のプロセス**，②**認知の歪み**，③**自己管理と対人関係スキル**，④**被害者への共感**，⑤**再発防止計画**について指導を実施する。刑務所のプログラムはカナダのプログラムに，保護観察所のプログラムは，イギリスのプログラムにモデルを求めているが，実際には英語圏の性犯罪者治療教育プログラムは，相互の情報交換と人的交流によって，類似のものとなっており，両者ともに認知行動療法的アプローチをとるプログラムとなっている。

　こうした犯罪行動変化に直接働きかけるためのプログラムが，日本の刑務所および保護観察所で実施されることとなったのは，じつはかなり大きな「変化」を感じさせるものである。それを実感するためには，欧米における犯罪者・非行少年への治療教育プログラムの展開の歴史を少し振り返っておく必要

があろう。

[2] 欧米における矯正処遇プログラムの歴史的展開と日本の矯正保護
① 欧米の改善更生主義と日本の矯正

　刑事政策としての犯罪者処遇に関しては，近代以降，刑務所の改良，保護観察制度の導入，**教育刑**の導入など，長い歴史的展開があるが，再犯防止のための心理的働きかけが実践されるようになったのは，主として第二次世界大戦以降のアメリカにおいてである。2つの大戦に勝利したアメリカにおいて，社会の支配層である白人中産・知識階級が，犯罪・非行が多いとされた少数民族出身者や貧困層の人々を対象に，科学信奉とキリスト教的精神とに基づき，犯罪者・非行少年を改善更生させることに楽観的期待を抱き，多くの社会学的，心理学的プログラムが開発，実践された。

　しかし，1960年代，70年代に入り，公民権運動，フェミニズム，カウンター・カルチャーがさかんになり，アメリカ社会が変化してきた頃，刑事政策の分野においても流れが変化した。底流にあった流れを結晶化させる契機の1つとなったのは，マーティンソン（Martinson, 1974）が，これまでの犯罪者処遇の効果評価研究を再検討して，「再犯率を低下させるという効果を上げている矯正プログラムはない（Nothing work；**矯正無効論**）」と結論づけた論文であろう。この結論は，それまでの**矯正楽観主義**に冷や水を浴びせかけ，いったんは，改善更生および社会復帰のための矯正プログラムは，退潮をよぎなくされ，アメリカの刑事政策は，社会の右傾化を反映しつつ，犯罪行為に見合う刑罰（**just desert**；ジャスト・デザート）をという名のもとに，厳罰化の方向へ進んだ。

　日本の刑事政策はヨーロッパの影響を強く受けてきたが，第二次世界大戦敗戦後，アメリカの占領を受けて，当時アメリカで興隆した科学主義に基づく施策が導入されている。特に，非行少年に対しては，**家庭裁判所**が設置され，**家庭裁判所調査官**の調査および**少年鑑別所技官**の資質鑑別が，医学，心理学，教育学，社会学その他の専門的知識に基づいて行われることとなるなど，「心理学」が入る基盤ができたといってもよいであろう。

　とはいうものの，日本の刑務所は，規律秩序の維持と**刑務作業**を二本柱として，工場担当職員を中心として，「無事に刑期を勤め上げさせること」を目標

に運営されてきたといっても過言ではあるまい。アメリカ社会が混迷し，アメリカの刑務所が過剰収容と保安事故続発に悩んでいる頃，ちょうど日本社会が"Japan as No.1"とのよび名を耳にした頃，日本の刑務所は，「世界に冠たる日本の矯正」として，保安事故の少なさ，**規律維持**と刑務作業および職業訓練の成果に誇りを抱いていた。アメリカで吹き荒れる「反矯正」「反改善更生」の嵐は，「対岸の火事」として，日本の矯正への自信を深めていたのである。しかし実際には，日本にはアメリカ流の意味での「**矯正プログラム**」や「**改善更生主義**」は存在しなかったという方が現実に近いと考える。

② Nothing work から Something work へ

その間に，欧米では，改善更生主義者，社会復帰促進論者たちの巻き返しが行われており，"Nothing work"説に対して，「特定の人々に，特定の働きかけをすると，一定の再犯低下率を得ることができる」という"Something work"説が提唱されるようになった。この特定の人々というのが，「薬物乱用者」であり，「性犯罪者」である。1980年代になると，北アメリカをはじめとする英語圏では，サイコロジストたちが，性犯罪者の性犯罪行動変化に焦点をあてた矯正プログラムを開発，実践し，精力的に**処遇効果評価**を実施するようになったのである。「性犯罪者たちに，認知行動的アプローチを用いたプログラムを実施すると，15～30％の再犯率低下効果を上げることができる」ことを実証していったのである。彼らは，政策の**対費用効果**も計算し，「拘禁＋厳罰よりも**再犯防止効果**は高く，費用は安い」ということを説得的に示し，政策に影響を与えてきた。

日本においてもようやく，犯罪行動変化のためのプログラム導入への第一歩を踏み出したといってよいであろう。この動きは，その少し以前から生じていた，犯罪被害者の声や社会の人々の安全と安心を求める声の高まりの影響が大きいと考える。性犯罪者への矯正プログラムの導入に先立ち，矯正施設においては，加害者に「**被害者の視点を教える**」教育の必要性が認知されるようになり，さまざまな働きかけの試みがなされるようになっている。欧米諸国で生じていた被害者支援および刑事司法における被害者の新たな位置づけと，犯罪行動変化のためのプログラムが，20～30年のタイムラグを経て，日本にも導入されうる時期にきているのであろう。

もちろん日本においても，特に未成年者を対象として，**児童自立支援施設**や**少年院**を中心として，非行少年への教育的働きかけが熱心に実施されてきた。前者においては社会福祉の枠組みの中で，「**生活を通しての育ちなおし**」が図られ，後者においては，**職業訓練**や**生活指導**を通じての情操教育が目指されている。どちらも非行少年の社会化にとって必須の要点をとらえており，経験の積み上げと研鑽による知識の集積は注目するべきものがある。とはいうものの，現在必要とされていることは，全体的な人格の成熟を促進する働きかけとともに，特定の犯罪行動の変化に焦点をあてた介入プログラムを追加し，再犯罪を少しでも低下させることによって，被害者を減らし，加害者にとってもより有意味な生活を送れるよう援助，指導することであろう。

4　犯罪行動変化のための心理臨床とは

[1] 一般的心理臨床と犯罪・非行心理臨床との同異

　性犯罪行動をはじめとして，犯罪行動変化のためのプログラムを中心となって開発，実践してきているのは，欧米ではサイコロジストおよびソーシャルワーカーたちであるが，彼らの実践は日本でこれまで「心理臨床」としてイメージされているものとは，少し趣きを異にするかもしれない。日本で「心理臨床」というと，面接室内で，「深い」個別面接により，クライエントの「内面」をじっくり**受容**，**傾聴**，**共感**して，変化に寄り添うというイメージがあるかもしれない。

　日本の法務省でも導入しようとしている欧米英語圏の犯罪行動変化のためのプログラムは，既述のように認知行動療法的，心理教育的アプローチが中心である。また，犯罪・非行行動変化のための働きかけは，個人療法と集団療法との併用が最善であるが，どちらか1つを選択しなければならないとしたら，第一選択肢は，**集団療法**であるとされる。グループでさまざまなワークを行いながら，行動と認知を変化させていこうとするのである。日本の心理臨床実践において高く評価されると思われる，「深い」内面的理解や面接者とクライエントとの「強い」絆は二の次になる。そういったものを求めて心理臨床家を目指

している人にとっては,「表面的」で「浅く」, 物足りないと感じられるかもしれない。

しかし実際には, 表面的でもなければ浅くもない。どのようなアプローチを基盤にするとしても, 大切なのは, 本人の主体性を尊重し, それを脇から支援するための工夫をするという一点である。

別の言い方をすれば,「心から入り形に至る」か「形から入り心に至る」か, という入り方の相違であって, 受容, 傾聴, 共感といった心理臨床の真髄を共有することには変わりない。しかし,「行動」が問題となる犯罪・非行臨床においては, まず問題となっている「行動」から入り, 本人を脅かすことが少ない「認知」に手を入れ, 必要性および可能性に応じて「感情」を扱う方が, 自然かつ安全であり, 効果を上げやすいと筆者は考えている。いずれにせよ, 求めている犯罪「行動」の変化が生じる際には, まず知的理解が生じ, 続いてそれを裏打ちする感情の変化が生じることが多いが, 真の行動変化は認知と感情の両方がそろったときである。

8割方は一般の心理臨床と相違ないが, 犯罪・非行臨床には加えて, 犯罪・非行行動に関する知識, 評価と治療の技術, 治療者自身の加害と被害への態度の自覚および司法制度などに関する知識といった, いくらかの特別な技術, 知識, 自覚が必要になる。本書では, 心理学とは直接関係はないが, 犯罪・非行臨床を実践するうえでは不可欠な, 日本の**司法制度**と**処遇システム**に関する基本的説明を第9章で行う。続く第10章と第11章とで, **アセスメント**と治療教育に関するより具体的な技法等について述べ, 第12章で, 加害者の治療教育を実施するものが知っておくべき,「**被害者**」について論じている。詳細は, それらの章に譲って, 本章では, 以下に, 犯罪・非行臨床を実践するうえで前提となる, 留意すべき3つの点について述べる。

[2] **安心・安全な枠組みづくり**
① 安心・安全な枠組みづくりとは

犯罪・非行行動に関わる臨床を実践する場合, まず「**安心・安全な枠組みづくり**」がポイントになる。犯罪・非行行動の前歴のある人は, ない人に比べ, 今後同様の反社会的行動をとる危険性は高い。特に暴力行為は, 本人にとって

は非常に即時的効果のある有効な「問題解決手段」と位置づけられている。治療者や周囲の人々が、この暴力行為によって被害を受けるような状況では、「心理療法」など問題外である。心理臨床家が、「話せばわかる」と言っているうちに、「問答無用」と殴られてしまっては、それこそ「お話にならない」。まず、話ができる状況（枠組み）をつくることが大前提なのである。

　暴力行動を抑えるとか、枠組みをつくるというと、すぐに「強権的な」「硬い」「力による」枠組みを連想する人もいるかもしれないが、そうではない。「強権的」枠組みは、力と力のぶつかり合いを生じさせ、暴力行為をかえってエスカレートさせる危険性が強い。一時的には、「強い力」によって暴力行為を抑え込んだとしても、ある意味で別の暴力に置き換わっただけで、暴力が有効であるという信念を強化することになる。誰にとっても、ずっと力による「支配」を続けることは、とても生きづらいことではあるまいか。

　ここでいう枠組みづくりとは、本人が、「とりあえずここでは暴力行動をしない方が得だという判断をするような」状況を整えるという意味である。例えば、周囲の人々が一致団結して暴力行為に否定的であること、本人の安全と安心が確保されていて、周囲の人を信頼できて、暴力をふるわない方が自分の欲求が満たされると本人が思えること、暴力をふるっても欲しいものは得られそうにないと本人が思えること、などである。基本的には、**公正で**、**予測可能で**、努力が報われる実感のある状況をつくることが大切であろう。

　暴力が「（本人の中で）ふるい得」になっているうちは、なかなか暴力行動は収まらない。実際に物理的な力を行使する必要があるのは、本人が自暴自棄になって、判断を停止して暴れまわるといったときだけであろう。その場合でも、本人の暴力行為を抑えるための力以上に物理的力を行使してはいけない。難しいことであるかもしれないが、暴力に対して、暴力以外のより適切で効果的な問題解決の方法を本人に示していくことが求められているのである。

② 安心・安全な枠組みのつくり方

　刑務所、少年院、児童自立支援施設などの公的機関による施設内で働きかける場合には、それぞれの施設の特質により、この枠組みができていることが多い。基本的には、予測可能な、規則正しい日課に基づく**生活のリズム**、職員や他の収容者たちとの少なくとも暴力的ではない関係、**信賞必罰**、**職員集団の一**

致団結体制といったことが構造化された枠組みを提供し，多くの場合，入所当初はともかく，生活に慣れ，安心感がもてるようになると，自分の問題に取り組む姿勢が出てくると考えている。

施設では，犯罪性の高さ，年齢，性別など対象者の性質と施設の特質に応じて，程度の違いはあるが，物理的な力の存在や**ルール**もはっきりしている。たとえ外から見て，不要に思えるルールや枠組みであったとしても，長年の経験に基づいてできているものであり，それを変更する際には，相応の配慮が必要となる。ただし，一度できあがった枠組みは，それ自体が目的化して硬直化するという傾向もあり，なぜこの枠組みが必要であるのかを考え，暴力行動を抑制しつつ，本人たちの自覚と変化を促進するよりよい枠組みはどのようなものであるのかということを常に工夫することは大切であろう。同時に，収容者の衣食住をはじめとする生活環境や職員集団の士気や雰囲気をよいものに維持するための「運営」が，根幹として，治療教育や処遇の質を左右することを指摘しておく。

対象者が社会内で生活したまま，犯罪・非行行動の変化に向けて働きかけをするとなると，本人および他者に危害を加えるおそれのある行動化の危険性については，さらに敏感である必要がある。施設内とは異なり，対象者の行動について，「目の届かない」ことがほとんどとなるし，犯罪行動が生じた家庭・学校などの生活環境の中でそのまま生活していることがほとんどだからである。社会内で治療教育を実施する際には，新たな被害者が出るのを防ぐこと，加害者本人も新たな行動化によってさらに問題を拡大化・複雑化させることを防ぐ責任がある。

ポイントの1つは，どれだけ嘘と隠しごとのない関係を築けるかということであろう。失敗やつまずき，嘘や隠しごとは必ずといってよいほどつきものであるが，それを知ったうえで，再犯につながるような嘘や隠しごとには敏感であり，「変だな」と感じたら，それについて丁寧に聞くということが，非常に大切である。

さらに，鍵となるのは，「**アセスメント**」と「**ケースワーク**」である。アセスメントについては，この対象者および彼（女）の生活環境には，どのくらい活用できる資源（リソース）があるのかを見極め，それに応じた枠組みの自由

度（緩やかさ）を選択することが重要な目的の1つとなる。一般に，本人の犯罪性が低く，活用できるリソースが多いほど，自由度の高い枠組みが有効であると考える。本人と生活環境のリソースがあると評価された場合，そのリソースを最大限に活用するべく，家庭や学校，職場，あるいは他の関連機関，支援者たちと連携・協働する体制を整えていけるかどうかがポイントとなろう。施設内から社会内に生活の場を移すときも，こうしたケースワークの重要性はいくら強調してもしたりないほどである。

[3] 変化の段階に応じた介入

ディクレメンテ（DiClemente, 2003）によれば，行動の変化は，単なる量的な増大ではなく，それぞれに固有の課題を伴うプロセスであり，問題行動の変化への態度・行動の段階に応じて，適切な介入が異なるので，治療者はそれを見極め，変化のプロセスを促進するような援助をすることが重要になる。具体的な**変化の段階**とその特徴，適切な介入，次の段階への移行を示すサインは以下のようである。

① 前考慮段階

本人は変わることをまったく考えていない。「強制」されて治療に「参加」したとしても，実際にはコミットしない。公言するしないにかかわらず，問題行動は，マイナス面よりプラス面の方が多いと思っている。この段階にある場合，「行動変化」に焦点をあてると逆効果であることが多い。必要なのは，変化への動機づけである。うまくいくと，「問題」を認め，問題とされる行動のマイナス面への気づきを高める。

② 考慮段階

変化を考えはじめる。問題に関係する情報を求めはじめる。変化に伴うマイナスとプラスを比べる。必要な介入は，問題行動に関する適切な情報を提供し，問題意識を高めることと，自分と環境についての見直しを促進することである。うまくいくと，「変化」することを自分で意思決定する。

③ 準備段階

変化のための準備完了である。引き続き，意識啓発と自他の再評価を進めつつ，実際の変化のための行動に焦点を移していく。コミットメントと自己開示

を促す。変化の目標と優先順位，行動プランができたら次の段階である。
　④　**実　行　段　階**
　変化のための行動を実践する。問題行動への逆戻りを防止するスキルを学ぶ。この段階に至ると，認知・感情の変化，社会的技能の習得，ソーシャルサポートの活用，ハイリスク状況への気づきと対処方法の獲得等，行動変化のための具体的な介入が功を奏する。行動が変化し，自己効力感が強まる。
　⑤　**維　持　段　階**
　達成した変化の維持に努める。逆戻りや再発回避のために注意を払う。必要な介入は，新しいライフスタイルの支援，決意や自己効力感の確認，新たな対処スキル獲得支援，支持的接触等，変化した行動の維持のための介入が適切である。

[4] 変化への動機づけ

　犯罪・非行臨床と一般臨床との大きな違いは，少なくとも治療初期の段階で，本人自身が**変化への動機づけ**を強くもっているかどうかということがある。犯罪・非行臨床では，外的強制力によって，介入を受けざるをえなくなって治療の場に現れている場合も多く，また犯罪・非行行動は，本人にとっては何らかのメリットがあって行っていることであり，手離すことへの抵抗感が強いことから，変化の段階でいえば，最初の2つの段階，前考慮段階と考慮段階では，変化への動機づけをいかに行うかが，その後の治療経過を左右するといっても過言ではない。ポイントは，「よいセールスパーソン」を心がけるというところであろうか。すなわち，勧める商品（犯罪行動変化のための方法）の価値を熟知しているが，けっして押し売りせず，本人が欲しくなって買うということを目指す。
　ミラーとロルニック（Miller & Rollnick, 2002）によれば，**モチベーショナル・インタビューイング**は，個人の選択の自由を尊重し，自己破壊的な行動のサイクルに陥れている変化に関する**両価的態度**から本人が自由になるのを援助することで，その人が本来もっている変化への力を解放し，自然で，肯定的な変化の過程を開始させることを意図している。面接やカウンセリングではなく，文字通り interviewing（一緒に見る）するのである。

モチベーショナル・インタビューイングの基本原則は，以下の4つである。
① 共感を表明する
ロジャース（Rogers, C.）のクライエント中心療法における受容と傾聴は，モチベーショナル・インタビューイングの第1の基本原則である。ここでは変化への両価的態度は普通のことであり，それを解決することが変化へとつながると見なされる。このことは当たり前のことであるように思えて，しかし案外実践が難しいことである。特に，反社会的行動変化を意図している場合には難しい。「正しいことをしている」と信じている善意の治療者ほど「共感」が難しくなる。しかし，変化への両価的態度があるからこそ，その行動が嗜癖化しているのであり，それが当然とわかってくると比較的容易になるし，実際，やむにやまれない何かがあってそうなっているのだということが徐々に治療者にもわかってくることが多い。
② 食い違いをつくり出す
変化は，現在の行動と重要な個人目標や価値との間に知覚された食い違いによって動機づけられる。ただし，この目標や価値は，治療者のそれではなく，本人自身のものであることが大切である。変化を語るのは本人であって，治療者ではない。ここでいう食い違いは，変化の重要性に関わることであり，達成されるべき行動変化の量としての行動上のギャップではない。ギャップが大きすぎると，自信がもてずに，かえって動機づけが低減する可能性がある。例えば，「クリエイティブになるために」薬物を使用しはじめた人が，薬物を乱用することによって，実際には，何もできなくなっていたことに気づいた場合，自分にとって大切な目標と実際の行動とのその食い違いが変化への動機となりうる。
③ 抵抗とともに転がる
「抵抗」とよばれる行動は，治療者がアプローチを変える必要があるというサインとして理解される。「抵抗」は関係性において生じるものであり，治療者がどのようにそれに反応するかが，それを減少させるか増加させるかに影響すると考える。「変化」について言い争ったり，「抵抗」に対して真っ向から対抗したりはしない。例えば，「薬物使用でクリエイティブになる」と述べたとして，「なりっこない」などとガチンコしても無駄である。むしろ柔道か合気

図 8-1　「正したい病」をやっつけろ
（出典）　藤岡, 2006。

道のように相手の力を活用して,「クリエイティブになるんだあ……どんなふうに？」などと一緒に同じ方向に転がる方がよいようだ。その話を傾聴するうちに,本人にとっての「クリエイティブであることの意味」が,本人にも治療者にも見えてくることが多い。

④ 自己効力感を支援する

「変化は可能である」という信念は重要な動機づけである。希望がなければ努力もなされない。変化への責任は本人にある。これは,その人が変化できると信じていることを前提としている。誰も本人に代わって人生を生きることはできないし,変化を成し遂げることもできない。本人が望み,信じ,努力するなら周囲も支援することができる。自助グループなどで,変化の実例を見ることは大きな勇気づけとなりうる。

図 8-1 に示すように,面接開始時には,クライエントと面接者の考え方は,かけ離れた位置にある。特に,非行・犯罪行動を扱う場合は,面接者の方が,すべて自分が「正しい」という前提をもちやすく,対象者の誤りを「正そう」としがちであるが,これをすると変化への動機づけはうまくいかないことが多い。基本技として,「傾聴,受容,共感」を行い,クライエントの見方,感じ方にチューニングしながら,応用技として「質問,照らし返し,まとめ」などを使って,少しずつ「別の視点」を入れていく。時として,必殺技として「直面化」を使い,被害者や社会の見方を教えていく。最終的には,どちらかが,すべてが正しいというわけではなく,治療者にもクライエントがそういう行動をとってきた背景がより理解できる感じがするし,クライエントも,他者の視点

を獲得していき，そこそこのところで落ち着く気がする。そうなると，治療は終結である。

文献案内 BOOK GUIDE

大河原美以（2004）．『怒りをコントロールできない子の理解と援助——教師と親のかかわり』金子書房
　▷攻撃行動の背景にある否定的感情の役割と，その統制が難しい子どもへの援助方法がわかりやすく述べられている。
針間克己（2001）．『性非行少年の心理療法』有斐閣
藤岡淳子（2001）．『非行少年の加害と被害——非行心理臨床の現場から』誠信書房
藤岡淳子（2006）．『性暴力の理解と治療教育』誠信書房
　▷非行・犯罪の理解とその治療教育について，性非行を中心に詳述されている。
フリーマン，A．／遊佐安一郎監訳（1989）．『認知療法入門』星和書店
ベック，J. S.／伊藤絵美・神村栄一・藤澤大介訳（2004）．『認知療法実践ガイド 基礎から応用まで——ジュディス・ベックの認知療法テキスト』星和書店
　▷認知療法の基本的事柄がわかりやすく述べられており，認知行動療法の初学者が学ぶのに，適している。

【藤岡淳子】

児童相談所

コラム ⑧

　児童相談所は，児童福祉法12条に基づき，各都道府県，政令指定都市に必ず1カ所以上設置されている相談機関である。

　児童相談所では，0歳から18歳までの児童に関する，あらゆる相談を受けている。近年急増している児童虐待相談以外にも，非行相談，障害相談，健全育成相談（しつけ，学校不適応等），養護相談（施設入所，里親利用等）といった多様な相談が，家庭や学校，児童本人，地域の関係機関等から寄せられている。近年，行政組織の改編の流れの中で，児童相談だけでなく，女性相談，DV（配偶者間暴力）相談，青少年相談，大人の障害相談等の機能をあわせもつような複合化，総合化が全国的に進んでいる。

　児童相談所には，一時保護所が設置されている。そこでは，緊急保護が必要な場合を含め，一時的に家庭等から保護した児童の行動観察を行うとともに，児童福祉司が中心となって，家庭や施設等との調整を行い，児童に対する今後の支援方策を検討する。児童相談所では，児童福祉司（ケースワーカー）以外に，精神科医，児童心理司，保育士，栄養士等，多様な専門職が働いている。相談を受理すると，児童福祉司は社会調査により社会診断，児童心理司は心理検査等により心理診断，精神科医は診察等により医学診断を行い，それらをあわせて総合診断とし，処遇方針を決定している。

　児童相談所で働く児童心理司の主な業務は，各種心理検査を利用した心理アセスメント，療育手帳等福祉サービスにかかる判定，児童や保護者に対する心理療法（プレイセラピー，カウンセリング，グループワーク等），さらに，児童，家庭，学校，関係施設等への助言等である。

　近年は，虐待相談の急増，相談の複雑化等により，業務は多忙を極め，相談受理から処遇方針の決定までに，迅速な対応が求められている。児童心理司の仕事も，心理診断や助言等が多くなり，心理療法のように継続的に関わる時間の確保が，難しくなってきているのが実情である。

　児童福祉の専門職として，児童の視点に立つ姿勢が必須である一方，さまざまな児童問題が，児童をめぐる「大人」の問題でもあることから，保護者をはじめ，大人に対する支援も欠かせない。その狭間にあって，葛藤やストレスを感じることも多いが，乳幼児から青年までの幅広い年齢層の多様な側面にふれることのできる貴重な仕事であることに変わりはない。

【浅野恭子】

児童自立支援施設

コラム⑨

　児童自立支援施設は，児童福祉法により，都道府県に設置義務がある児童福祉施設である。「不良行為をなし，又はなすおそれのある児童及び家庭環境その他の環境上の理由により生活指導等を要する児童」を入所もしくは保護者のもとから通所させ，その自立を支援することを目的としている（児童福祉法44条）。

　児童自立支援施設が，他の児童福祉施設と異なる大きな特徴は，施設内に学校があり，生活のすべてが施設の敷地内で完結できる点である。一方，少年院等の司法系施設とは異なり，施錠されない開放施設でもある（2つの国立児童自立支援施設の強制措置寮を除く）。

　児童自立支援施設は，教護院時代から，「生活指導（暮らしの教育）」「作業指導（働く教育）」「学科指導（学ぶ教育）」を3つの柱として指導を行ってきている。伝統的な指導形態は，「小舎夫婦制」で，夫婦の職員が同じ屋根のしたで，衣食住をともにしながら，10名前後の児童の指導にあたっている。近年は，人材確保の困難さなどもあり，夫婦制から交代制に移行する施設も多くなっている。

　児童自立支援施設への心理職配置は必須ではない。2005年度に心理職を配置している施設は，全国で21カ所あるものの，そのうち心理業務専任の常勤配置は，8施設にとどまっている。

　そうした中，2006年度に，児童虐待等，要保護児童対策充実の一環として，心理療法担当職員（常勤）の配置が国で予算化された。児童自立支援施設に心理職が配置される素地がつくられたといえるだろう。

　しかし，心理職の仕事は，児童自立支援施設の職員に，なかなか理解されにくい現状がある。例えば，「心理療法」とはいったい何をしているのかわからないがゆえの抵抗感をもたれる場合も多い。この職場では，生活指導として寮担当職員が行う面接と，心理職が行う面接がどう違うのかといったことも含めて，心理職の仕事について理解を得る努力が，まずは必要である。

　いまのところ，児童自立支援施設で心理職が担うべき役割は，明確には決まっていない。それだけに苦労も多いが，児童や家庭，地域，また施設のニーズをとらえながら，心理職の機能をどう発揮していくかを，創造的に模索していくことができる職場であるともいえるだろう。

【浅野恭子】

第9章

犯罪者・非行少年の処遇システム

1 犯罪者・非行少年の処遇システムの流れ

[1] はじめに——本章の構成および定義

　本章では，犯罪が発見されてから，犯罪者・非行少年に対し，最終的に刑罰・保護処分などの処遇決定がなされるまでのシステムについて概説する。

　日本では，20歳未満の非行少年と20歳以上の（成人）犯罪者とでは，処遇システムは異なっている。被害としては加害者の年齢は関係ない，少年の処分は軽すぎる，刑罰を受けてから治療にあたるべきだといった声も聞かれる。しかし，少年と成人とで処遇システムを異にすることは，世界的な動向であり，国際条約や国際連合規則等における要請でもある。

　そこで以下では，まず現行法の日本の処遇システムの流れを概観し，続いて関係機関の役割・機能について概説する。そのうえで，日本の処遇システムの基本原則について述べ，最後に国際条約や国際連合規則・ガイドラインなどをふまえた国連・子どもの権利委員会からの勧告にふれることで，今後の処遇のあり方を示すこととする。

　なお，本章においては，特に断らない限り，「（成人）犯罪者」および「非行少年」という言葉を次の意味で用いることとする。すなわち，（成人）**犯罪者**とは，20歳以上の成人で，刑法で定められた犯罪に該当する行為をした責任能力のある者をいう。また，**非行少年**とは，①**犯罪少年**，つまり，刑法に該当す

る行為をした14歳以上20歳未満の少年，②**触法少年**，つまり，刑法で定められた犯罪に該当する行為をした14歳未満の少年，③**虞犯少年**，つまり，保護者の正当な監督に服しない性癖があること，正当な理由なく家庭に寄りつかないこと，犯罪性のある人あるいは不道徳な人と交際したり，いかがわしい場所に出入りすること，自己または他人の特性を害する行為をする性癖があること，のいずれかの事由が認められ，かつ，その性格または環境に照らして，将来，刑罰法令にふれる行為をするおそれがあると認められる行状がある少年，これら①～③のすべての少年をいう（少年法3条1項1～3号）。

[2] 犯罪者の処遇システムの流れ

犯罪者の処遇システム（図9-1）は，3段階に分けられる。すなわち，必要に応じ被疑者の身体を拘束し，証拠を収集する「**捜査段階**」，事実を認定して量刑を決定する「**裁判段階**」，その裁判に基づく刑の執行と一定の治療教育，および，受刑後あるいは執行猶予付判決を言い渡された者の保護観察を行う「**執行・治療教育段階**」である。

これらの手続きのうち，「捜査段階」および「裁判段階」については，刑事訴訟法・同規則によってその処遇システムの流れが，刑事収容施設及び被収容者等の処遇に関する法律（2006年5月24日施行），および刑事施設ニ於ケル刑事被告人ノ収容等ニ関スル法律によって勾留中の被告人の拘置所等における処遇に関する事項が，それぞれ規定されている。また，「執行・治療教育段階」については，刑事収容施設及び被収容者等の処遇に関する法律や犯罪者予防更生法，執行猶予者保護観察法，保護司法，更生保護事業法，恩赦法によって，それぞれの具体的な処遇に関する事項が規定されている。

① 捜査段階

捜査機関つまり警察あるいは検察官は，被害届が警察に提出されるなどの**捜査の端緒**により犯罪が生じたと思料するときは，捜査を開始する。

捜査の結果，警察が検挙した事件については，**微罪処分**つまり検察官があらかじめ送致不要と指定した軽微事件や反則金の納付のあった道路交通法違反等を除き，すべての事件が検察官に送致される。検察官は，警察官と協働して，それらの送致事件について，**被疑者**（罪を犯した疑いを受け，捜査の対象となっ

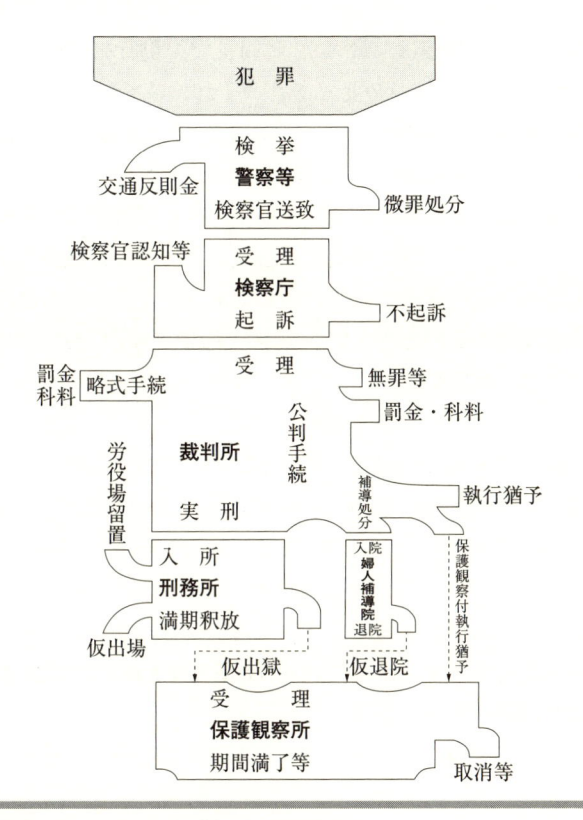

```
                    ┌─────────┐
                    │  犯 罪  │
                    └────┬────┘
                         │
          ┌──────────────┴──────────────┐
          │        検 挙                │
  交通反則金 │       警察等               │ 微罪処分
          │      検察官送致              │
          └──────────────┬──────────────┘
                         │
  検察官認知等 ┌──────────┴──────────┐
          │        受 理              │
          │       検察庁              │ 不起訴
          │        起 訴              │
          └──────────────┬──────────┘
                         │
              ┌──────────┴──────────┐
   罰金   │略式手続│    受 理         │ 無罪等
   科料   │       │                  │ 罰金・科料
          │       │   裁判所         │
          │ 労役場 │公判手続          │
          │ 留置   │                  │ 執行猶予
          │       │   実刑           │補導処分
          └──────┬────────┬─────────┘
                 │        │        │ 保護観察付執行猶予
          ┌──────┴──┐  ┌──┴──┐    │
          │  入 所  │  │入院 │    │
          │ 刑務所  │  │婦人 │    │
          │満期釈放 │  │補導 │    │
          │        │  │院   │    │
          │ 仮出場 │  │退院 │    │
          └────┬───┘  └──┬──┘    │
           仮出獄       仮退院      │
                 ↓        ↓        ↓
          ┌──────────────────────────┐
          │        受 理              │
          │      保護観察所           │ 取消等
          │      期間満了等           │
          └──────────────────────────┘
```

図 9-1 刑事司法における犯罪者（成人）処遇の流れ
（出典）法務省法務総合研究所, 2006。

ている人), 被害者, その他参考人の**取り調べ**, 人の身体, 物, 被疑者宅, 現場などの**捜索**, 証拠物品の**押収**（差し押さえや任意提出された後の領置), 被疑者等を立会人として現場等において現状や犯行再現状況等の写真撮影をするなどといった五感の作用を使っての対象の状態や性質を認識する**実況見分**（任意）あるいは**検証**（強制), DNA 鑑定といった専門知識や経験を有する鑑定受託者に対し検査結果等の報告を求める**鑑定嘱託**などの捜査を行う。

被疑者は, 捜査段階においては, 証拠隠滅や逃亡のおそれなどがあるために逮捕・勾留されている場合と, そのような身体拘束がない場合（在宅）とがあ

第9章 犯罪者・非行少年の処遇システム —— 163

る。前者の場合には，**逮捕**は，最大72時間まで，現行犯逮捕を除き原則として裁判官の発付する逮捕状が必要であり，それに続く**勾留**は，原則として10日間だが，事案複雑等の事情が認められる場合にはさらに最大10日間（内乱罪等国家に対する重罪事件は最大15日間）の**勾留延長**がなされることがあり，裁判官の発付する勾留状が必要である。逮捕・勾留は，被疑者の身体拘束を伴う強制処分であることから，時間的制約が法定され，かつ，裁判官が原則として事前に発付した令状が必要とされているのである。また，勾留場所は，法律上は拘置所・拘置支所が原則とされているが，実際の運用においては大多数が警察の留置場である（**代用監獄**とよばれ，捜査主体たる警察署の支配下に身体拘束することは自白強要の温床になる等の批判がある）。ちなみに，逮捕されるのは，被疑者（交通業過および道路交通法違反事件を除く）の30％程度，そのうち引き続き勾留されるのは93％程度であり，70％程度は在宅のまま捜査が進められる。

検察官は，捜査を遂げると，処罰の要否（被疑者の性格・年齢・環境，犯罪事実の軽重，および，示談・反省・監督者の有無などの情状や犯罪後の状況），証拠の程度，その他の諸般の情況を考慮して，裁判手続きによる処罰を求める起訴処分とするか不起訴処分とするかを決める（**起訴便宜主義**または**起訴裁量主義**）。

② 刑事裁判段階

起訴された事件の裁判は，**公判手続き**による場合と**略式手続き**による場合とがある。

略式手続きとは，簡易裁判所が検察官の請求により書面審理のみで被告人に50万円以下の罰金または科料を科する裁判（**略式命令**）をする手続きのことである。起訴された事件のうち83％程度が略式手続きによって処理され，うち交通事犯つまり道路交通法違反と業務上過失致死傷罪が大多数を占め，それ以外の犯罪についても起訴された事件の30％弱が略式手続きで処理されている（図9-2，図9-3）。

勾留中の**被告人**（起訴後は，被疑者は被告人とよばれる）は，起訴後も勾留が自動継続され，公訴提起のあった日から2カ月間，その後は1カ月単位で延長が可能となる。勾留場所は，実務上余罪取り調べの必要性等がない限り，多くは警察の留置場から拘置所・拘置支所へ移される。なお起訴後は，捜査が終わり証拠隠滅の危険がなくなり，裁判への出頭確保が主たる勾留目的となること

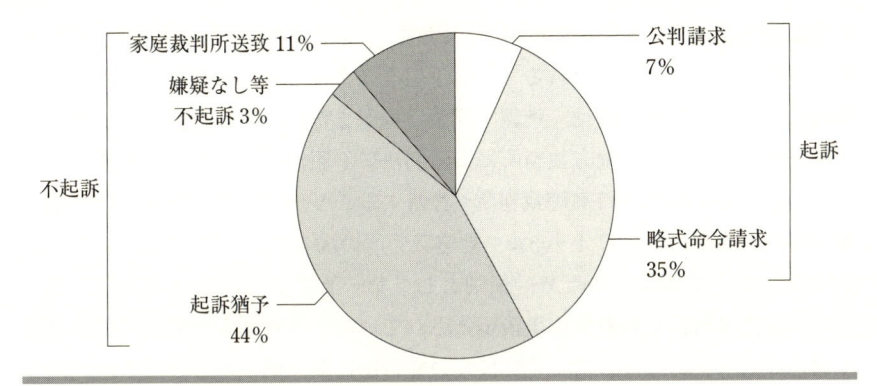

図9-2 2004年度検察庁終局処理人員の割合
(注)『検察統計年報』による。

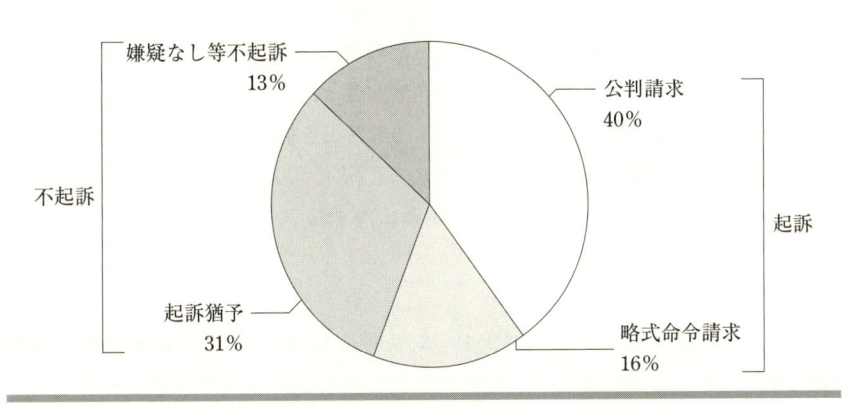

内訳：
- 家庭裁判所送致 11%
- 嫌疑なし等不起訴 3%
- 起訴猶予 44%
- 略式命令請求 35%
- 公判請求 7%

不起訴：家庭裁判所送致、嫌疑なし等不起訴、起訴猶予
起訴：略式命令請求、公判請求

図9-3 2004年度成人犯罪者検察庁終局処理人員の割合（交通事犯を除く）
(注)『検察統計年報』による。

内訳：
- 嫌疑なし等不起訴 13%
- 起訴猶予 31%
- 略式命令請求 16%
- 公判請求 40%

不起訴：嫌疑なし等不起訴、起訴猶予
起訴：略式命令請求、公判請求

から**保釈**，つまり一定の保釈保証金の納付により釈放され，もし裁判期日に出頭しなければその保証金を没収するという心理的強制によって出頭確保をすることが一定の場合に許される。

公判手続きとは，いわゆる正式裁判の手続きのことである。公開の法廷において1カ月に平均1，2回の頻度で裁判が開かれる。公判手続きでは，裁判所が有罪かどうかという事実認定をし，情状などをふまえて量刑を決めるために

必要な証拠調べ（書証等の提出，被告人質問，目撃者や復帰後被告人を監督する親族らの証人尋問など）が行われる。公判手続きによって有罪と認定された場合は，判決によって，死刑，懲役，禁錮，罰金，拘留または科料が言い渡される。

　第一審の簡易または地方裁判所による判決に不服があるときは，判決言い渡しの日から2週間以内に高等裁判所へ**控訴**することができる。控訴率は，第一審が簡易裁判所の場合に4～5％，地方裁判所の場合に約10％である。第二審（控訴審）は，濫訴防止のため，原則として第一審判決当時の証拠のみに基づいて原判決の当否を判断する事後審とされている。もっとも，実際には，職権で例えば第一審判決後の情状事実について自由に取り調べることができ，70％以上のケースで新たな事実の取り調べが行われたうえで，判決が言い渡される。さらに，第二審の判決に不服があるときは，判決言い渡しの日から2週間以内に最高裁判所へ**上告**することができる（三審制）。なお，判決確定後の事後救済手続きとしては，事実認定の誤りがあった場合に本人等から判決を言い渡した裁判所に対しやりなおし裁判を求める**再審制度**と，法令解釈の統一を主な目的とする検事総長による最高裁判所に対する**非常上告制度**がある。

③　執行・治療教育段階

　執行・治療教育段階については第11章にゆずる。

[3] 非行少年の処遇システムの流れ

　非行少年の処遇システム（図9-4）は，「捜査段階」「**調査・審判段階**」「**刑事裁判段階**」「執行・（社会内・外での）治療教育段階」の4段階に分けられる。

　非行少年の処遇システムについても，捜査機関が捜査したうえで，裁判所が犯罪・非行事実の有無を証拠に基づいて認定し，それに対して一定の処分を決するという面では成人と共通している。よって，「捜査段階」「調査・審判段階」および「刑事裁判段階」においては，原則として成人の場合と同じ法律（刑事訴訟法等）が適用される。もっとも，非行少年の場合には少年の情操に配慮しながら，少年の健全な成長・発達を図るための保護処分を決定することが要請される（**保護主義**）。そこで，非行少年の場合には，こうした保護主義の理念を盛り込んだ少年法が，刑事訴訟法の特則として優先的に適用される一方，少年保護事件の性質に反しない限りにおいては刑事訴訟法の規定が適用される

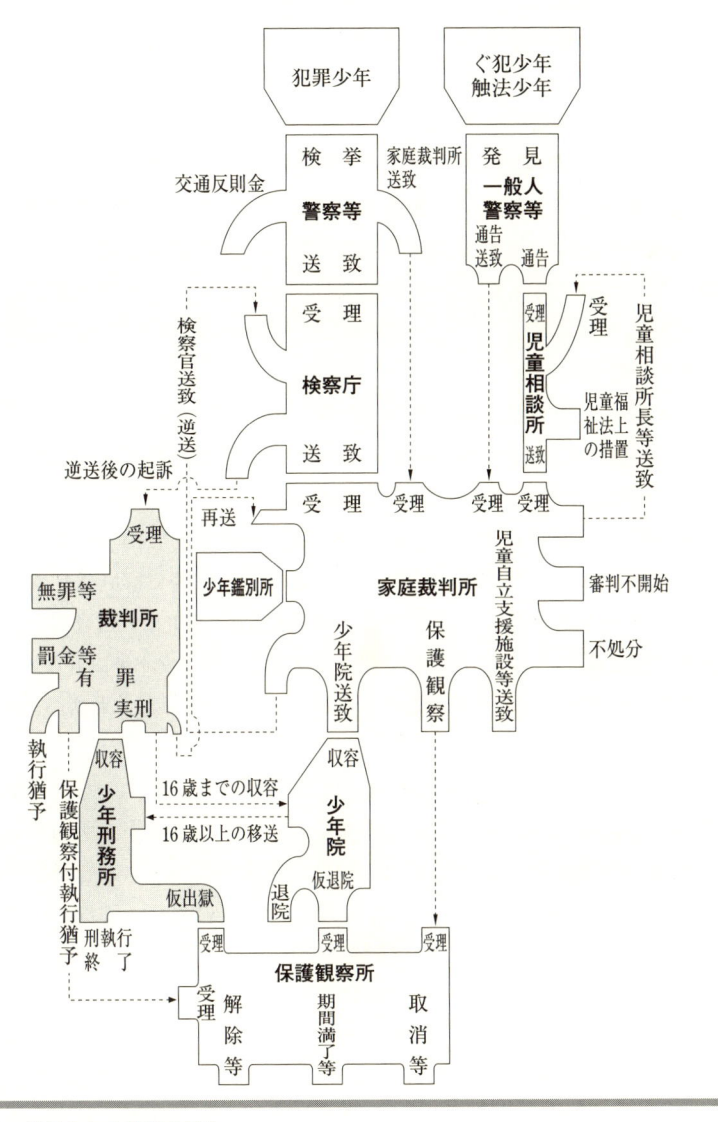

図 9-4　非行少年の処遇の流れ
　（出典）　法務省法務総合研究所，2006 を改変。

こととし，成人の刑事手続きとの連続性・統一性が図られている。なお，成人にはない少年鑑別所内の少年の処遇については，少年鑑別所処遇規則によって規定されている。

「執行・治療教育段階」については，保護観察処分の場合には犯罪者予防更生法，執行猶予者保護観察法，保護司法等によって，児童相談所長等送致，児童自立支援施設送致，児童養護施設送致の場合には児童福祉法によって，少年院送致の場合には少年院法および同処遇規則によって，それぞれ規定されている。

① 捜 査 段 階

(a) 警察等——警察は，非行少年（交通反則金納付事件を除く）を検挙した場合，罰金以下の刑にあたる軽微犯罪については事件を直接家庭裁判所に送致し，それ以外の犯罪については検察官に送致する。

(b) 検察庁——検察官は，事件の送致を受け，捜査をしたうえで，犯罪の嫌疑がある場合，および犯罪の嫌疑がない場合でも虞犯等で家庭裁判所の審判に付すべき事由があると認める場合には，処遇意見をつけて家庭裁判所に送致する（**全件送致主義**。つまり，検察官は非行事実なし，かつ虞犯事由もないと判断されない限り，成人であれば起訴猶予相当の事案でもすべて家庭裁判所へ送致する義務がある）。

ここで，触法少年および14歳未満の虞犯少年については，児童福祉法上の措置が優先される。つまり，これらの少年の発見者は児童相談所あるいは都道府県の福祉事務所に通告しなければならないとされており，家庭裁判所は児童相談所長または都道府県知事から送致を受けたときに限り，これらの少年を審判に付することができる。他方，14歳以上の虞犯少年については，発見者は原則として家庭裁判所に通告しなければならない，とされている。

なお，非行少年についても成人の場合と同様に，在宅の場合と身体拘束される場合とがある。身体が拘束される場合とは，逮捕，勾留，**勾留に代わる観護措置**となる場合のことである。成人と異なるのは，次の２点である。第１に，逮捕に続く身体拘束としては，原則として勾留に代わる観護措置（家庭裁判所の観護令状に基づく**少年鑑別所**に収容する措置）とすべきであるとされ，例外的に「勾留がやむを得ない場合」（少年法43条3項）に限り10日間の勾留（勾

する場合でも少年法の趣旨に基づき勾留場所はできる限り少年鑑別所とすべきである）および最大15日間の勾留延長が認められる点であり，第2に勾留に代わる観護措置の場合には勾留延長が認められない点である。

② 調査・審判段階

(c) 調査——事件を受理した家庭裁判所は，家庭裁判所調査官に命じて，少年，保護者，または関係人の行状，経歴，素質，環境等について，少年，保護者または参考人の取り調べやその他の必要な調査を行わせるほか（調査命令），審判を行うために必要があるときは，**観護措置**の決定により少年を少年鑑別所に送致して一定期間収容し，資質鑑別を求めることができる（勾留に代わる観護措置だった場合は，決定なしに審判のために必要であると認められた観護措置と見なされる）。

少年鑑別所における観護措置の期間は，原則2週間とされているが，実務上は多くの場合1回延長されて4週間とされている（なお，重大かつ複雑な事件で少年が否認している等の事情がある場合には，さらに2回まで延長され，最大8週間とされている）。

(d) 審判不開始・不処分——家庭裁判所は，調査の結果，審判に付することができないとき，または，審判に付することが相当でないときには，**審判不開始**の決定により事件を終局させる。審判開始が相当と認めるときは，審判開始決定をする。なお，審判の結果，保護処分に付することができないとき，または保護処分に付する必要がないと認めるときは，**不処分**の決定をしなければならない（図9-4）。

(e) 審判——審判は，通常は裁判官単独で（1人制），例外的に重大事件等のときは3人の裁判官による**合議体**で行われる。

故意による被害者死亡事件，死刑，無期，短期2年以上の懲役または禁錮にあたる罪については，家庭裁判所は非行事実認定のために検察官に関与させる決定をすることができ，このときは，少年に弁護士の**国選付添人**が付される。

審判は，非公開で，懇切を旨として，和やかに行うとともに，少年に対し非行についての内省を促すものとしなければならない。審判期日には，少年，少年の保護者，付添人，および原則として家庭裁判所調査官が出席するほか，親類，教師，その他相当と認める者に在席が許されることがある。

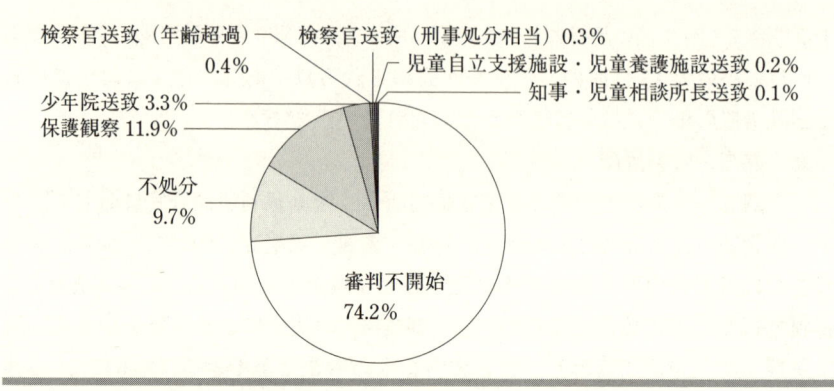

図9-5　2004年度少年保護事件終局処理人員

検察官送致（年齢超過）0.4%
検察官送致（刑事処分相当）0.3%
児童自立支援施設・児童養護施設送致 0.2%
知事・児童相談所長送致 0.1%
少年院送致 3.3%
保護観察 11.9%
不処分 9.7%
審判不開始 74.2%

(注)　1　『司法統計年報』による。
　　　2　総数14万3940人（2004年度）。簡易送致を除く。交通事犯（業過，危険運転致死傷，道交法違反）および虞犯を除く。百分率（小数点第2位を四捨五入）を表示した。

(f) 処分——家庭裁判所は，審判の結果，保護処分に付することを相当と判断したときは，**保護観察，児童自立支援施設送致・児童養護施設送致，少年院送致**のいずれかの決定を行う（図9-5）。なお，家庭裁判所は，保護処分を決定するために必要があると認めるときは，相当の期間，家庭裁判所調査官に少年を直接観察させる等の**試験観察**に付することができる（中間処分）。

また，家庭裁判所は，調査または審判の結果，児童福祉法の規定による措置を相当と認めるときは，**児童相談所長送致**を行う。

家庭裁判所は，死刑，懲役または禁錮にあたる罪の事件について，刑事処分を相当と認めるときは，事件を検察官に送致する（**逆送**，少年法20条1項）。犯罪行為時に16歳以上の少年による故意による被害者死亡事件は，犯罪の動機および態様，犯行後の情況，少年の性格，年齢，行状および環境その他の事情を考慮し，刑事処分以外の措置を相当とする場合を除き，原則として検察官に事件を送致しなければならない（**原則逆送**，少年法20条2項）。

(g) 抗告——保護処分の決定に対して，決定に影響を及ぼす法令の違反，重大な事実の誤認または処分の著しい不当を理由とするときに限り，少年，その法定代理人または付添人から**抗告**することができる。

③ 刑事裁判段階

(h) 刑事処分——起訴された少年の処遇は，成人犯罪者の場合と同じであるが（第1節[2]②参照），一定の特別な配慮がなされている。まず，犯行時18歳未満の者に対しては，死刑をもって処断すべきときは無期刑にすることとされ，無期刑をもって処断すべきときには10年以上15年以下の懲役または禁錮を科すことができるとされており，**刑の緩和**がなされている。また，少年の可塑性を考慮して教育刑の効果を発揮するため，少年に対し長期3年以上の有期の懲役または禁錮に処する場合，長期10年，短期5年を超えない範囲で，長期と短期を定めた**不定期刑**を言い渡すとされている（少年法51条，52条）。さらに，**未決勾留日数の算入**について，成人の場合には原則として裁判所の裁量によるものとされており，実務上3分の1から2分の1程度が算入されているのに対し，少年の場合は，すべて未決勾留日数として当然に算入される。

(i) 再送——刑事裁判所は，審理の結果，少年を保護処分に付するのが相当であると認めるときは，再び家庭裁判所へ事件が移送される（**再送**，少年法55条）。その後は，前記②の調査・審判段階と同じ流れになる。

④ **執行・治療教育段階**

執行・治療教育段階については第11章にゆずる。

2 関係機関の役割とその機能

[1] 裁 判 所

① 捜査段階における裁判所・裁判官の役割とその機能

裁判所は，まず捜査段階においては，捜査機関が真実発見のために行う強制処分，つまり捜索・差し押さえ・検証・鑑定に伴う処分等の強制処分や逮捕・勾留などの被疑者の身体拘束に関し，捜査の必要性に配慮する一方，それによって不当に被疑者や関係者の人権が侵害されることのないよう**司法チェック**を及ぼす役割を担っている。具体的には，刑事訴訟法や少年法などの法律の定める手続き要件および実体要件の双方を満たしているかについて個別具体的に判断したうえで，各種令状を発付し，あるいは，裁判官の決定や検察官等の処

分に対する不服申し立て（準抗告等，刑事訴訟法429条，430条）に対し判断を示す。

② 非行少年の調査・審判段階における家庭裁判所の役割とその機能

(a) 家庭裁判所・家庭裁判所裁判官——少年の処遇の選択・決定については，検察官ではなく，家庭裁判所に先議権が与えられている。

非行少年の処遇は，非行事実と**要保護性**（非行の人格的・環境的要因）によって選択・決定されることから，非行事実の認定に優れた法律専門家である裁判官と，要保護性の調査・判断等の専門家である家庭裁判所調査官とが，協働することが要請される。すなわち家庭裁判所は，捜査機関から事件が送致されると同時に書証等証拠書類一式を引き継ぐ。家庭裁判所裁判官は，それらの書証とともに必要に応じて職権で，少年への質問，証人尋問，鑑定，検証などを実施して，非行事実の認定を行う。成人と異なり**当事者（中心）主義**はとられておらず，家庭裁判所が，後見的に職権を発動する方式で審判は進められる（**職権主義**）。また，家庭裁判所裁判官は調査官に対し，必要に応じて少年の要保護性に関する社会調査を命じ，**調査報告書**を作成させることができる。観護措置決定をした場合には，少年鑑別所において少年の資質鑑別が行われ，その結果をまとめた**鑑別結果通知書**が作成され，家庭裁判所へ提出される。家庭裁判所裁判官は，これらの鑑別結果通知書および調査報告書とともに，審判廷において少年本人や保護者から話を聞き，付添人の意見も参考にして，要保護性を判断する。

家庭裁判所は，このようにして，非行事実を認定し，要保護性の程度を判断し，それらを総合考慮したうえで，少年の健全な成長・発達にとって最もふさわしい処遇を選択・決定する役割を担っている。

家庭裁判所は，審判において，「懇切を旨として，和やかに行う」（少年法22条1項），つまり「手続きは，少年の最善の利益に資するものでなければならず，かつ，少年が手続きに参加して自らを自由に表現できるような理解しやすい雰囲気のもとで行わなければならない」（少年司法運営に関する国際連合最低基準規則〔第3節[4]参照〕14条2項）とされており，かつ「自己の非行について内省を促すものとしなければならない」（少年法22条1項）とされており，家庭裁判所が少年に対し教育的な働きかけをすることが要請されている。

(b) 家庭裁判所調査官（以下，「調査官」という）

 ⅰ) 社会調査　少年保護事件における処遇は，非行事実と要保護性に応じて決定されるところ，要保護性の有無，程度の判断には，調査官の調査結果が最も重要な資料となっている。調査官は，心理・社会・教育・社会福祉など専門的研修を受けた者であり，家庭裁判所の**ケースワーク的機能**，**福祉的機能**の重要な担い手である。

調査官は，家庭裁判所の社会調査命令に基づき，**社会調査**，つまり，要保護性全般の調査を行う（少年法8条2項）。具体的には，少年について，その家庭および保護者との関係，境遇，経歴，教育の程度および状況，不良化の経過，性行，事件の関係（動機，経緯，役割，行動，事後の対応等），心身の状況等審判および処遇上必要な事項が調査の対象となり，また可能な限り，家族および関係人の経歴，教育の程度，性行および遺伝関係等についても調査の対象となる（少年審判規則11条）。

社会調査の方法としては，面接調査（少年，保護者，学校教諭，事件関係者等との面接），照会調査（戸籍，保護者，学校，就労先，被害者等への照会），環境調査（家庭，学校等への訪問，地域環境調査等），各種検査（心理テスト，医学的検査等），記録調査（事件記録調査，調査記録調査，日記，作文，絵などによる調査），その他少年の行動観察等がある（田宮・廣瀬，2001）。

中心となる調査は，直接少年や保護者らと話して資料収集する面接調査である。少年や保護者らとの面接は，付随的に被面接者に自己理解を深めさせ，その自立を援助することにもつながる。また，被害者等から，被害に関する心情その他の事件に関する**意見の陳述の申し出**があるときは，家庭裁判所が自ら聴取することもあるが，大半は調査官が聴取する。なお，被害者死亡事件やその他の重大事件については，申し出の有無にかかわらず，被害者の意向を文書照会等の方法により調査することもある。

調査官は，少年鑑別所作成の鑑別結果通知書と，少年鑑別所の鑑別技官や担当教官との意見交換の結果と，自らの社会調査の結果とを総合考慮したうえで，処遇意見を付した調査報告書を作成し，審判の数日前に家庭裁判所裁判官に提出する。

不処分相当と考えられる事件では，多くは調査官による本人および保護者

の面談，あるいは本人（および保護者）への文書照会が実施された後，不処分決定がなされている。

　ⅱ）**試験観察（中間処分）**　家庭裁判所は，保護処分を決定するために必要があると認めるとき，つまり，保護処分に付す蓋然性があり，ただちに保護処分に付すことができないか相当でない事情があり，調査官の観察活動結果により適切な終局決定ができる見込みがあり，相当期間内に観察目的を達成する見込みがあるときは，相当の期間（通常4カ月程度），調査官に少年を直接観察させる**試験観察**に付することができる（**中間処分**）。試験観察は，終局処分を決定するための資料収集を行うことが目的である一方，調査官の働きかけ（ケースワーク）しだいによっては，それ自体が少年院という決定が控えているという心理的抑制が働く中で社会内での生活を定着させていくという，一種の社会内処遇として機能する面がある。試験観察には，これまでの住居に居住させて行う**在宅試験観察**と，適当な施設，団体または個人に委託する**補導委託**（多くの場合は，委託先の施設に居住させて実施しており，これを特に**身柄付補導委託**という）とがある。

③　**犯罪者および逆送された非行少年の刑事裁判段階における裁判所の役割**

（a）**犯罪者**——犯罪者については，公判請求するかどうかは検察官が独占的に決定する権限を有しており（**起訴独占主義**），また，犯罪の成立が認められる場合であっても起訴猶予処分にすることができるなど，公判請求に関し検察官に裁量が与えられている（起訴便宜主義または起訴裁量主義）。

　捜査機関作成の証拠書類一式は，裁判所には引き継がれない。犯罪者の刑事裁判においては，当事者（中心）主義という理念のもと，裁判所は第三者たる立場で公正かつ公平な裁判ができるよう配慮されている。すなわち裁判所は，起訴された段階では起訴状しか手元になく，予断のない状態で第1回裁判に臨む（**起訴状一本主義**）。裁判においては，検察官と被告人・弁護人が訴追側と弁護側という対立する立場においてそれぞれの言い分を主張するとともに，裁判所に対し証拠を提出してそれを立証する。裁判所は公平な第三者としての立場において，法定された証拠調べ手続きに則って双方の主張・立証を聞いたうえで，最終の裁判期日において犯罪事実の有無を認定し，それに対する量刑を定めて，判決として言い渡す。このような当事者中心主義のもとでの**三者構造**

（訴追者である検察官，防禦者である被告人・弁護人，判断者である裁判所）とすることによって，偏頗のない**公平な裁判所**による裁判が期待でき，**被告人の防禦権**その他の人権や**適正手続き**を保障することとなり，かつ，利害関係のある当事者双方がベストを尽くして主張・立証することによって，双方の争点やその他の事実関係が最も浮き彫りとなり，真実の発見に資することになる，と考えられている（当事者主義，公平な裁判所，**適正手続き保障と実体的真実発見との調和**）。

刑事裁判手続きは，裁判所による刑罰権の行使であり，合法的に被告人の人権を侵害することにほかならないから，判断に誤りがあってはならず，当事者双方には，裁判に対する不服申し立てができ，原則として裁判所による3回の慎重な判断を求めることが権利として保障されている（**上訴権の保障**，**三審制**）。

(b) 逆送された非行少年——非行少年の処遇については，家庭裁判所に優先的な処遇決定権が委ねられていることから，家庭裁判所が刑事責任相当と判断して，事件を検察官に送致（逆送）したときに限り，検察官が簡易裁判所あるいは地方裁判所に対し起訴状を提出し，刑事裁判が始まる。その後は，前記した成人の場合と同様の，理念・構造・手続きに則って裁判が進められる。なお，この場合も，少年法の精神に則り，少年の情操に配慮して，懇切を旨として，和やかに行うべきであるが，実際は法廷の仰々しさや威圧感，被害者を含め多数の傍聴者がいることなどから，少年が緊張・萎縮して十分話せないといった事態も生じており，少年の情操や防禦権への配慮など適正手続きの保障の観点から問題となりうる。

④ **裁判員制度**

国民が司法に参加し，司法への理解を増進することを目的として，2004年5月に裁判員の参加する刑事裁判に関する法律が公布された。2009年5月までに施行が予定されている。裁判員が参加する刑事裁判としては，原則として，死刑または無期の懲役・禁錮にあたる罪にかかる事件および法定合議事件であって，故意の犯罪行為により被害者を死亡させた罪にかかる事件と規定されている。**裁判員制度**においては，裁判官3人および裁判員6人の合議体によって審議がなされ，有罪無罪の決定および量刑の判断は，裁判官と裁判員の過半数であって裁判官および裁判員のそれぞれの1人以上が参加する意見によるとされている。三者構造を維持しながらも，判断者である職業裁判官の集まりで

ある裁判所による事実認定や量刑の決定について，国民が直接関与し，**民主的コントロール**を及ぼす機能が期待されている。

[2] 少年鑑別所
① 資質鑑別等

少年鑑別所は，少年の素質・経歴・環境および人格ならびにそれらの相互関係を明らかにし，少年の矯正に関して最良の方針を立てる目的で（少年鑑別所処遇規則17条），観護措置により送致された少年を収容するとともに，医学，心理学，教育学，社会学，その他の専門的知識に基づき少年の**資質鑑別**を行う，法務大臣管理の国の施設である。

資質鑑別の内容としては，鑑別技官による知能検査，性格検査等各種の心理テストや少年との面接等の心身鑑別と，担当法務教官による行動観察（他の少年や来訪面会者との関係や少年の生活状況，少年の日記，作文，絵画，貼り絵，文通の有無等）とがある。審判に資するための資質鑑別の場合には，処遇意見を付し，鑑別結果通知書として，審判の約1週間前に家庭裁判所に提出される。観護措置中に少年鑑別所において資質鑑別がなされるのが大半であるが，在宅事件について，少年を少年鑑別所に通わせ，あるいは，少年鑑別所の鑑別技官が家庭裁判所に出張して簡易な資質鑑別（**在宅鑑別**）を行ったり，少年院の矯正教育の成果の度合いを知り，残された課題を明らかにするなどの目的で，依頼を受けて少年院送致後にさらなる鑑別（**再鑑別**）をしばしば行ったりしている。

家庭裁判所が少年院送致の決定をしたときは，少年鑑別所長は保護少年分類規程に基づき具体的に収容すべき少年院を指定し，鑑別技官は最初の処遇指針を作成する。

なお，少年院送致などの保護処分の決定に伴い，鑑別結果通知書や調査報告書などの要保護性に関する調査結果を綴った社会記録は，保護処分の執行機関（少年院など）に送付される。

② 少年鑑別所の資質鑑別と調査官の社会調査の関係

両者は重なる面もあるが，少年鑑別所の資質鑑別はもっぱら少年の性格の矯正に照準をあて，主として心身の状況と行動観察を中核とする資質面での調査

に重点がおかれているのに対し，調査官の社会調査は少年の性格の矯正のみならず環境の調整にも照準をあてたより幅広い調査である，とされている。双方がそれぞれの特色を生かしてうまく機能を分化させたうえで，鑑別技官・法務教官等の鑑別所職員と，調査官・医務室技官等の家庭裁判所職員とが，相互に情報交換を行い，ケース・カンファレンスを繰り返すなどして，協働作業を重ねることが重要である（田宮・廣瀬，2001）。

[3] 付 添 人

　少年または保護者は，家庭裁判所の許可を得て，保護者やその他の弁護士以外の者を付添人に選任できる。ただし，弁護士については家庭裁判所の許可なくして選任できる（少年法10条）。現状としては，付添人が選任されているケースは少しずつ増えてきているが，一般保護事件で1.6％，少年院送致とされた事件でも20.78％であり，きわめて低率にとどまっている（最高裁判所事務総局家庭局，2000；もっとも，福岡県弁護士会では2000年から先駆的に全件付添人制度，つまり，観護措置となったケースのうち付添人選任意思のある少年すべてに付添人が選任される制度が導入され，2003年度の選任率は概ね6割程度とされている；福岡県弁護士会子どもの権利委員会，2006）。このうち，弁護士の付添人が90％を超えるが，実務上，保護者がいない場合や疾病・貧困・遠隔地居住等，保護能力が著しく欠ける場合などに，少年友の会との申し合わせにより，その会員から親代わりの付添人を選任する運用も一部の裁判所で行われている。

　付添人の責務としては，まず少年・保護者の利益の代弁者ならびに人権の保護に関する弁護人として，保護手続きが適正手続きの精神に基づき進められているかどうかを監視する責務がある。また，刑事訴訟における弁護人とは異なる責務として，少年にとって最も有効でかつ適切な処分を家庭裁判所が選択・決定できるような条件を備える責務，つまり調査・審判の協力者としての責務がある。前者の責務を果たすための権限として，観護措置・同更新決定に対する異議申し立て権，法律記録・証拠物の閲覧・謄写権，社会記録の閲覧権，証人尋問・鑑定・通訳・翻訳および検証・押収・捜索に関わる権利，審判出席権，審判における少年への発問権・意見陳述権，審判に不服があるときの抗告権・再抗告権等が認められている。後者については，特に法定された権限はないが，

少年，保護者，就労先，学校，保護司等少年を取り巻く社会資源となる人や組織と話し合って協力を依頼し，また，少年と保護者の反省，今後の更生意欲，双方の関係性の改善可能性や，社会資源との連携可能性などについて，少年の立場から処遇意見を付して意見書として家庭裁判所に提出するなどの活動が行われている。

[4] **保護観察所**
① **保護観察とは**

　保護観察とは，犯罪者や非行少年を社会の中で生活させ，国の責任においてその人に一定の約束ごと（遵守事項）を守ることを義務づけて，これを守るように指導監督するとともに，就職や定住を援助するなどの補導援護を行い，その更生を支援する処遇をいう。具体的には，保護司による月1，2回の保護司宅での面談あるいは家庭訪問，就労先の斡旋などが実施されている。

　遵守事項としては2種類ある。1つは，法定の一般遵守事項であり，一定の住居居所，正業従事，善行保持，犯罪性のある者や素行不良者との不交際，転居・長期旅行の事前許可制がある。もう1つは，1号保護観察の場合に，保護観察所長が家庭裁判所の意見に基づき犯罪者・非行少年の特性にあわせて個別具体的に定める特別遵守事項である。

　なお，保護観察の種類（5種類）と期間は次の通りである。1号保護観察は家庭裁判所の決定により保護観察に付された少年で，原則として20歳に達するまでの期間であるが，20歳までの期間が2年未満のときは決定のときから2年間である。2号保護観察は少年院仮退院者で，原則として少年院を仮退院した日から20歳に達するまでの期間である。3号保護観察は仮出所者で，原則として仮出所の日から残刑期間が満了するまでの期間である。4号保護観察は執行猶予者で，裁判の確定の日から執行猶予の期間が満了するまでの期間である。5号保護観察は婦人補導院仮退院者で，婦人補導院を仮退院した日から補導処分の残期間が満了するまでの期間である。

② **保護観察所**

　保護観察所は，法務大臣の管理に属し，地方更生保護委員会から事務上の監督を受ける国家機関で，保護観察等の実施機関である。家庭裁判所本庁所在地

に原則として1カ所，全国で50カ所ある。保護観察対象者約6万人に対し，現場の第一線を担当する実働の保護観察官は約650人，無給の国家公務員資格で篤志家による保護司が5万人弱である。

　保護観察においては，保護観察所長の指名により，通常は保護観察官が主任官，保護司が担当者とされるが，処遇困難ケースにおいては保護観察官が直接担当者とされることもある（直接担当制）。保護観察所は，社会復帰に向けて日々試行錯誤を繰り返し，大小さまざまなつまずきと葛藤を具体的に経験している渦中の人への支援を行う機関である。保護観察対象者が社会へ復帰して再統合されていく足がかりを見つけ，それを固めていく過程を支援し，それにより，再犯を防止する役割を担っており，その責務は重要である。

③　保護観察所の課題と改革

　ここ数年，所在不明中の保護観察対象者による重大再犯事件が相次いだとして，更生保護のあり方を考える有識者会議が2005年7月に法務大臣によって立ち上げられ，同会議は2006年6月に法務大臣に対し提言の形で報告書を提出した。

　同会議においては，更生保護の課題として，①保護観察官は過少で他の刑事司法機関と比較しても体制が極端に貧弱であり，民である保護司に過度に依存し，役割分担も不明確となっていること，②保護観察官の専門性が不十分であること（採用・養成システムの問題），③更生保護制度の運用について，国民の目が届かず，国民の理解が得られていないこと（例えば仮釈放審理において，53人の委員のうち43人が内輪の更生保護官署出身者であること，審理には詳細な理由も示されずに決定され，再審査の機会もないこと），④約6万人の保護観察対象者のうち，所在不明者は成人約1500人，少年約500人に達しており（2005年8月末現在）これに対する対応が不十分であること，⑤遵守事項違反に対する措置が積極的に図られておらず，保護観察の心理的強制力が十分作用せず，実質的には再犯防止を図れない状態で放置されている対象者がいること，などが挙げられた。同会議の報告書においては，更生保護の最大の問題点とされていた保護観察官の数的不足について現場の保護観察官の倍増を求め，国立の保護施設の建設や就労および定住の支援策の強化を求めるなど，国に対して具体的な施策を求めているほか，不良措置の適切な実施等さまざまな提案がなされてい

る。更生保護の弱小化が進んでいるとの声が聞かれて久しいが，適切な予算・立法措置が講じられ，同報告書に沿った改革を実効性あるものにしていくことが求められている。

[5] 児童相談所（児童相談所長）
① 児童相談所とは

児童福祉法2条は,「国及び地方公共団体は，児童の保護者とともに，児童を心身ともに健やかに育成する責任を負う」と定め，国および地方公共団体に社会的養護の責任を課している。この社会的養護を中核として担うのが，児童相談所である。全国に約175カ所あり，子ども家庭センター，子ども相談所などさまざまな呼称がある。児童相談所は，児童福祉法に定める児童（措置時18歳未満の者）の福祉業務を中心となって担う機関であり，知事の監督のもとに県庁所在地およびその他の大都市に設置されている。児童相談所には，児童福祉に関する専門ケースワーカーである児童福祉司が配置され，児童およびその家庭について，必要な調査や医学的，心理学的，教育学的，社会学的および精神衛生上の判定を行い，それに基づいて必要な指導や措置を行っている（児童福祉法11条1項2号）。

特に，14歳未満の触法少年および虞犯少年や14歳以上18歳未満の虞犯少年については，第一次的通告受理機関として，児童相談所が中心となって福祉的・教育的なケースワークを担っていくことが法律的にも社会的にも求められている。

なお，全国の児童相談所の相談の種類としては，障害相談が過半数を占め，健全育成・養育関連が2割程度，養護相談および小児保健・関連問題がそれぞれ10％程度，非行相談は4〜5％である（平成16年度「厚生労働省統計表データベース収載統計調査一覧」）。また，相談機関（者）は，約半数は実子や近親者の子を心配する家族や親族であり，残りの多くは福祉施設や地方福祉機関（福祉事務所など）の関係者である。学校（3.5％）や医療機関や保育施設からの相談（7.5％）はわずかであり，これらの機関からの相談が大半を占める北アメリカ・欧州の児童福祉制度とは対照的である（日本子どもを守る会，1997）。

② 少年法改正等から見た児童相談所の課題

　2007年度まで検討が持ち越された少年法改正法案には，14歳未満の触法少年についての警察権の強化等が盛り込まれている。近時，児童相談所に通告された触法少年の事件等において，児童相談所がほとんど調査を行わずにただちに家庭裁判所に事件を送致するケースが散見され，児童相談所が第一次通告受理機関としての機能を果たしていないとの批判がある。このような児童相談所の対応は，児童相談所による福祉業務の放棄に等しく，日本の社会福祉がますます弱体化していくことは必至であり，大変憂慮される。

　児童相談所は，幅広く子どもの成長・発達と関わる相談を受け，対応に迫られている。保護観察所と同様に，児童福祉司の絶対数の不足，2，3年単位での人事異動，多くの自治体においては児童福祉司が専門職採用でないことなどが問題点として挙げられる。また，近時の人員および予算措置は，多くが虐待対応のみに割り振られ，他の業務に支障が出ているとの現場の声も聞かれる（日本の社会福祉が，対処療法的で継ぎはぎであることの表れである。もっとも，虐待対応への措置自体も十分であるとはいえない）。今後は，児童相談所が，子どもの健全な成長・発達を図る中核的機関としての本来の機能を果たすことができるように，人員および予算措置を抜本的に充実させたうえで，頻繁な人事異動を見直し，一定の市町村エリア内の非行少年や要保護児童を一定期間継続的かつ専門的に担当する児童福祉司の配置を制度化するなど，専門的なケースワークを実効あらしめるような方策を，具体的かつ早急に検討し実施していくべきである。

[6] 児童自立支援施設

　児童自立支援施設とは，不良行為をし，または，するおそれのある18歳未満の児童および家庭環境その他の環境上の理由により生活指導等を要する児童を入所させ，あるいは，保護者のもとから通所させて，必要な指導を行い，その自立を支援することを目的とする施設である（児童福祉法44条）。47都道府県が設置義務に基づき設置のうえ管轄する児童福祉施設であり，大多数が公立で，2006年現在全国に58施設ある。少年院と異なり，原則として開放施設である。強制的措置をとることのできる施設は，全国に2施設である（男子は武

蔵野学園，女子は鬼怒川学園）。全施設が入所制をとっており，入所児の主な日課は，学習時間と訓練時間（農林業・木工・陶芸などさまざまな職業訓練的な指導をする時間）となっている。在所児童は1714人で，児童相談所の措置による入所は65.3%，家庭裁判所の審判による保護処分としての送致は17%である（2003年10月1日現在；法務省法務総合研究所，2005）。法律上は18歳未満の子どもが対象となっているが，実際には中学生を中心とする義務教育中の者が大多数であり，小学生は10%程度，高校生は15%程度（1989年からの新たな施策により，中学生からの入所者で近隣の高等学校合格者や近隣での就職者が入所を継続できるようになった）となっている。少年審判の際には，義務教育期間をすでに経過し，あるいは残期間が少ないなど，年齢的・時期的に限界もあるためか，家庭裁判所からの送致数はわずかである。

　児童自立支援施設は，夫婦（疑似夫婦も含む）である職員が，5～12名程度の小中学生（高校年齢者はまれ）と起居をともにする（疑似）小舎夫婦制が特徴とされてきたが，近時では，全国の過半数の施設において職員交代制に移行し，特に関東地区などにおいて大規模な寮舎制で運営させる傾向が強まっている。

　児童自立支援施設は，社会との接点を完全に隔絶することなくそれを一定程度保ちながら，非行の初期の段階で，子どもたちの生活全般についてきめ細かに関わることを可能とするシステムとなっており，運用しだいでは，育てなおしの場として有効に機能することが期待される。しかし実際には，すでに問題行動化しはじめた少年を，集団でかつ開放的に処遇しつつ，職員も少年も加害・被害の対象とならずに安全で落ち着いた環境を保ちながら育てなおしを進めることは容易ではない。無断外泊・外出が頻発し，職員の目の届かないところでの子ども間でのいじめや暴力，職員から子どもへ，あるいは，子どもから職員への暴力やいじめなどの問題が起きやすく，しかもそれらの問題を施設全体や児童相談所等との連携によって子どもの成長・発達に向けてチーム対応するというよりは，問題の起きた寮の担当職員個人の責任としてとらえる傾向が強く，職員のバーンアウト（燃え尽き症候群）や成り手不足を生むなどの悪循環にもつながっており，課題は多い。

[7] 児童養護施設

　児童養護施設は，保護者がいない，虐待されている，保護者が経済的困窮状況にあるなど，環境上保護者と一緒に生活することが不可能あるいは不適切な18歳未満の子どもに対し，安心できる生活環境を提供して養育し，その自立を支援する施設である（児童福祉法41条）。大多数が民間の社会福祉法人が主体となっており，国および地方公共団体からの措置費や補助金を主たる財源として運営されている。

　2006年現在，全国で約3万1000人の子どもが入所している。多くが大舎制（平均30～130名程度）のもと，最低基準ぎりぎりの職員配置で運用されており（厚労省は，6歳以上の子どもと職員の割合は6対1以上としているが，実際には，8時間労働を前提として，夜間より昼間を厚めに配置していることなどを考慮しても，10～13対1程度の割合になる；Goodman, 2000），個別対応するには限界があるうえ，非行性のある子どもの受け入れに積極的な施設はなく，非行少年についての送致はほんのわずかである。

[8] 少 年 院

　少年院は，家庭裁判所によって少年院送致を命じられた少年および少年院収容受刑者つまり懲役または禁錮を言い渡された16歳未満の受刑者を収容する，法務大臣の管理にかかる国立の矯正治療施設である。2006年現在全国に53ヵ所ある。少年院では，少年の年齢や特性に応じて，少年に内観させ，自己改善意欲を喚起するとともに，生活習慣の育成，食生活の健全化，生活リズムの回復，学習・勤労習慣の育成，教科教育の補習，職業教育・資格取得など社会復帰に役立つ教育が院外等を含めて実施されている。

　種別としては，初等少年院，中等少年院，特別少年院，医療少年院の4種類がある。初等少年院は，心身に著しい故障のない14歳以上16歳未満の者を，中等少年院は，心身に著しい故障のない16歳以上20歳未満の者を，特別少年院は，心身に故障はないが，犯罪的傾向の進んだ，おおむね16歳以上23歳未満の者および16歳未満の少年院収容受刑者を，医療少年院は，心身に著しい故障のある14歳以上26歳未満の少年を，それぞれ収容している。

　処遇としては，短期（一般短期と特修短期）と長期とに分けられている。一

般短期処遇とは，短期的・集中的な訓練指導による矯正・社会復帰を目指すものであり，対象者としては，非行が常習化しておらず，児童自立支援施設・少年院（特修短期処遇を除く）の収容歴がなく，反社会的集団に加入しておらず，著しい性格の偏り・心身の障害がない者である。実際には，家庭裁判所が一般短期処遇の勧告をした者が対象となる。収容期間は6カ月以内とされ，4，5カ月間の教育課程を編成する。特修短期処遇とは，対象者として一般短期処遇よりも非行傾向が進んでおらず，問題性が単純または比較的軽く，早期社会復帰が期待できる者であり，反社会的集団への加入歴・深い関わりがないこと，開放処遇に適していること，保護環境に大きな問題がないこと等がある。収容期間は4カ月以内とされ，2，3カ月程度の教育課程を編成する。長期処遇は，短期的・集中的な訓練指導では足りないと判断される場合に行われる。収容期間は原則2年以内とされているが，それを超えての収容も可能である。具体的な処遇については第11章を参照されたい。

[9] 刑 務 所

刑務所とは，少年刑務所および拘置所とともに，「矯正収容施設」（国家行政組織法8条の2）の1つとして，法務省に設置された機関である。具体的な処遇については，第11章を参照されたい。

3 日本の処遇システムの基本原則と国際準則・国際連合規則・ガイドライン

[1] 憲法，刑事訴訟法

① 適正手続き保障，令状主義，公平・迅速・公開裁判

憲法31条は，「何人も，法律の定める手続によらなければ，その生命若しくは自由を奪はれ，又はその他の刑罰を科せられない」と定めている。この規定は，人身の自由についての基本原則を定めたものであり，アメリカ合衆国の人権宣言の1つの柱である法の適正手続き（デュー・プロセス）を定める条項に由来している。自由の歴史は大部分手続きの歴史であったといわれるように，

人権保障にとって手続き保障はきわめて重要である。そのため，公権力を手続き的に拘束し，人権を手続き的に保障する趣旨で規定された（芦部，1997）。これを受けて，刑罰を科す手続きを法律で定めたのが，刑事訴訟法である。刑事訴訟法は，「公共の福祉の維持と個人の基本的人権の保障を全うしつつ，事案の真相を明らかにし，刑罰法令を適正且つ迅速に適用実現することを目的とする」（1条）としている。

憲法31条の適正手続きの保障は，単に手続きの法定だけでなく，ⓐ法律で定められた手続きの内容の適正（憲法33〜39条），また，ⓑ実体の法定（罪刑法定主義），さらには，ⓒその法定された実体規定の内容の適正（犯罪構成要件の明確性，罪刑の均衡など）をも意味すると解されている。手続き規定および実体規定の内容が適正でないときは，手続きを保障した趣旨が没却されるからである。

ⓐ手続きの内容の適正について，特に重要なものとしては，まず逮捕・勾留等の被疑者の身体拘束や住居，書類および所持品についての捜索・押収等の強制処分について，正当な理由および必要性について原則として事前に裁判所による司法チェックを受けたうえで，その強制処分の範囲を明示した各令状の発付が，手続き上要請されている（**令状主義**，憲法33〜35条，刑事訴訟法199，200，60，62，207，99，102，106，107，202条等）。また，刑事被告人の権利として，構成その他において偏頗のおそれのない公平な裁判所において，迅速で，公開（裁判所の面前で当事者が口頭でそれぞれの主張を述べ，判決を言い渡す公判手続きにおいては傍聴の自由を認める）裁判を受ける権利を保障している（**公平・迅速・公開裁判**の原則，憲法37条）。

② 当事者主義，三者構造

戦後の刑事訴訟法は，捜査と公判，訴追者と判断者とを機能的に分離し，裁判官の予断を排除するため捜査記録一切を捜査機関から引き継ぐことなく起訴状のみを提出させ，公判においては，検察官や弁護人からの証拠調べ請求など，当事者たる検察官と被告人・弁護人の主導的な活動を重視し，検察官が設定した起訴状記載の犯罪事実の有無について裁判所が判断する，という訴訟追行の形態を採用した（裁判所，検察官，被告人・弁護人の三者構造）。このような当事者の主張・立証を基本とする訴訟追行の形態を当事者主義という。これは，公

平な裁判の実現に資するもので，憲法の趣旨に沿う。

　少年の審判手続きにおいては，職権主義がとられている。つまり，捜査記録一式は家庭裁判所に引き継がれ，原則として検察官は在廷せず，裁判官が証拠調べなど手続き全体を職権的に追行する形態となっている。なお，憲法の要請する適正手続きの保障は，当事者主義になじむ面はあるが，職権主義においても適正手続きを図ることは可能である。

　③　**実体的真実発見の要請と適正手続き保障との調和**

　刑事訴訟法においては，捜査段階および審判・裁判段階を通じて，実体的真実発見の要請（捜査の必要性等）と適正手続き保障との調和を図る視点から，具体的な規定が設けられ，あるいは，解釈されている。例えば，任意性を欠く自白には証拠としての資格を与えず，価値を認めない（自白法則，刑事訴訟法319条），重大な違法捜査により収集された証拠については証拠の資格を与えない（違法収集証拠排除法則，憲法31条，刑事訴訟法1条の解釈）などである。

[2] 少　年　法

　①　**保護主義**

　少年法は，「少年の健全な育成を期し，非行のある少年に対して性格の矯正及び環境の調整に関する保護処分を行う……ことを目的とする」（少年法1条）と定めており，20歳未満の犯罪少年・虞犯少年・触法少年に対し，家庭裁判所において，非行事実のみならず要保護性をも考慮したうえで，刑罰ではなく，原則として保護処分を科すこととしている（保護主義）。

　少年の処遇に関して保護主義がとられている趣旨は，少年が成人に比べて可塑性に富み，また，成人に比較して環境的要因が大きいため，育てなおしによる更生可能性が相対的に高い点にあるとされている（前野ら，2003）。14歳前後から20歳未満の少年は，心理学，精神医学的にも可塑性に富んでいるうえ，自己の確立を図る重要な時期にあり，家族，学校，地域において多くの人間や自然や社会に対する経験をふむことが，子どもの心理的，精神的に健康な成長を図る大切な契機になる，といわれており，できる限り社会内において多様な教育的な関わりをすることが最良の方法であると考えられている（斉藤・守屋，2005，2006）。

② 職権主義，二者構造，非公開の原則

　1949年1月から施行された現行少年法は，従来の行政機関である少年審判所ではなく，司法機関である家庭裁判所による職権主義を採用した。少年に対する保護処分は，実質的に人身の自由を拘束する面があるため，三権分立の観点から，基本的人権の尊重を保障し，憲法の番人としての権能を有する司法機関に委ねるべきであると考えられたからである。

　故意の犯罪行為により被害者を死亡させた場合，あるいは死刑または無期もしくは短期2年以上の懲役もしくは禁錮にあたる罪で，家庭裁判所が必要であると認める場合に限り非行事実の認定のための審判手続きに関して，付添人を付したうえで，検察官を審判に出席させることができるが，それ以外は検察官の出席は予定されていない二者構造（裁判所と少年・〔付添人〕）を基本としている。また，審判は非公開とし（少年法22条2項），保護者・付添人や親類・教師など少年の社会資源となる人に限定して審判の出席が認められる。なお，審判は，「懇切を旨として，和やかに行うとともに，非行のある少年に対し自己の非行について内省を促すものとしなければならない」としている。このように，三者による対立構造を避け，非公開として，教育的な審判手続きとしている趣旨は，保護主義の理念を実現するためには，少年を萎縮させることなく，その情操へ配慮しながら，福祉的・教育的な審判手続きにすることが必要であるからである。まさに，これが少年にとっての適正な手続きの内容であると考えられる。同時に，審判の非公開は，少年のプライバシーへの配慮をも示している。なお，重大事件について，非行事実の認定の場面に限定して，付添人を付したうえで，検察官の出席を認めたのは，重大事件において事実関係に争いがあるときなど，事実認定を慎重に行い，実体的真実を発見する社会的要請が高いことから，付添人を付すことで少年の防禦権を保障したうえで，それを認めたのである。

③ 適正手続き

　令状主義や公平・迅速な裁判を受ける権利は，少年についても同様に保障されている。少年事件における非公開は，少年のプライバシー保護や傍聴人を限定することで和やかな雰囲気のもとで内省を促すという，少年の人権を保障するためのものであり，そもそも公開になじまない性質を有しており，憲法の公

開原則とは抵触しない。

　少年法には，手続きについて細かな規定はないが，保護処分の種類は法定されていること，要保護性については専門的知識を有する調査官や少年鑑別所による調査・鑑別結果という客観的資料に基づき判断されることが予定されていること，任意性を欠く自白や違法収集証拠に基づく非行事実の認定は適正手続きの観点からは許容されないと考えられていること，審判結果は決定として審判書に記されたうえで，審判に不服がある場合には高等裁判所への抗告が認められていること，などから，適正手続きの要請は一応満たされていると考えられる。もっとも，少年法の定める保護処分は，少年にとっては，施設内処遇においては身体・行動の自由を制限する面もあり，その意味では不利益という見方もできることから，少年の防禦権の確保という視点から，非行事実を争っている場合には，付添人弁護士の選任を義務づけるなどの法的な手当も今後は必要と思われる。

[3] 少年法と児童福祉法

　少年法は，少年の成長発達権を保障し，それにより社会における少年の健全な育成を図ることを目的としている。児童福祉法もまた，「心身ともに健やかに生まれ，且つ，育成される」（1条）ことを理念としている。両者は，いずれも，少年の健全育成を図るという共通の精神を有しているのであり，少年法は，児童福祉に関する法律の一環としての性格を有していると理解される。

　1948年1月から施行された児童福祉法は，その対象年齢を，旧少年教護法が14歳未満としていたのを改め，18歳未満にまで引き上げた。また，少年法は，14歳未満の虞犯少年や触法少年をも対象としており，両者の保護には重なる部分がある。もっとも，児童福祉法の保護措置は，児童相談所という行政機関による措置であるから，憲法の基本原理である三権分立および適正手続きの観点からは，強制的処分は認められない。

　そこで，現行の少年法および児童福祉法は，次のように調整されている。少年法の対象となる審判に付すべき非行少年を，犯罪少年・触法少年・虞犯少年に限定し，不良行為少年（喫煙，深夜徘徊など虞犯の対象にはならない程度の不良行為を行う少年）・放任少年・要扶助少年などは，児童福祉法に基づく措置に委

ねた（少年法3条，児童福祉法44条，この点は旧法通り）。また，家庭裁判所が調査の結果児童福祉法上の措置が相当であると判断したときは，児童養護施設・児童自立支援施設送致や児童相談所長送致とすることとした（少年法18条）。さらに，14歳未満の触法少年および虞犯少年については，児童相談所による送致がない限り審判に付すことはできないとした（少年法3条2項）。なお，都道府県知事または児童相談所長が，児童の行動の自由を制限し，強制的措置をとる場合には，暫定的な一時保護および児童養護施設の親権代行の場合を除き，家庭裁判所に事件を送致しなければならない（児童福祉法27条の3，少年法6条3項；澤登，2005）。

保護の必要な子どもとしては，犯罪少年，触法少年，虞犯少年，不良行為少年，放任少年，要扶助少年などが考えられ，これらの子どもをどの機関がどのように処遇していくかという振り分けは，各国の歴史的・文化的背景や社会福祉の充実度などによってさまざまである。いずれにしても，次に述べる国際準則等に従った処遇システムを構築し，その際には保護を要するさまざまな少年すべてに対し，教育的・福祉的で，できる限り多様で，できる限り社会内での処遇システムを用意して対応することが大切である。

[4] 少年の処遇に関する国際条約および国際連合規則・ガイドライン

非行少年の処遇に関係する国際条約および国際連合規則・ガイドラインとしては，1985年に少年司法運営に関する国際連合最低基準規則（以下「北京ルールズ」という），1989年に児童の権利に関する条約（以下「子どもの権利条約」という；日本弁護士連合会，2006），1990年に少年非行の防止に関する国際連合ガイドライン（以下「リヤド・ガイドライン」という），および，1990年に自由を奪われた少年の保護に関する国際連合規則（以下「少年保護規則」という）がある。

子どもの権利条約については一部の留保事項を除き，日本は批准していることから，憲法の下位にあり法律の上位に位置する法規範として，国内法的効力が認められる。また，上記3つの国際連合規則等については，条約と同じ効力までは認められないとしても，日本は国際連合に加盟していること，多くの世界各国が協議のうえ賛同してつくり上げた規則等であること，これらは科学的

根拠や経験則など一定の根拠に基づいていること（北京ルールズの注釈等），子どもの権利条約の規定の具体化と見ることができ，その意味では条約と密接不可分の関係にあることなどに鑑みれば，条約に準ずるものとして，同規則等に沿った国内法の整備が求められるといえよう。具体的な内容の紹介は紙面の関係で割愛するが，巻末のweb紹介にアドレスを掲載したので，ぜひ一読されたい。

　最後に，子どもの権利条約に基づき設置されている国連・子どもの権利委員会が，日本に対し，2004年2月に少年司法について勧告した内容を紹介する。①子どもの権利条約（特に37条，39条，40条），北京ルールズ，リヤド・ガイドラインの全面実施，②法改正による少年に対する無期懲役の廃止，③自由の剥奪は最終手段であり，審判前の身体拘束を含め，身体拘束に代わる代替措置の利用を強化し，増加すること，④逆送について，その実務の廃止の観点から見直すこと，⑤法を犯した子どもについて，全法的手続きにおける法的援助の提供，⑥問題行為を伴う子どもを犯罪者として取り扱わないよう確保すること，⑦改善更生および再統合のプログラムを強化すること，以上7点の指摘があった。今後の方向性を示すものとして十分考慮されるべきものと考える。

文献案内　BOOK GUIDE

三井誠・酒巻匡（2006）．『入門刑事手続法 第4版』有斐閣
　▷具体的な書式や統計図表が多用され，実務をふまえつつ，簡潔にまとめられている。刑事手続きの流れや基本原理を視覚的にも把握できるよう工夫された名著。

三井誠・曽根威彦・瀬川晃（2003）．『入門刑事法 第3版』有斐閣
　▷刑法，刑事訴訟法，刑事政策など刑事学全般を簡潔にまとめており，刑事学の全体像をつかむのに役立つ入門書。

澤登俊雄（2005）．『少年法入門 第3版』有斐閣
　▷読みやすいうえに，沿革や国際的な動向もふまえた記述となっている。少年審判手続き全般についての入門書かつ専門書。

【森本志磨子】

少年警察

コラム⑩

　少年警察活動は，一口にいえば「少年に関わるすべての警察活動」であるといえる。少年警察活動の基本となる少年警察活動規則において，「非行少年」とは犯罪少年，触法少年およびぐ犯少年と規定されているが，日常の少年警察活動の中では「非行少年」以外に不良行為少年や犯罪被害少年たちも取り扱っている。

　少年警察活動は，大きく2つの部門に分けられる。1つは少年による犯罪や少年の福祉を害する成人事件の捜査を担当する部門であり，もう1つは少年サポートセンター等における少年の健全育成を図る部門である。少年サポートセンターは各都道府県警察に設置されており，少年問題に関する専門的な知識や技能を有する警察官および少年補導職員が中心となって，①街頭補導活動（喫煙，深夜徘徊等不良行為少年の補導），②少年相談活動（少年に関する悩みや困りごとに関する相談の受理），③立直り支援活動（再非行防止を目的とした社会参加活動等少年の居場所づくり），④被害者支援活動（被害を受けた少年に対する精神的ダメージの回復やその軽減に向けた支援活動），⑤広報啓発活動（非行や犯罪被害の実態ならびに少年警察活動に関する情報の発信），など幅広い活動を行っている。これらの活動の中で，特に少年の心理的特性を理解したうえで適切な処理を求められるのが少年相談活動であり，そこでは比較的非行の初期段階にある少年を取り扱う場合が多い。また少年相談活動はあくまでも強制力を伴わない任意の警察活動である。警察における少年相談のみならず非行臨床においては，面接の枠組みが一般的なものと異なることが多い。それは，来談者と実際に問題を抱えている人物が一致しないということである。当初，来談するのは子どもの問題で困っている保護者や教師等の関係者であり，当の子どもは何ら相談する必要性を感じていないことから，面接の枠に組み込むことに苦慮する場合がある。相談内容は，非行問題，学校問題，交友問題等多岐にわたっており，相談対象者も小・中・高校生等の学生から有職・無職少年まで幅広い。また少年相談の中には，必要に応じて継続的なカウンセリング等を行ったり，面接・心理査定をあわせて資質調査を実施する場合もある。

【来間規子】

第10章

犯罪者・非行少年のアセスメント

1 はじめに
●犯罪・非行の臨床実務におけるアセスメントの役割

　犯罪・非行の臨床実務において，対象者のアセスメントがなぜ必要なのか。この問いに対する答えは，刑事司法過程の中で各職域の実務家がそれぞれの職能に応じて何を目的にアセスメントに関わるかにより異なる。刑事司法過程の入口にあたる捜査段階では，未知の犯人像推定のためのプロファイリングや，被疑者の供述の真偽の確認，犯意や動機の解明等のため，統計解析，ポリグラフによる生理心理学的検査，供述心理学の知見を生かした面接法等によってアセスメントが行われる（渡辺，2005）。また，裁判段階では，責任能力や訴訟能力の審理のために主に精神医学的な技術を活用して精神鑑定が実施され，その一環として心理学的なアセスメントが利用される（林，2001；中谷，2006；山上，2006）。少年審判では，非行少年の社会調査の枠組みの中でアセスメントが実施され裁判所の処遇選択の際の意思決定が支援される（村尾・廣井，2004）。刑務所や少年院等の施設内処遇や保護観察所による社会内処遇の執行段階であれば，対象者の再犯防止や改善更生にふさわしい処遇選択・計画や，指導や処遇効果の評価等のためにアセスメントが求められよう（犬塚，2005；Leis et al., 1995）。
　このように，犯罪・非行の臨床実務における対象者のアセスメントは，臨床

心理学，司法心理学，司法精神医学や犯罪学など関連諸科学の知見や技法を利用し，対象者がなぜ犯罪や非行を起こしたのか，その要因を対象者および対象者を取り巻く環境の双方の観点から多元的に分析・理解し（記述の目的），犯罪や非行にまつわる問題性の深さ，広がりや今後の動向等を評価する方法であり（予測の目的），裁判所等の処分決定機関の意思決定や，刑務所，少年院，保護観察所などの執行機関における対象者の処遇の計画を支援し，究極的には再犯防止や立ち直りを支援する手段となるものである（統制の目的）。

「悪いこと」をした者に対し手間隙かけアセスメントし，職業訓練等の更生支援的処遇を行うことは加害者の過剰な保護で税金の無駄づかいだとか，再犯防止のためには刑罰を重くし社会の安全のため施設にずっと閉じ込めておくべきだという意見をもつ人もいるだろう。しかし，一律に厳罰をもって対処しても，残念ながら犯罪や非行の抑止には寄与しないばかりか，結果的に再犯を増やし刑務所過剰収容等によって社会的負担を増大させることを多くの実証研究や各国における実務の経験が教訓的に示している。

1970年代にマーティンソン（Martinson, 1974）らによって主張された**矯正無効論**やラベリング理論の不介入主義の主張等は，犯罪者の矯正処遇の効果を疑問視する悲観論をあおったが，その後メタ・アナリシスの手法による矯正処遇の再犯抑止効果に関する評価研究が続々と報告され，今日では対象者の特性や問題性をふまえ対象者に適した治療的介入を行えば再犯を有意に低減させることができることが実証されている。北アメリカや西欧地域の犯罪者や非行少年の処遇実務は，再犯防止に効果がある条件を科学的に検証しながら実務を展開し，その知見をさらに実務に還元させていく**エビデンスに基づく実務**（evidence-based practice；**EBP**）の時代に入った（津富，1999a, 1999b, 1999c；Motiuk & Selin, 2000）。こうした中で，アセスメントは，個人レベルで再犯防止や立ち直りを支援する手段となるだけでなく，再犯防止に効果がある条件を探り，限られた人的・物的資源を効果的に必要な対象に投入し，最大限の効果を上げ，処遇プログラムの効果検証や犯罪行動や非行の生起や抑制に関わる要因解明に役立つデータを得る手段としてもいっそう重要性を増している。

本章では，犯罪者や非行少年のアセスメントを行う際の伝統的な手法や留意点を概括的に紹介するとともに，成人犯罪者や非行少年の再犯防止や社会への

再統合を推進するうえでわが国でも本格的な導入が有望視される方法論であるリスク・ニーズアセスメントや効果的な処遇の原則の考え方および今後の実務の方向性を展望する。

2 刑事司法機関による介入の特徴とアセスメントとの関わり

　刑事司法機関による介入は，一般の心理臨床とは異なる特徴をもつ。両者の違いを，藤岡（2001）は，非自発性，二重の役割，秘密保持の制約の3つのキーワードに集約し説明している。この整理の仕方にならい，刑事司法分野における介入の特質とアセスメントとの関係を見ておきたい。
　第1の特徴は，大多数の対象者が非自発的に刑事司法機関に関わる点である。非自発的で義務の履行も厳格に要求されるような関わりは，しばしば対象者の抵抗や反発を招き，動機づけを低下させ，円滑なアセスメントや治療的介入の障害となりうる。このため，犯罪・非行の臨床実務では面接の仕方や対象者の動機づけの喚起について特別な配慮や各種の工夫を要する。なお，この種の権威的介入構造は，介入枠組みがもつ「強制」力や枠の強みが治療的な文脈の中で発揮されれば，有益な効果をもたらすことも多い（例えば，アメリカのドラッグコート実務では，裁判所への出頭や尿検査の義務づけが，治療プログラムからの脱落防止や動機づけ促進に寄与する）。
　第2の特徴は，刑事司法機関の職員は，対象者の立ち直りや円滑な社会復帰を支援する指導・援助者役割を担うとともに社会の安全の確保という社会防衛の使命も負う点である（二重の役割）。刑事政策上の各種施策が，非行少年や受刑者の再犯防止や改善更生を目標としても，働きかけに応じない人はいるし，再犯を完全に防止できる万能の治療・教育プログラムも存在しない。また，再犯が危惧される状態で，所定の刑期が満了したため施設から出所させざるをえない者がいることも事実である。
　第3の特徴は，こうした事情により，対象者の秘密やプライバシーに関わる情報が，潜在的な被害者保護等の関係法令上の要請等から一部制約を受けることである（例えば，自傷他害のおそれのある精神障害者の精神保健福祉法による通

報，特定類型の性犯罪者の釈放時通報制度など）。アセスメントでは，本人の気づきや改善意欲を支え，問題克服に資する援助的働きかけとともに，社会の安全保護という見地から，対象者の予後の見通し，特にどんな条件下で触法行動を再発させるリスクが高まるか，被害の続発を防止するにはいかなる対処が必要かという点などについて，対象者の処遇に関し意思決定を行う機関等に対し，情報を的確に伝達する責務も負う（リスク・コミュニケーション）。

　これらの3つに加えて第4の特徴は，刑事司法制度の中でなされる介入には，必ず時間的制約が伴う点である。刑事司法場面では，所定の刑期なり少年院の教育期間の範囲で刑罰や保護処分を計画的に執行し，改善更生に向けた成果を可能な限り達成しなければならない。アセスメントでは，所定の処遇プログラムを実施する必要性の高い者を，対象者の受講必要性や意欲をふまえ優先性をつけて選択し，所定の時間内で処遇目標の達成ができるような計画策定が求められる。時間的制約に関連し，刑事司法機関で対象者に投入できる人的・物的資源にも制約がある。このため，刑事司法機関の臨床実務では，個々の対象者のケース・マネージメントは，ケースを処遇する機関（例えば，少年院の全般的プログラム運営）や関係機関間のシステム・マネージメント（例えば，少年審判における処分の適正な振り分け）とも密接不可分な関係にある。

3　犯罪・非行の臨床におけるアセスメントの次元と手法

[1] アセスメントの次元

　心身医学や精神医学領域では，心身症や精神障害のアセスメントや治療的介入のアプローチとしてエンジェル（Engel, G.）の提唱した**生物・心理・社会モデル**が活用されているが（西園，2003；及川，2003），人間行動が全般に生物学的，心理的，社会的要因に規定されていることを考えれば，犯罪行動や非行の場合にもこのモデルは適合する。実際，既存の犯罪・非行理論を見ても，犯罪生物学，犯罪心理学，犯罪社会学という次元を異にするレベルで理論構築がなされているが，単一次元（学問領域）からの説明が普遍妥当な説明を与えるような理論はなく，単一原因で説明できるような犯罪や非行もない。同様に，治療・

教育的働きかけに関しても，単一次元からのアプローチだけで再犯抑止が効果的に達成されることなどなく，対象者ごとに比重を変えて，生物・心理的水準からなされる個人への治療や教育の働きかけと社会的な環境調整等のアプローチが相補的に奏功しあうものと考えられる。

こうした多次元的・学際的なアプローチはアセスメントと治療的介入実務でも大切である。性犯罪を例に考えてみよう。成人の性犯罪再犯に関するメタ・アナリシス研究を見ると再犯を支える危険因子には，大別すると一般の犯罪性を支える危険因子群（反社会的態度，衝動性等）と性犯罪に固有の危険因子群（逸脱的性的興奮，異性認知の歪み等）の寄与が確認されており（Hanson & Bussière, 1998；Hanson & Morton-Bourgon, 2004），成人の場合に再犯抑止有効のある働きかけは，抗性ホルモン剤等の投与による性的反応性の無力化や再発防止（RP）プログラムを含めた認知行動療法等である（Lösel & Schmucker, 2005）。個々の対象者のアセスメントでは，このような実証的評価研究で認められた危険因子群の布置を念頭に置き，かつ対象者に固有の事情も加味しながら，系統的に評価し介入計画を編成していくことが再犯防止に効果のある処遇を展開するために必要となろう。生物学的な次元で脳の生化学的機能の特異性や性ホルモンの障害が衝動制御に影響を与えていることが確認されれば，治療的介入には，欧米なら選択的セロトニン再取り込み阻害薬（SSRI）や抗性ホルモン剤等の薬物療法が検討されるかもしれない。ただし，そのような生物学的な特異性のある人でも，性暴力行動に訴えるか否かの違いは，心理的な次元で，セックスやジェンダーに対する認知の歪みや対人スキルの問題等により派生している可能性もあるので，そうした可能性の存否を的確に評価し，その是正のため認知行動療法に基づく心理教育的介入を同時に計画実施することも必要になる。さらに，性暴力をサポートする環境因子がある場合には，性犯罪に肯定的な仲間への接触や性犯罪を誘発しやすい環境条件を外的に統制し，犯罪の引き金となる行動や状況を回避する方法を再発防止計画に組み込み学習させたり，環境を調整したりすることが必要になる。このように問題再発のリスクを減らすためには，各次元の危険因子の寄与や相互作用を見極め，必要な介入を重層的に計画・実施しなければならない。

犯罪や非行の臨床実務場面では，従来から生物・心理・社会の各次元に着目

したアセスメントと介入が，機関内あるいは機関間の専門職の役割分担により実質的には実施されていると思われるが，各次元での対応がばらばらだったり，問題の見立てや評価が的外れでは，有効な治療や教育的な介入につながらない。そこで，性非行少年のアセスメントの仮想事例を取り上げ，具体的にアセスメントの基本的な手法や留意点を概観してみよう。

強制わいせつ事件少年のアセスメントから（仮想事例）

　A少年（男性）は，進学校に通う高校生である。夏休み前の夜9時頃，通学に利用している駅付近の地下通路で，帰宅途中の会社員B子さんを尾行し，後方から胸に抱きつきB子さんを路上に押し倒したところ，B子さんの悲鳴を聞き駆けつけた商店主に取り押さえられ，この事件により少年鑑別所にはじめて入所した。

　ケース担当のC心理技官（女性）は，大学院修了後，実務についたが経験が浅く，先輩職員に指導を受けながら自立を目指している。性犯罪のケースはこれまで数度経験したが，事件概要を読み，少年の卑劣な行為に一瞬怒りを覚え，冷静にならなければと気を取り直し，何となく気詰まりな気持ちで初回面接に出かけた。初回面接で，A少年はほとんどC技官に視線を向けず，しきりに足を揺らし，質問には不明瞭な声でぼそぼそと反応する。今回のような事件は「はじめて」で，帰宅途中「試験勉強に疲れついむらむらしてやってしまいました」と事件のいきさつを述べた。C技官は，事件が少年の自宅付近で起こり，事件の際に少年が制服を着用していたことや保護処分歴がないことなどを確認し，進学校に通う頭のよい少年がこんな発覚しやすい非行をするのはよほど特別な事情があり，一時の衝動に駆られたに違いないと推測した。また，少年も落ち込んでいる様子なので，性的な話題や事件に深入りせず，家庭や学校生活について話題を転じることにした。

　少年の家庭は，高学歴高収入の中流家庭である。父親は管理職で仕事が多忙で不在がちであり，母親も有職で職務分野で活躍している。きょうだいは医大生の姉がいる。少年は母親から優秀な姉と比較され「男のくせに情けない」としかられることもよくあるという。少年は，学校生活では，中学までは常にトップクラスの成績を維持していたが，まわりも少年以上に優秀な者が多い高校に進学後は，成績が伸び悩み，いらいらすることが増えたという。そこで，C技官は家庭や学校の一時的ストレスが今回の事件の原因だろう，事件の様態から見ても少年の性

非行はおそらく偶発・機会的なものだと推察した。

　数日後，集団式の心理検査を実施したところ，知能検査 IQ は 120 近くあり，人格目録式性格検査では防衛的傾向が高く，神経質で暗い気分になりやすい傾向が若干高く出ている以外，特に突出した傾向はなく，態度検査では，社会的望ましさを強調する方向に回答しているものの暴力肯定的な態度は見られなかった。そこで性格面でも特に偏りはないと C 技官は考えた。

　ところが，C 技官が寮で少年の個別担任の D 教官から A 少年の所内生活の様子を聞いてみると，集団室では事件の様子を自慢そうに吹聴するため，同室者から「変な人」だと思われ敬遠されているという。また，普段はとても従順なのに，職員から自慢話の件で注意を受けると不快そうな表情を示し，顔をさっと上気させるが職員に言い返すことはない。面会では母親の理路整然とした説諭をうなだれて聞くだけで少年の側から自発的発言はなく，面会室を出てから悔しそうな表情を示し舌打ちしたことなどがわかった。一方，医師の診察では，対人的コミュニケーションは同世代の少年にしては稚拙だが，特定診断類型に合致するような障害は認められず，精神医学的なケアも必要ないとの所見が示された。

　その後，C 技官は，少年担当の E 家裁調査官とのケース検討の機会に，少年には同様な強制わいせつ事件がこれ以前に 5〜6 回あり，高校入学後，校内で更衣室から同級生（女性）の下着を盗み被害者を畏怖させるようなメモを残したことがあること，母親は今回の事件を大変けがらわしいこととらえているが，少年への監督指導を徹底することを条件に在宅処分を切望していること，今回の事件の被害者は，事件後，急性ストレス障害の診断を受け精神科に通院加療中であり，加害者を許せないと述べていることなどがわかった。C 技官は，予想を超え問題が複雑なことに気づき，アセスメント方針立て直しのため先輩のもとに向かった。

　上の仮想事例で取り上げた少年鑑別所は，主に家庭裁判所により観護措置の決定がなされた非行少年を審判までの間収容し，家庭裁判所の調査や審判に資するため対象少年の心身の情況について**資質鑑別**を行う法務省の機関である。その結果は，**鑑別結果通知書**という報告書にまとめられる。鑑別結果通知書には，対象者の再非行の防止と健全育成推進の観点から最適と思われる処分に関する鑑別判定および理由，人格特徴，心身の疾病等の状況，在所中の行動観察

```
                    ┌──────────┐
                    │   入所   │
                    └────┬─────┘
                         ▼
              ┌────────────────────────┐
              │ オリエンテーション・入所時調査 │
              └────────────────────────┘
```

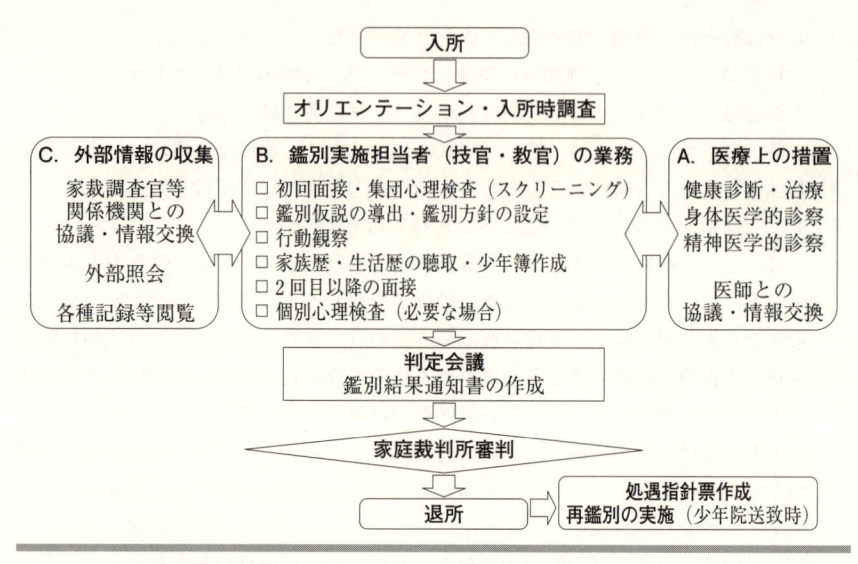

C. 外部情報の収集	B. 鑑別実施担当者（技官・教官）の業務	A. 医療上の措置
家裁調査官等関係機関との協議・情報交換	□ 初回面接・集団心理検査（スクリーニング） □ 鑑別仮説の導出・鑑別方針の設定 □ 行動観察 □ 家族歴・生活歴の聴取・少年簿作成 □ 2回目以降の面接 □ 個別心理検査（必要な場合）	健康診断・治療 身体医学的診察 精神医学的診察
外部照会 各種記録等閲覧		医師との協議・情報交換

```
              ┌────────────────────────┐
              │       判定会議          │
              │  鑑別結果通知書の作成    │
              └────────────┬───────────┘
                           ▼
              ┌────────────────────────┐
              │     家庭裁判所審判       │
              └────────────┬───────────┘
                           ▼
                    ┌──────────┐    ┌─────────────────────────────┐
                    │   退所   │──▶│ 処遇指針票作成              │
                    └──────────┘    │ 再鑑別の実施（少年院送致時） │
                                    └─────────────────────────────┘
```

図 10-1　非行少年の資質鑑別の際のアセスメントの流れ
（出典）法務省法務総合研究所，2005 の図を簡素化した。

結果，非行のメカニズムや少年の資質や環境上の問題に関する分析，処遇目標や具体的な処遇方法に関する指針，予後についての見立て等が記載される。審判に先立ち家庭裁判所に提出された鑑別結果通知書は，家裁調査官が作成する**少年調査記録**につづられ，調査官が実施した保護環境等の調査結果等とともに裁判官による処遇選択の参考とされる。なお，少年鑑別所では，少年の家庭の状況，生活史，テスト所見，在所中の行動観察等を鑑別結果通知書とともにファイルしケース記録（**少年簿**）を別途作成する。少年簿は，刑事施設，少年院，保護観察所の処遇執行機関に引き継がれ対象者の指導や評価に活用される。

　図 10-1 に見るように，少年鑑別所でのアセスメントでは，医学的な診察・診断（A：生物的次元），対象者との面接，各種心理検査，行動観察（B：心理的次元），外部からの情報収集，家裁調査官等関係機関とのケース検討等（C：社会的次元）が少年入所後 2〜3 週間の間逐次行われ，これらの情報が統合され，ケースに対する所見がまとめられ，各次元に沿った介入方策が検討される。実際の実務場面では，上記の仮想事例のような先入観や早分かりによる不適切な

対応を防ぎ、非行の機制に関する各種の仮説検証等の作業を系統的に進めるため、初回面接後に関係職員のミーティングをもつなどしてアセスメントの方針を定め、共通認識をもってケースにアプローチすることが一般的である。

なお、児童福祉分野においては年少の触法少年やぐ犯少年のアセスメントは、児童相談所の医師、児童心理員、児童福祉司が同様に多職種のチーム・アプローチで対応しており、非行少年を処遇する少年院や成人犯罪者を処遇する刑務所等の刑事施設における処遇計画策定のためのアセスメントの場合も、社会的次元の調査や調整で保護観察所との連携が重視されることを除けば、多職種チーム・アプローチでアセスメントが進められる点は共通である。

[2] アセスメントの手法

アセスメントで用いられる手法、その要点および留意点を以下に示す。

① 面　　接

面接は、面接者と対象者との言語および非言語のコミュニケーションを通じ、対象者の思考、感情、行動のパターン、パーソナリティ特性、対人関係、社会的態度、価値観の特徴、家族関係、生活歴、各種の問題行動履歴等のデータを総合的に入手できる手段である。アセスメント目的の面接は初回面接と二次面接に分け数度にわたって実施される。初回面接では、開始時に面接の目的や面接者の役割、面接で得た個人情報の利用の仕方や秘密保持の制約等について十分な説明やオリエンテーションを行い、信頼関係づくりに努めなければならない。初回面接後の見立てに従い、アセスメントのプランをつくり、2回目以降の二次面接では、医学的な診察、心理検査結果や他の情報源から得た情報等も勘案のうえ、可能な仮説を検証・分析したり、ケースの問題を具体的な介入を見据えて定式化し、処遇の方針や内容を固めていく。

犯罪や非行の臨床場面の面接では、一般の臨床場面と同様にカウンセリング・マインドや基本的な面接スキルが必要とされる。ただし、非自発的な関与をしている対象者の場合、自発的な来談者に比べると、否認、矮小化、合理化などさまざまな防衛が働いたり、操作的な態度や欺瞞的な態度ではぐらかしに出て主導権を奪おうとする者もいるため、上記事例のように対象者の発言を鵜呑みにしたり、話題の焦点をすぐずらしたりしてしまうと、対象者を理解する

ために必要なデータはほとんど収集できない。このような対応には，面接者自身の問題も反映される（例えば，性犯罪の場合なら面接者自身の性的な事柄に対する羞恥心等が面接を方向づける；相手の機嫌を損ねずよい援助者だと思われていたいという暗黙の信条は，相手が不快そうな態度を示すとすぐ話題をそらしてしまう態度につながる）。アセスメントの技能向上のために**ケース・スーパービジョン**等の各種研修が必要なのは，こうした事情による。

　また，治療的介入や対象者の評価のために必要なデータを収集する調査に重点をおいた面接では，一定の時間内にケース所見や報告書をまとめなければならないので，援助的に関わりながらも必要な情報は戦略的に収集する姿勢が必要とされる。**半構造化面接**や**構造化面接**の技法は，リスク・アセスメントの場面や精神障害のスクリーニング等の目的で用いられているが（性犯罪の評価のための標準的面接プロトコル，**DSM** に基づく精神障害スクリーニングのための **SCID-Ⅰ** および **SCID-Ⅱ** 等），上記仮想事例でも，性非行に特化した半構造的面接を行えば（藤岡，2006），**性暴力サイクル**（針間，2001；Lane, 1997a, 1997b）を解明するための糸口や治療的介入の目標課題がより明確化するだろう。

　なお，アセスメント目的の面接では，対象者理解や処遇の手がかりを把握するためのデータ収集等の調査に重点がおかれることが多いとはいえ，対象者が自分自身の問題に目を向け犯罪や非行を克服するための貴重な契機にもなり，治療的介入の導入期にもあたる。このため，対象者が，どの程度自分の問題に取り組む準備ができているか，また，変化に向けた動機づけを掘り起こすためにどんな対応が望ましいかを検討しておくことも大切である。この際に，薬物依存者の治療経験から生まれたプロチャスカ（Prochaska, J. O.）とディクレメンテ（DiClemente, C. C.）の「**変化の段階**」の考え方（Conners et al., 2001）は，嗜癖行動に限らず対象者の状態把握に有用であり，**モチベーショナル・インタビューイング**（動機づけ促進のための面接技法；Miller & Rollnick, 2002）とともに学習しておくとよい。

② 心理検査

　心理検査は，主に対象者の人格機能を客観的に把握するために用いられてきた。心理検査は，検査が意図する測定領域，構造化の程度，心理測定的な特性等により非常に多様なものが存在するが，アセスメントにおいては，使用する

心理検査の信頼性，妥当性，施行可能性等を勘案のうえ，検査目的に沿った必要十分な種類・内容の検査を選択して**テスト・バッテリー**を組み，実施することが一般的である。

　矯正施設のように一度に多数の対象者の評価を求められる場面では，初期のスクリーニング段階で，知能，性格特性や社会的態度等についておおまかな見立てを行うため集団場面で施行可能な心理検査が実施される。スクリーニング用途の検査は，対象者の長所や問題点をあまねく浮き彫りにできるほどの効用はなく，アセスメントの仮説設定についておおまかな目安を与える程度の手がかりにすぎない。また，人格目録式の性格テストや社会的態度に関する心理検査の場合は，防衛的な反応態度や社会的望ましさに対する反応セット等が検査結果に影響するので，検査結果の解釈では面接所見や生活歴上のエピソード等も突き合わせて解釈を進める必要がある。上記事例では，知的に一見問題なさそうなのに，なぜ「頭がよい」人とは思えないような行動をしたのかという点や，防衛的な傾向とともに抑うつ的な傾向が高めに出ている意味などを，本人の主観的認知や行動観察上の所見等と対比させ，新たな仮説検証のために個別検査のバッテリーを組んで検討することが望ましい。

　二次的に施行される心理検査は，犯罪や非行の背景に器質的障害，精神障害等が関与している可能性のある場合や，医学的関与を要する疾病や障害が認められなくても犯罪や非行のメカニズムが了解し難い場合，さらに，処遇計画を策定するうえで，本人の適性や学習スタイルにあった指導方法を検討したい場合などに目的に応じて実施する（例えば，脳の機能不全が推察される場合の神経心理学的検査によるスクリーニング；ウェクスラー式個別知能検査による知的機能の構造的把握と治療・教育上の手がかりの導出；ロールシャッハやTATといった投影法検査による外界認知，葛藤，愛着や対象関係の発達等についての検討；キャリア・ガイダンスのための職業興味・適性の把握等）。

　なお，心理検査類によるアセスメントは，初期アセスメント段階の状態像をとらえるだけでなく，治療的介入実施前のベースライン状態を測定し，介入中および介入完了時までの変化をモニターしプロセス評価を行うために活用できる。再検査法によるプロセス評価は，プログラム以外の条件の統制がなされなければ再犯抑止に及ぼす介入プログラムの効果を検証するためのアウトカム評

価に直接の関連性はもたないが，このように処遇経過を客観的にモニターしデータを組織的に収集する体制づくりは，実務を点検・検証し，説明責任を果たし，エビデンスに基づく実務の基盤を整備するために欠かせないステップである。

③ 行動観察

行動観察の方式には，ありのままの状態を観察者が刺激を与えず静的に観察する方式，観察する注視点や条件を統制し行動を組織的にサンプルする方式，意図的に刺激や操作を加え実験的に行動を観察する方式等がある。面接や心理検査時の行動観察がその解釈に大変貴重な示唆を与えるように，優れた行動観察は対象者像をありありと浮き彫りにする。上記事例のように，面接場面で面接者という権威者に示す態度や行動が，同輩集団への態度や行動と大きくずれて観察されることもしばしばある。上記事例でいえば，女性権威者に対する非主張的な態度と同世代の同性の前で示した場違いで背伸びをした態度とのずれを探るため，面接や心理検査で異性観等をさらに検討してみるとよい。なお，最近は諸外国で用いられている標準化されたチェックリスト方式の行動アセスメントにならい，犯罪・非行の臨床実務場面でも，軽度発達障害のスクリーニング等の目的で客観的なチェックリストによる評定が活用されるようになっている。行動レパートリーの評価や発達の状況などを客観的に評価するためにも，この種の評価手法の発展や実務への定着が期待される。

④ 医学的診察・診断

心身の健康状態は対象者の生活や行動の機能水準に大きく影響する。対象者に心身の障害や疾病が合併している場合は，医学的治療が最優先の課題とされることもある（例えば，妊娠に対するケアや覚せい剤精神病の治療）。児童期から青年期にかけては，各種の発達障害や精神障害が好発する時期にあたるので，こうした障害を見逃し対応を見誤ると二次障害として生じた非行や犯罪を遷延化・悪化させてしまう可能性もある（例えば，DBD マーチ）。このため，身体・精神医学的な障害・疾病や治療の要否は医師による診察や各種の医学的検査で慎重に鑑別診断を行い，心理・社会的次元からアセスメントする前に除外診断を得ておかねばならない。心理の専門家は障害や疾病を診断する立場にはないが，ケースを適切に医療につなぐため DSM-IV-TR（American Psychiatry

Association, 2000) や ICD-10 (World Health Organization, 1992) の診断枠組みや精神病理学に関する学習をしておく必要がある。上記事例では，強迫的な行動パターンの反復に着目し，背景に発達障害圏の病理の関与する可能性（十一・崎濱，2002；十一，2006）を，仮説の1つとして検討しておく必要があろう。

⑤ 外部の情報の活用

　対象者の情報を複数の情報源から得ることは，客観的な事実に関わる情報の信頼性が概して増す利点があるほか，対象者を取り巻く家庭，学校・職場，地域社会など環境次元の変数との相互作用の観点から犯罪や非行の問題を分析し，介入手がかりや利用できる社会資源を明らかにする点でも意義がある。特に，犯罪や非行の履歴や内容に関わる情報は，犯罪や非行の進度や学習の程度を正当に評価するため重要であり，被害に関わる情報も，対象者に各種の責任に処遇を通じて向き合わせるためできるだけくわしく得ておきたい。なお，家族等から情報を収集する場合には，一方的に情報を収集するだけでなく，要請があれば悩みなども傾聴し，対象者への対応に関する助言指導にあたったり，心理教育的働きかけも可能な範囲で行うことが望ましい。

⑥ ケース記録の作成とアセスメント所見のまとめ

　以上のようにアセスメントは，各手法から得た情報を相補的に検討・統合し仮説検証を進め，対象者の問題を定式化し，問題の打開に向けた介入方策を多次元的に編成していくプロセスである。各手法により得られた情報から，対象者の家族歴や生活史が犯罪や非行の履歴等とともにまとめられケース記録がつくられる。ケース記録をまとめる際には，対象者が生物・心理・社会の各次元でどのような発達を遂げてきたかを跡づけ，家族等との対人関係をどのように体験・形成し，どのようなパターンで向社会的行動や非・反社会的行動に関わってきたかなどを対象者の立場に身をおいて追体験するかのように聴取しまとめていくと，対象者が当面する課題が浮き彫りになるように思われる。また，家族歴をジェノグラムをとって検討してみると，虐待や嗜癖行動の連鎖が見られることもあるし，対象者にとって生活史上の転機となったエピソードを見ると，発達上の課題へのつまずきが犯罪や非行への危険因子として機能していたり，重要な他者との出会いが保護因子として機能していることが明らかになることもある。このようにケース記録を整理する際には，問題行動につながる要

因を洗い出すとともに，対象者の健康な部分を探り，これを支持し育む視点も必要である。

　アセスメントの所見は，本人の歴史に関わる縦断的な所見と現在の状態像をなす横断的な所見とを縦糸と横糸のように織り上げていく過程に似ている。対象者のパーソナリティ特徴の描写やケースの分析は，担当者の依拠する人格観（例えば，**特性論**，**類型論**，**精神力動論**）やどのような対象範囲や手法の介入アプローチを想定しているかなどにより記載内容やスタイルに幅が出ると思われるが，対象者の人格の統合水準（精神病水準，人格障害水準，神経症水準）や対人的認知発達の程度や非行や犯罪の進度により，犯罪や非行の意味づけや介入方策は大きく変わってくるので，この点を区別しておくことが重要である。また，犯罪や非行の分析についても，担当者が依拠する理論的枠組みが影響するにしても，問題行動の促進・抑制に関わる要因群や機序，対象者の更生支援や適応促進のために有効と思われる働きかけ，予後の見通しについては，意思決定者が判断しやすく介入する側が指導しやすく，かつ対象者と処遇者との更生に向いた協働作業が円滑に進むように具体的に記載する必要がある。ケース報告書はアセスメントの集大成であり，適切な見立てに基づき理解しやすく処遇に役立つ記載をするためには，面接やテスト技法の習熟と同様に綿密な研修や指導が欠かせない。

4 アセスメントの将来
　●再犯抑止や更生支援に効果的な処遇推進の方向性

　アセスメントは，究極的に対象者の再犯抑止に役立ち，適切な処遇の実施を通じて更生を支援するものでなければならない。それでは，再犯抑止に効果のある処遇とはいかなる条件が必要で，アセスメントには何が要求されるのだろうか。この疑問に対する1つの答えがアンドリュースら（Andrews, 1989；Andrews & Bonta, 1998；Bonta, 1996, 2002）による効果的な処遇のための諸原則の考え方である。彼らは，伝統的な非構造的臨床判断や一般的心理検査による予後評定は，再犯リスク評価に特化した保険数理統計的リスクアセスメント

ツールに比べ，再犯予測力が劣るという証拠をもとにアセスメントのあり方についても見直しを迫っており，客観的評価ツールの使用を前提とした以下に述べるリスク，ニード，反応性，専門的裁量原則の適用を推奨している。

犯罪行動や非行は，感染症のように特定ウィルスのような単一原因によって一元的に説明できるものではないが，原因が特定できなくてもその生起確率の増減に関連することが疫学調査等から経験的に知られている要因（＝**危険因子**〔risk factor〕）に着目し，それを統制することで目標とする症状や問題の発生を低下させることはできる。犯罪や非行に関する縦断的な**コーホート調査**等の疫学的実証研究やメタ・アナリシスの手法を利用した評価研究等の知見によって，犯罪や非行の生起確率を増大させる特定危険因子（これを特に**犯因性リスク**〔criminogenic risk〕という）の知見が蓄積されつつあり，その知見を犯罪や非行の防止に応用しようという動きが高まっている。

犯因性リスクは，さらに対象者の年齢や犯罪前歴のような**静的・履歴的な危険因子**と，治療的介入により変容可能な**動的危険因子**とに分類される。動的危険因子は治療的介入の際のターゲットとなるため，特に（犯因性）ニードともよばれ，時間的安定性の面から**安定的リスク**と**急性的リスク**に細分される（表10-1参照）。介入プログラムでは，犯罪を支える態度や行動傾向等の安定的危険因子には認知行動療法で変容を図り，急性的危険因子は再発防止計画でモニターするなど各区分に対応した介入が組織的に編成される。

① **リスク原則**

リスク原則とは，対象者がもつ再犯リスク水準にマッチさせて介入強度を変えることが総体的に見て再犯率減少につながるという原則である。この原則に従えば，低リスク者には不介入や社会内の資源を活用した軽度の介入（例えば，通所による心理教育的な再発防止措置等）を行い，高リスク者には施設内での集中的治療プログラムの受講や，その後の監督指導を継続的に実施するように手厚い対処が求められる。この原則は一見常識にすぎないと思われるかもしれないが，対象者の犯因性リスクの水準を適切に評価できなければ，この原則の適用は出発点から崩れてしまう。また，この原則は，リスク水準の変化をふまえた介入や監督指導の内容の変更を要請するため，動的危険因子を中心にアセスメントを反復・継続することが必要になる。よって，リスク原則を組織的に適

表 10-1　危険因子の種類

リスクの種類	説　　明	危険因子の例 (性犯罪の場合)
静的・履歴的リスク (static/historical)	・履歴関連の危険因子でほとんど変化しない。 ・長期的な再犯予測に関連性が高いため，リスクアセスメントツールの評定項目の多くは静的危険因子から構成されやすい。	年齢若年, 性犯罪歴, 面識のない被害者, 保護観察中再犯歴など
動的・安定的リスク (dynamic-stable)	・数カ月〜数年程度持続する性格特徴等の比較的安定的な危険因子。 ・処遇プログラムによって変容させることが可能。治療的介入のターゲットになり，変化すればリスクが減少し，再犯可能性の低下が期待される。	自己統制の悪さ, 性暴力肯定的態度, 性的な固執性, 逸脱した性的興奮, 認知の歪みなど
動的・急性的リスク (dynamic-acute)	・状況に応じて数週間〜数秒程度で変化する要因。このため時間的安定性が低い。 ・長期にわたって作用するリスクではないが，性暴力サイクルでは，誘因や状況因として作用しやすいため，問題再発の警戒要因として，再発防止計画や監督指導上注意を要する要因群。	否定的気分, 怒り, 飲酒による酩酊, 潜在被害者への接近, ソーシャル・サポート喪失など

（出典）　Hanson, 2000 に基づき作成。

用する場合には，信頼性や妥当性を備えた保険数理統計的リスクアセスメントツールの開発や利用が不可欠であり，介入中のモニタリングや評価は初期アセスメントと同等に重視される。日本では，暴力再犯リスクの評価等のためにPCL-R を利用したり，性犯罪再犯リスク評価のために Static-99（Hanson & Thornton, 1999）などを利用するという形で，保険数理統計的なリスクアセスメントツールへの関心が増し，試行的に利用されるようになってきたが，標準化の作業は今後の課題である（安藤，2003）。なお，リスクアセスメントツールの利用は，包括的なアセスメントの一要素にすぎないことや，ツールによる予測や評価にはエラーや限界も伴う点に十分注意しなければならない（吉川，

2006)。

② ニード原則

ニード原則とは，再犯に関連性の高い**動的リスク**（＝犯因性ニード）に焦点づけた介入が再犯の低下をもたらすのでこれをターゲットに処遇を実施せよという原則である。性犯罪の場合なら，対象者がもつ性犯罪関連の動的リスク（例えば，認知の歪み，逸脱的な性的興奮パターン，対人的な親密さの不足等）の変容に特に焦点をあてた介入を行うべきだということになる。上述のように，刑事司法の介入には時間的な制約があり，人的・物的資源も有限であり，この原則はリスク原則とともに有限な資源を最適に利用するための原則ともいえる。アセスメントでは，対象者の犯因性ニードは何かを解明することがこの原則適用の前提となる。そのため，アセスメントの実施者が，ニードアセスメントツール（性犯罪の場合，SONAR〔Hanson & Harris, 2000〕など）や半構造化面接で対象者の犯罪や非行の動的リスクを系統的に評価する体制づくりが必要になる。

③ 反応性原則

反応性原則とは，処遇課題の学習は，対象者の能力や学習スタイル等の対象者の反応性に最もフィットする処遇内容や方法を整えることにより，最大限の効果を発揮するという原則である。アンドリュースらは，犯罪者が社会的な存在であることを考えれば，一般的には最も効果がある介入様態は，社会的学習理論や認知行動理論に立脚した手法の適用だと主張している。治療・教育上のニーズを異にする対象者の反応性に着目した処遇は，**処遇の個別化**の理念を具体的に推進する方法であり，心理学的な観点からのアセスメントは，この原則を実現するために最も真価が発揮される。

④ 専門的裁量原則

専門的裁量原則とは，客観的なアセスメントで評定されるリスクやニードの水準を考慮したうえで，専門的な見地から裁量的に判断を変えることが相当な場合，専門的裁量を許容する原則である。例えば，一般的にリスクアセスメントツールには，再犯の宣言という評定項目は入っていないが，あるツールの評価が中程度の再犯リスクであっても，「施設を出たらまた再犯します」と平然と述べる対象者を中程度のリスクと判定するのは不適当であり，そのような場合には，処遇や監督指導において特別な対策を講じなければならない。

以上の原則は，要するに犯罪行動をプッシュするリスクの水準を低減させることによる統制を目指しており**リスク低減アプローチ**といわれる。このような考え方に立脚して実務を構築し，処遇効果に関する評価研究を逐次実施しながら，実証的な根拠に基づく実務を展開しているのがカナダの連邦矯正局（CSC, 2003；黒澤，2004）や，カナダの先駆的実務モデルに影響を受けたイギリス等各国の成人犯罪者や非行少年の処遇実務である。アンドリュースら（Andrews et al., 2006）は，犯罪・非行分野のアセスメントは客観的な評価ツールによるリスク・ニードアセスメントの時代（第三世代のアセスメント）から，この手法を利用し犯罪・非行の再発にまつわる要因や効果的な処遇の条件をメタ・アナリシスの手法で解明し実務に還元していく第四世代時代に入ったと述べている。第四世代のアセスメントや処遇実務の特徴は，実証研究と臨床実務が連動しているだけでなく，関係機関が同じアセスメントの枠組みを用いて対象者の情報を共有化し，プログラムに継続性をもたせ，共通のものさしで評価し，データベースや情報ネットワーク等のIT技術を利用し，処遇後の成り行き調査や処遇効果検証まで一貫して行う体制であり，21世紀の多機関協働の実務はこうした方向に進んでいくと筆者は考えている。

　なお，再犯防止のためのケース・マネージメントを考える場合に，見逃せないもう1つの視点は，家族からの肯定的サポートなど犯罪行動を抑止する要因（**保護因子**；protective factor）への着目である。アセスメントでリスクと保護因子を分析する場合，分析単位を個人，家族，学校・職場，仲間集団，地域社会と複眼的に見ていく視点は，さまざまな水準の予防施策を展開させていくうえでも欠かせない（津富，2005；寺村，2006）。こうした考え方を応用して犯罪や非行の予防や処遇に結びつけようとする方法論（Loeber & Farrington, 1998；向井，2005）やアメリカ少年裁判所のアセスメント実務例など（Barnoski, 2004）も今後のわが国の犯罪・非行の臨床実務を見直していくうえで参考になると思われる。

文献案内　BOOK GUIDE

上里一郎監修（2001）．『心理アセスメントハンドブック　第2版』西村書店

▷類書は多数あるが，心理検査についての包括的な解説書で学習の手がかりを得やすい。

藤岡淳子（2001）．『非行少年の加害と被害——非行心理臨床の現場から』誠信書房
▷犯罪・非行理解の枠組み，アセスメントの具体的な進め方やアセスメントと治療的介入の関わりが豊富な学術・臨床体験に基づき理解しやすくカバーされている。

奥村雄介・野村俊明（2006）．『非行精神医学——青少年の問題行動への実践的アプローチ』医学書院
▷精神医学の立場から豊富に非行の臨床症例を紹介しており，非行少年のアセスメントや治療・教育的な介入上留意すべき点が簡潔・的確に指摘されている。

下山晴彦編（2003）．『よくわかる臨床心理学』ミネルヴァ書房
▷科学者—実践家モデルの臨床心理学の考え方がよく反映され，介入や評価研究のためのアセスメントの考え方もわかりやすく整理され，学習発展の糸口になる。

山下皓編（2006）．『犯罪と犯罪者の精神医学（司法精神医学3）』中山書店
▷犯罪学関連諸分野の概論，犯罪類型ごとの理論・実証的知見等に関する考察，各種の精神障害と犯罪の関わり，被害者心理など，犯罪・非行分野のアセスメントで心得ておくべきベースとなる知識を得るのに有用である。

【寺村堅志】

家庭裁判所調査官

コラム⑪

　家庭裁判所は，非行のあった少年に対する処遇決定機関である。
　処遇を決めるにあたっては，犯した罪の軽重だけではなく，非行に至るプロセスを丁寧に観ていき，その少年は何をしたくてそれ（非行）をしたのか，どのようなつまずき方をしているのかといった非行のメカニズムを明らかにしなければならない。そのうえで，その少年が変わっていくためには何をどうすればよいかといった処遇指針を考える。それには人間の心や行動を深く理解し，援助する専門家が必要であり，裁判所という司法機関にあって，その役割を担っているのが家庭裁判所調査官（以下「調査官」と記す）である。
　調査官は国家公務員の一職種で，その数は全国におよそ1500人おり，各都道府県の家庭裁判所本庁および主要な支部に配置されている。
　調査官の仕事の大きな柱は，少年や保護者との面接である。通常，1つのケースで少年と面接するのは1〜3回程度である（例外的に，試験観察といって，最終処遇を保留し，数カ月間，定期的に面接を継続して関わる場合もある）。少年らにどれだけ話してもらえるか，1回1回が真剣勝負である。
　面接以外では，適宜心理テストを活用したり，家庭訪問を行ったり，学校の先生や雇い主から話を聴いたり，被害者の声を聴いたりなど，調査の方法や対象はさまざまである。そして，調査の結果，少年に何らかの処遇を与える必要があるか，あるとすればどんな処遇が必要かを処遇意見としてまとめ，裁判官に報告する。提出した報告書は，審判での処遇決定を経て，処遇機関（保護観察所や少年院など）に引き継がれる。
　こうした通常の調査に加え，少年を社会奉仕活動に参加させたり，薬物講習を実施したり，子どもの非行で悩んでいる親同士の話し合いや，被害について考えさせる講習会を企画，運営するなど，少年やその家族に対するさまざまな働きかけも行っている。さらには，こうした日々の実践から得られた知見をもとに，非行臨床に関する研究活動を行い，その結果を社会に還元するなど，その役割は多岐にわたっている。
　調査官が少年と関わるのは，ごく限られた期間である。しかし，それは処遇決定という人生を大きく左右するかもしれない局面での関わりである。少年は担当調査官を選べない。その職責の重さに改めて身の引き締まる思いである。

【中城正義】

第11章
犯罪・非行の治療教育

1 犯罪・非行の治療教育とは

[1] 治療教育の目的

　犯罪・非行の治療教育の目的は，一言で言えば，犯罪者・非行少年が他者も自分も害することなく，他者の平和で安全な生活を妨げずに自分自身も適度な満足感をもって生活できるようになる（変化，成長する）ことであろう。犯罪・非行は，他者あるいは社会との関わりにおいて問題とされる行為である。犯罪者・非行少年は何らかの社会的逸脱行為によって司法機関あるいは福祉機関と関わることになったのであり，第一義的にはそうした逸脱行為の抑止が求められる。それは，これ以上被害者を増やさないことであり，自分自身が不快な体験を重ねないことでもある。また，多くの場合，社会的な場に自分の安定した居場所がもてないことを背景にした被害感，低い自己評価，社会的な劣位感，敵意など否定的な感情が犯罪・非行を動機づけていることから，社会の中に自己効力感をもって生活できる場がもてることは，本人の良好な社会適応という観点だけではなく，再犯防止のうえからも大切となる。

　犯罪や非行を犯すのは，その人の悪い一部分ではなく，また，犯罪や非行を犯すときに別人格になるわけでもない。サッカー（Thakker, 2006）は，人間の行為はすべて自分にとって価値あるものに到達するための試みであり，犯罪の問題性はそれを手に入れる方法にあると考えた。そして，特に少年の場合，彼

らが発達の過程にあることに注目し，問題や障害の除去というよりは，もっと積極的に将来に目を向けて，彼らが犯罪行為の中にどのような価値あるものを求めたのかを理解し，社会的に受け入れられ個人的にも満足できる方法で，それを手に入れるために必要なスキルと能力を身につけさせ，再犯のリスクに関わることがないようなよい生活の仕方をデザインすることに治療の重点をおくことを提唱している。いじめを受け，傷つけられた自己イメージの回復を求めて不良交友に接近し，不良仲間の価値観や行動様式を取り入れる中で，強くなりたいという思いを他者への暴力的・支配的行動で表現することを学習する少年はよくいるが，強い自己イメージを求めること自体が問題なのではなく，それを表現するあるいは獲得する手段が問題なのである。そして，強くなりたい思いは犯罪を犯すときにだけではなく，例えば一人前として認められようと仕事で頑張るというような行動としても現れうる。また，仕事で頑張っている反面，そうした自分と比べて気楽に遊んでいるように見える学生の身分の友達をねたましく思っているかもしれないし，職場では言いたいことが言えず不満を溜め込んでいるかもしれない。このような少年の場合，治療教育の目的は，強くなりたいという彼の思いを認めたうえで，強いというのは本当はどういうことなのかをよく吟味させ，強くなるためにはどうしたらよいか，社会に受け入れられる形で強さを表現するためにはどうしたらよいかを学ばせることであろう。強さを誤ってとらえて暴力を肯定したり，自らの被害感などを**投影して**偏った他者認知をしたりするといった**認知の歪み**への介入，暴力肯定的な態度のモデルとなる不良仲間からの離脱，アサーション・トレーニング，ストレス・マネージメント，自己統制力の獲得などが必要ということになる。

[2] **犯罪・非行臨床の特質と対応**
　① **治療教育への動機づけ**
　一般臨床と犯罪・非行臨床の違いについては多くのことが指摘されている。まず，犯罪・非行臨床では対象者が自発的に治療を求めることは普通はなく，ほとんどは逸脱行為によって心ならずも臨床の場へと強制的に引き出されることである。たいていは治療教育する側が社会的権威・権力を背景にし，治療教育を受ける者の今後についての決定に関与できる立場にあることもあって，必

ずしも明確に反抗的,拒否的態度を示しはしないものの,それまでの体験から権威への反発や不信感があることが多いし,非難を避けて自分を守ろうとの防衛も作用し,一般に警戒的で働きかけへの抵抗は強い。中には,その場をうまく取り繕って表面的にやりすごしたり,治療者に迎合的な姿勢を見せつつ,できれば自分に有利なようにことを運び,治療者に都合よく動いてもらうために操作しようとしたりする者もいる。こうした治療教育への**動機づけ**の乏しい対象者にどう対処するかが問われる。

　対象者に真っ向から対決して議論したり,道理を説いて説得にかかったりすることは得策ではない。そうした対応はますます対象者の抵抗を強めるばかりでなく,対象者との主導権争いやパワーゲームに巻き込まれ,対象者に治療教育への反発を正当化する理由を与え,**治療構造**を破壊するからである。結局のところ自分を変えるか変えないかを決めるのは対象者自身であり,問題となっている行動をめぐる対象者の考えや感情に耳を傾け,本人の中にある変化への動機を見出し,それを引き出していくことが適切である。

　不信感や警戒心についてよく聞いていくと,信頼してほしい,わかってほしいという裏腹な気持ちがひそんでいることがある。「どうせ先生なんか自分らとは住む世界が違うんですよ」と言いながら,内心はわかってほしいのである。また,強制的に変えさせられることには反発的であるとしても,自分の現状をまったく肯定しているわけではなく,彼らなりにこのままではまずいのではないかと感じていることが多い。この裏腹な気持ち,両価的な感情や態度は犯罪者・非行少年に特徴的ともいえる。攻撃的な態度や行動が甘えの裏返しであることもよくあるし,犯罪行為を正当化するような強弁が後ろめたさを隠すためであることもある。対象者の表面に現れた言動だけで判断するのでなく,言外に示された感情や意図に配慮しつつ,対象者の中にある変化,成長につながる思いを汲み取っていくことが大切である。

　② **治療教育者の立ち位置**

　犯罪・非行は,社会に対する侵害行為であることから,犯罪者・非行少年の治療教育にあたる者は,社会（潜在的被害者）に対してと,対象者に対してと二重の責任を負わされ,**二重の役割**が期待される。1つは社会を犯罪・非行から守る,つまり再犯を防ぐという社会防衛であり,もう1つは犯罪者・非行少

年に対してその必要性に応じて治療教育をするということである。また，治療教育にあたる者はほとんどの場合，公的機関に所属しており，その機関に与えられた法的権限の執行の役割を担うことになる。対象者の適応や成長を助ける援助者としての役割と同時に，権力を背景に，法的処分執行のための監督者あるいは法的処分決定のための評価者としての役割をも果たさなければならない。2つの役割の間にジレンマが生じることになるが，犯罪・非行の治療教育の目的に立ち戻って，両者の役割を統合する道を探すことが必要であろう。神田橋（2003）は，こうした疑問に対して，対象者のおかれた現実における事実を丁寧に教え，その状況に戸惑わずに適応していけるようにするのがサポートである，そしてサポートとは，働きかけが相手によい未来があるようにと計画されていることであると述べている。また，生島（2003）は，「自らの権能を自覚し，そのパワーを治療的に活用する視点を持っていることがポイントとなる」と述べ，二重性が強みにもなることを指摘している。

　上記のこととも関連して，犯罪者・非行少年の治療教育にあたる者が考慮しなければならないもう1つのことは，**秘密保持**に一般臨床とは異なる限界があることである。対象者の治療教育に関わる他の部署，機関との情報交換が必要になるし，治療者は報告義務も負わされている。これについても，対象者のおかれた現実の立場に必然的に伴うものとしてあらかじめきちんと教えておく必要がある。こうした**限界設定**が，治療構造を明確にし，治療者，対象者双方を守ることになり，また，治療者として偽りなく誠実に対象者に対することを可能にもする。

　なお，犯罪者・非行少年の処遇の流れ（第9章参照）を見るとわかるように，対象者はさまざまな機関の間を移動することになる。それぞれの機関の治療教育担当者は，対象者にはじめから終わりまで関わることはできない。また，究極的な目的は同じであっても，それぞれの機関の設置目的は異なり，根拠となる法律も異なる。治療者としては，このことをよく頭におき，対象者の次の機関での治療教育が円滑に，かつ連続性をもってなされるように配慮する必要がある。

　以上のようなことは，単に役割として遂行すればよいというものではない。アンドリュースとボンタ（Andrews & Bonta, 1998）は，重要な行動への影響力

に関する2つの基本原則について述べている。1つは，関係の原則（対人関係の影響力は，開放的で，温かい，熱心なコミュニケーション，そして相互の敬意と好意によって特徴づけられる状態で最大となる），もう1つは，随伴性（コンティンジェンシー）の原則（対人関係の影響力が肯犯罪的か反犯罪的かどちらの方向に作用するかについては，伝達されたメッセージの内容，あるいはモデルとされ強化の対象とされる行動パターンの性質が肯犯罪的か反犯罪的かによって決定される）である。関係の原則は，あらゆる心理治療的な働きかけの原則であるし，随伴性の原則は，犯罪・非行の治療教育において欠くことができないものであり，この2つの原則は，犯罪・非行臨床においてぶつかる問題を解決しようとする際の重要な視点となると考えられる。

③ 転移・逆転移と行動化

他の心理臨床におけるのと同様，犯罪・非行の治療教育においても，**転移・逆転移や行動化**（アクティング・アウト）が問題となる。

犯罪者・非行少年の多くで**対象関係**が不安定であることを考えると，対象者が，父親や母親との関係，あるいは異性との関係を治療教育担当者との間で反復再現するということは十分ありうることである。また，治療教育担当者の側にも，それに応じて，あるいは対象者と接することによってもともと抱えていた内面の問題や未解決の葛藤を刺激されて，対象者に対して陽性，陰性さまざまな反応が生じうる。対象者の陰性転移によって，あるいは対象者の行為への嫌悪感から陰性の逆転移が生じることもあろうし，対象者の境遇への同情から陽性の逆転移が生じることもあろう。攻撃性を扱うことに不安が強く攻撃性を受け入れることができなかったり，人を救うことで自分が救われようとするような心理機制を背景に万能の援助者であろうとしたりする場合には，特に注意が必要である。変化の責任を負う主体は対象者で，治療者はあくまでそれを手助けする援助者であるというスタンスに立つことが助けになろう。治療者は自分の内面を探り自己分析して，自分が対象者からどういう投影を受けやすいか，また，自分は対象者に対してどういう投影を向けやすいかについて理解しておくことが必要である。

もう1つ，犯罪者・非行少年の治療教育を行うときに生じやすいこととして注意しなければならないのは，行動化である。行動化は，治療過程で転移との

関連で生じるものと，治療とは関係なく葛藤を外在化させやすい行動化傾向の強い人に起こるものとに分けられているが，行動化傾向の強い犯罪者・非行少年の治療教育においては，両方の意味で行動化が生じやすいといえ，両者は明確に区別できない。ただ，治療教育の過程で生じたことであれば，その状況との関連を無視することはできず，対象者の行動を単に行動化傾向の表れと見るのではなく，治療教育の状況，治療教育担当者との関係に照らしてその意味をとらえ，対処する必要がある。こうした行動は，この人は味方のような顔をしているけれど本当だろうか，こんなことをしても見捨てないだろうかといった気持ちから治療者を試し，挑戦する意味合いを含んでいることが多く，挑戦に乗って拒絶的になったり過度に迎合的になったりせず，対象者の行動によっても変わることのない姿勢を保つことが信頼関係を築くうえでも大切である。治療者側の逆転移が対象者の行動化を生じさせることがあることも留意すべきである。

[3] 効果的な治療教育

再犯を防ぐことを第一義的な目的とする犯罪・非行の治療教育においては，その効果を少しでも上げることが重要な責務となる。治療教育の目的を達成するために，対象者の特質，治療教育にかけられる時間的制約，治療教育の枠組みなどを考慮して，効果的な方法を選ばなければならない。

アンドリュースとボンタ（Andrews & Bonta, 1998）は，効果的な治療教育を進めるための3原則として，リスク原則，ニード原則，反応性原則を挙げ，対象者の再犯リスクに応じて，対象者の犯罪生起に関わる可変的な特定要因（反社会的態度，反社会的認知など犯罪誘発性のニード）をターゲットに，対象者の治療反応性に適合した，構造的で焦点づけられた治療教育を提供すべきであると述べている。

最近の欧米における治療教育の効果，再犯率に関する研究のメタ・アナリシスは一貫して，犯罪要因に焦点をあてて変化に向けた働きかけをしないクライエント中心の治療，また，対話や心理的な解釈，治療者—クライエント関係を重視する精神力動的，洞察志向的な治療は効果があまりなく，一方，最も効果的なのは，行動主義的，社会学習的，認知行動療法的治療であると結論してい

る。先に紹介した基本原則のうち関係性のみが重視されて随伴性が考慮されなければ，反犯罪的な方向での影響力が及ばないし，また，一般的に内省的な態度や言語的な能力に乏しく，悩みや葛藤を抱えておられず行動化しやすいといった対象者の特性からも洞察志向的な治療は奏功しにくいと考えられる。

認知行動療法は，社会との相互作用に影響されて獲得されてきた考え方や信念，価値観といった個人の認知が問題や症状を発生あるいは維持させているととらえ，変容可能な認知と行動に働きかけて問題を合理的に解決するために計画された構造的な治療法の総称である。犯罪や非行は，まず行動の問題である。また，犯罪者や非行少年の口からは，例えば「被害者がこっちを見たからバカにされたと思った」「(強姦の被害者に対して) 誘ったら車に乗ってきたんだから向こうにもその気があったはずだ」といった物事のとらえ方，考え方に歪みやずれがあることをうかがわせるような言葉が頻繁に発せられる。そうしたとらえ方や考え方が怒りや衝動をあおり，行動化につながるのであり，犯罪や非行という行動にとって認知の問題は大きい。このように，犯罪と結びつきやすい認知や行動の変容が課題となる対象者にとって，認知行動療法が選択すべき第一の治療法であることはうなずける。認知行動療法では，自己理解に基づく問題解決と自己統制が重視され，また，教授学習といった教育的な側面とともに，治療教育者と対象者とが一緒に問題のありかを探索し，解決に取り組むといった協働作業の側面もあることが，治療実施のうえでも効果のうえでもよい影響を及ぼすと考えられる。目標が明確に設定され評価がしやすい，関係性ばかりが重視されないため転移が生じにくいといったメリットもある。認知行動療法ではさまざまな技法が用いられるが，犯罪・非行では特に，モデリング，強化，社会的技能訓練 (SST)，ロールプレイ，段階的練習，消去，認知的再体制化などを用いる。

また，アンドリュースとボンタ (Andrews & Bonta, 1998) は，効果的な治療教育担当者の条件について，①対象者との良質の関係を築く，②反犯罪的表現を実演する (モデリング)，③対象者の反犯罪的表現を承認する (強化)，④対象者の肯犯罪的表現を承認せず (消去)，同時に他の選択肢を示す，の4点を挙げている。

認知行動療法に基づいて犯罪・非行臨床で用いられている治療教育プログラ

ムに，**再発防止**（relapse prevention）モデルがある。再発防止とは，行動を変えようとしている個人に，犯罪の危険性を増加させる高危険状況に気づかせ，再発を予期していかに高危険状況を避け，また，逸脱的でないやり方でいかに対処していくかを教えるよう計画された自己統制プログラムで，方法としては行動技能訓練と認知的介入を結びつけた心理教育的アプローチを用いる。アルコール乱用，薬物乱用，喫煙，過食といった嗜癖性の障害の分野で発展してきたが，こうした問題では完治は望めず，つまずきのあることを想定したうえで，つまずきに際して「やっぱり自分はだめだ」と無力感にとらわれて逃げたりせず，うまく対処して「やめつづける」維持管理が求められ，再発防止モデルはその維持管理の方法として開発されたものである。犯罪の分野でも薬物犯罪をはじめとして，行動の衝動性，強迫性や再発防止のための維持管理が問題となる点で嗜癖と類似性の高い性犯罪や暴力犯罪にも適用され効果を上げている。

2 施設内での治療教育

犯罪・非行の治療教育を実施している施設は児童自立支援施設または児童養護施設，少年院，刑務所である。児童養護施設および児童自立支援施設は児童福祉法に基づく厚生労働省管轄の福祉施設であり，少年院，刑務所は法務省管轄の矯正施設である。

[1] 児童養護施設・児童自立支援施設

児童養護施設，児童自立支援施設への入所は，通常児童相談所経由だが，家庭裁判所の審判における保護処分決定に基づくこともある。

児童養護施設は，保護者のない児童，虐待されている児童その他環境上養護を必要とする児童の養護を主たる目的とする施設で，第一義的に非行や不良行為のある児童を対象とする施設ではないが，被虐待をはじめ適切な養育がなされなかったことからさまざまな情緒的，発達的な問題を抱えている児童が多く，中には非行や問題行動のある者もいる。また，まれではあるが，改善のためには矯正教育や生活指導よりも家庭的な場での養育的な働きかけが望ましいとし

て家庭裁判所の審判によって収容されることもある。

　児童自立支援施設は，不良行為をなし，またはなすおそれのある児童および家庭環境等環境上の理由から生活指導等を要する児童を指導し，あわせて自立を支援することを目的とする施設である。

　両施設とも，時代の流れとともに小舎夫婦制から交代制に移行してきてはいるが，疑似家族的な安全で安心できる物理的な環境を整え，安定した普通の生活と人間関係を体験させる中で，子どもとして育ちなおしをさせ，基本的な信頼感を育て，社会的な人間関係を築く基礎をつくることに主眼がおかれている点では変わりがない。治療教育としては生活場面に密着して生活体験を素材にそのときその場でなされる生活場面面接を特色としているが，最近は，被収容児童の抱える問題の複雑性や多様性に応じた個別的な対応も求められている。児童養護施設では被虐待から生じる問題に対応するため心理療法室の設置，心理療法担当職員の配置など，個別の治療的関わりの充実が進められている。また，児童自立支援施設では，被収容児童が少年院被収容少年に比べて低年齢で，それだけに家庭的により不遇で被虐待経験も多く，いわゆる伝統的な非行少年が多いことに加え，最近は「いきなり型」の**発達障害**を抱える児童も見られ，**ADHD（注意欠陥/多動性障害）やアスペルガー症候群**など新しいタイプの児童への対応が模索されており，精神医療的，心理学的ケアの充実が課題となっている。さらに性非行など問題行動に応じた治療教育プログラムの試みも始められている。

　なお，近年の児童福祉法の改正により，児童養護施設，児童自立支援施設とも退所後の自立のための支援を行うことが施設の目的として明記され，退所後のフォロー体制も整備されつつある。

[2] 少　年　院

　少年院は少年法に基づいて設置され，非行少年に社会生活に適応させるための矯正教育を施す施設である。少年院における矯正教育は，少年ごとに定めた個別目標を新入期，中間期，出院準備期に分けて段階を追って達成できるよう計画的に実施される。教育内容は，生活指導，職業補導，教科教育，保健・体育および特別活動の5つの指導領域に分けられるが，治療教育と特に関係が深

いのは生活指導である。生活指導は，児童自立支援施設と同様の全生活場面における指導とともに，個々の少年の問題性，教育必要性に応じて治療的・教育的なプログラムが実施されている。いままでの生活や行動を振り返り自分を見つめるための個別面接，内省，内観，非行と関わる問題性の改善を目的にした薬物，性，家族関係等に関するグループワークやワークブックを用いての指導，被害者の視点を取り入れた教育，円滑な社会生活への導入・定着のための指導などを，各処遇段階において適当な時期を選んで実施する。箱庭療法，コラージュ療法，描画療法など，保護された自由空間での自己表現によって自己治癒的な過程を促す療法も，作品をもとに介入的な面接を行って自分への気づきを深めさせるなど対象者に即したやり方を加味して実施されている。

　被害者の視点を取り入れた教育は，犯罪の一方の当事者でありながら刑事司法の中で等閑視されてきた被害者の補償や支援に社会の目が向けられるようになって，矯正施設における指導においても被害者のおかれた現実や心情に思いを致し，その視点から加害者である少年に働きかけ，加害者としての自分を直視してどのように責任を負っていくのかを考えさせる必要性が改めて認識されて導入されたもので，刑務所でも行われている。少年院被収容者には虐待をはじめ被害体験のある者が多く，被害と加害は複雑に関連しており，被害者意識や自分は被害に耐えたという思いが自分の及ぼした被害の現実や加害者としての自分を直視することを妨げる面があって，性急に被害者への配慮を求めるのは逆効果となりやすい。被害体験の事実とそのときの自身の感情を吟味し，被害によってダメージを受けた自分を率直に認めることから被害者の感情への理解や自身の加害性の認識が進むことが多い。自分に対峙する自我の強さや率直に自己開示できるだけの指導者への信頼感を育てつつ，こうした教育を受け入れる態勢を整えることが肝要である。教育方法としては，個別カウンセリング，グループワークのほか，被害当事者や被害者支援関係者をゲストスピーカーとする講話などが用いられている。

　なお近年，少年院にも軽度発達障害を有する少年が入院するようになり，一部の少年院ではLD（学習障害），ADHDの少年を対象とする処遇プログラムが実践され，成果を上げている。従来から少年院で行われてきた処遇を発達障害の視点から見直して体系化することによって開発されたもので，宇治少年院に

おける処遇実践の中から構築されてきた。安定した構造化された治療促進的な教育環境のもとで，モデリングによる反復練習で基本的な生活習慣や基礎学力を身につけさせることから始め，聞くスキルのトレーニング，ロールプレイなど参加型，体験型の学習によりコミュニケーション能力や社会的技能を改善し，自己統制力を育てることまで，段階的，体系的に進められるもので，行動療法的，認知行動療法的手法によっている。

[3] 刑務所

　刑務所における治療教育にとって「刑事施設及び受刑者の処遇に関する法律」（平成17年法律第50号，平成18年法律第58号「刑事収容施設及び被収容者等の処遇に関する法律」として改正）の成立によって，受刑者の社会復帰に向けた矯正処遇として，従来の作業とともに改善指導が規定され，必要と認められる受刑者には義務づけることができるようになったことの意義は大きい。従来から，改善更生，社会復帰は受刑者処遇の理念であり，そのための治療教育的な働きかけもなされてはいたが，原則として希望する者に対して作業時間外に行われていた。新処遇法は2006（平成18）年5月から施行されており，それと同時に認知行動療法に基づいて標準化された性犯罪者の再犯防止プログラムによる指導が全国規模で始まっている。

　刑務所では個別のカウンセリングも必要に応じて行われているが，最近は，効果や効率の点で有用であることから，意図的に形成された集団のメンバーの間に生じる相互作用の治療教育的な機能を活用して，メンバーの態度や価値観，行動をより適応的なものに変えていくことを援助するグループワークが多く取り入れられている。先の性犯罪再犯防止指導のほか，薬物依存離脱指導，暴力団離脱指導，被害者の視点を取り入れた指導，交通安全指導，就労支援指導などが実施されている。薬物依存離脱指導についてはダルク（民間薬物依存者更生施設），被害者の視点を取り入れた指導には被害者支援団体など，民間協力者の援助によるところも大きい。

　少年院，刑務所には，重症の**行為障害**，**反社会性パーソナリティ障害**，**精神病質**，あるいはその疑いと診断される者もいる。重篤な精神病質に対する治療が可能かどうかには悲観的な意見が多いが，自己中心的で自責感に乏しく他者を

侵害することに無頓着な，これらの再犯リスクの高い者への治療教育の取り組みが日本でも始められている。治療への動機づけに乏しく，信頼関係を築くことが難しく，治療者の逆転移も生じさせやすい対象者であるが，建物構造など物理的なハード面でも，また，指導体制や行動基準などソフト面でも堅固で明確な枠組み，限界設定をもつ矯正施設は，こうした対象者の治療教育を可能にするためにプラスに作用する面がある。基本的な受容と枠組みのバランスが重要である。治療法としては行動療法的，認知行動療法的なアプローチと個別的な精神療法が用いられており，必要に応じて薬物療法も行われている。

3 社会内での治療教育

　犯罪・非行によって施設内処遇を受けなかった者のうち一部は社会内処遇を受けることになり，また，施設内処遇を受けた者もいずれは社会に帰ってくる。社会内での治療教育も重要で，受け皿の充実が求められる。社会内での治療教育は，公的機関によるものとしては，警察での少年相談，児童相談所での非行相談，家庭裁判所の保護的措置，保護観察所の保護観察，また，地方自治体の教育相談所や家庭支援センターの相談等において行われている。あまり知られていないが，少年鑑別所が併設する相談室もある。ほかに医療機関で薬物依存者や性暴力，DV（配偶者間暴力）の加害者の治療や家族支援を行っており，薬物や性暴力の問題を抱えた人たちのための自助グループや支援団体の果たしている役割も大きい。学校では教員をはじめスクールカウンセラーが関わっている。

　家庭裁判所の保護的措置は，調査・審判の過程で，また，試験観察中に，より適切な決定を導くためになされるものである。個人を対象とする心理治療とともに，集団を対象とするボランティア活動や親子合宿などが実施されており，一部の家庭裁判所では被害者の話を直接聞く体験を含む「被害を考える教室」の試みもなされている。保護観察においても，個々の対象者に対する指導とともにグループでの社会適応訓練講座，さらに保護者のための家族教室なども実施している。なお，刑務所で行われるようになった性犯罪者の再犯防止プロ

グラムは，出所後の保護観察でも継続されることになっている。

　社会内での治療教育には，専門家だけでなく保護観察所の保護司，更生保護女性会会員，BBS（Big Brothers and Sisters Movement；兄姉的な立場から非行少年を援助する活動）会員を始め，地域の児童委員なども関わっている。文部科学省は2002年度から，問題行動を起こす個々の児童・生徒に適切に対応するための地域支援システム（サポートチーム）づくりを推進しているが，有効な治療教育の実施のためには，司法，医療，教育，福祉関係の機関，そして地域コミュニティが意味のある実質的な連携の道を探っていくことがぜひとも必要である。

　なお最近，非行少年に対する包括的な治療プログラムとしてアメリカで実施され，効果を上げているマルチシステミック療法（multi-systemic therapy；MST）が紹介されており，社会内での治療教育を考えるうえで示唆するところが大きい（吉川ら，2006）。マルチシステミック療法では，非行少年が自分に直接的，間接的に影響を与える家族，友人，近隣，学校，コミュニティといった生態系の中で生きていることに注目し，家族を中心にそうした生態環境全体が少年の向社会的な行動を支持，強化する方向で機能するように介入していく。少年自身や生態系のそれぞれのシステムにおける強みと弱点を評価し，利用可能な強みをてこに，ターゲットにする行動を明確に定めて行動に焦点をおいた介入を行い，治療終了後も治療者なしで対処できるように家族を教育する。治療技法としては，行動療法，認知行動療法，戦略的家族療法などが用いられる。

文献案内 BOOK GUIDE

生島浩・村松励編（1998）．『非行臨床の実践』金剛出版
　▷非行臨床における援助の方法について，基本的な留意点とともに各種援助の技法，各関係機関における援助の具体例が示されている。

福島章・町沢静夫編（1999）．『人格障害の精神療法』金剛出版
　▷非行・犯罪は多様な人格障害に関わっており，その点で人格障害の精神療法についての研究とケースがまとめられている本書は参考になる。

犬塚石夫編集代表（2004）．『矯正心理学──犯罪・非行からの回復を目指す心

理学 上・下』東京法令出版
▷分類鑑別技官として矯正行政に関わってきた専門家による矯正心理学の現時点での集大成で，理論から実践まで，処遇の実際もくわしい。

品川裕香（2005）．『心からのごめんなさいへ――一人ひとりの個性に合わせた教育を導入した少年院の挑戦』中央法規出版
▷ノンフィクションライターによる宇治少年院での軽度発達障害を視野に入れた処遇の実践の臨場感あふれる紹介。

【今村洋子】

法務技官，法務教官

コラム ⑫

　法務技官（鑑別技官，心理技官ともよばれる）は，主に少年鑑別所に勤務し，家庭裁判所から送致された非行少年に面接や心理検査を行い，資質の問題や非行の原因，今後の処遇の指針等をアセスメント（査定）する仕事をする。その結果は，「鑑別結果通知書」として家庭裁判所に送付され，審判や，その後の少年院，保護観察所での援助・指導の資料になる。少年の中には，生い立ちの中で傷つきを抱え，大人を信用しなくなっている者や，自己正当化して嘘をつく者もいる。そうした防衛や傷つきと向き合いながら，彼らがこれまで語れなかったこと，また自分の変化のために語らなければならないことを話す場を作り，自分自身を見つめる場を設け，行動変化へと励ますことも仕事の1つである。そのうえで，彼らの問題点だけでなく，よい点や，変化しようとする芽も指摘し，処遇に役立つ鑑別結果通知書を書くことが求められる。それに対し法務教官は，主に少年鑑別所や少年院で勤務し，非行少年の生活指導や矯正教育を行い，トリートメント（処遇）の仕事である。どちらにも心理学を修めた人が働いているが，法務技官は面接や心理検査や書類作成を主とした「心理学のスペシャリスト」で，法務教官は生活に密着してぶつかり合いながら彼らを育てていく教育学や社会学にも長けた「ジェネラリスト」といったところであろうか。どちらも，臨床心理士資格がなくても仕事はできるが，自主的に資格を取得している職員も多数いる。

　法務技官になるには，①国家Ⅰ種採用試験，②Ａ種認定採用試験（心理学関係の大学院卒業が受験資格）を受験する2つの方法がある。法務教官も，①国家Ⅰ種採用試験，②法務教官採用試験という2つの方法がある。国家Ⅰ種採用者は，早晩管理職となるので，幹部として施設の運営や管理にも携わるようになりたい人は①で，「現場」で長く勤務し，少年たちの身近で査定や処遇に携わっていたい人は②で受験されることをお勧めする。

　なお，2006年5月施行の「刑事収容施設及び被収容者等の処遇に関する法律」によって，刑務所等の成人の施設でも矯正教育を本格的に行うことになり，法務技官や法務教官の職域も広がろうとしている。また，PFI手法（民間主体）による刑務所もできつつあるので，国家公務員にならずとも，非行・犯罪者の処遇に関わる職業が広がっていくことも期待されている。

【毛利真弓】

保護観察官

コラム ⑬

「先生，俺，仕事続いているよ」「先生，今度私結婚するの」……業務に追われる中で，思いがけず懐かしい声の電話を受けるときがある。かつて担当した保護観察対象者からの近況報告である。保護観察官にとって，この仕事に就いた喜びを実感する瞬間である。

保護観察官は，心理学，教育学，社会学，法律学などの専門知識に基づき，民間ボランティアである保護司と協働して犯罪や非行をした人たちの保護観察を行うなど，更生保護・犯罪予防に関する業務を担う国家公務員である。現在，全国8庁の地方更生保護委員会，50庁の保護観察所等で約1000名が働いている。

保護観察所で働く保護観察官は，保護観察対象者が自己の罪を認識し，悔い改め，自己の力を伸ばして社会で健全に生きていくためにどのような働きかけが最適であるのか，本人やその家族との面接はもとより，保護司や学校，雇用主との協議を繰り返し，本人の資質や性彩，環境や問題点を検討し，日々効果的な指導のありようを模索している。当然，状況を見極めて厳しい措置をとり，再犯を防ぎ，社会の安全を守ることも大切な役割である。さらに保護観察の実効を高めるために，薬物や交通事犯といった問題種別のグループワークや社会参加活動等集団処遇の実施，保護司や民間協力組織の指導も日常的に行っている。また，認知行動療法に基づく矯正教育と連動した性犯罪者処遇プログラムの実施，厚生労働省と連携した刑務所出所者等就労支援事業等の新施策導入が続いており，有識者会議の提言を受けた制度変革も見込まれる中で，保護観察官に課せられた改善更生と再犯防止という2つの大きな使命は，ますますその重さを増している。特に，体感治安の悪化するこの社会情勢の中，再犯防止のための働きかけは大きな責務といえよう。

こう述べると，「地味で厳しい」「大変そう」な仕事と思われがちであるが，実際は「人が好き」というシンプルな気持ちでこの道を選ぶ明るい人間が多いように思う。専門知識と経験の積み重ねが重要なことはもちろんだが，保護観察対象者との生身のふれあい，本音のぶつかりあいの中では，保護観察官1人ひとりの生き方，考え方，価値観といった部分も大切な要素となる。ときに困難に直面することはあっても，人のやさしさ，たくましさに触れ，その可能性を実感できるところが，この仕事の大きな魅力だと感じる。　【滝沢千都子】

第12章

犯罪被害者の精神的被害

1 はじめに

　わが国の**犯罪被害者**対策の大きな転機となったのは1974年の三菱重工ビル爆破事件である。この事件では，労災の有無による補償の不均衡が顕著となり，同じ被害にあったものの救済を受けられなかった人がいたことから，公的な犯罪被害者補償制度を求める議論が高まった。その結果，1980年に「犯罪被害者等給付金の支給等に関する法律」（犯給法）が成立した。

　犯給法が目的とするところは，第1には，加害者側に資力がないため，事実上損害賠償制度で救済されないことが多いという「不法行為制度の補完」。第2には，さまざまな補償制度が法制化された一方，犯罪被害者を救済する制度が存在しないという「補償制度間における救済上の不均衡の是正」。そして第3には，加害者の処遇が図られている反面，被害者に対する救済が存在しないという「刑事政策上の不均衡の是正」である。

　犯給法はその後も改正がなされたが，その理念は，社会連帯共助の精神に基づく被害者の精神的・経済的被害からの回復への支援とされている。以来，わが国の被害者支援対策は，この社会連帯共助の精神を理念とすることに社会的合意が得られていると考えられている。

　1996年2月には警察庁により「被害者対策要綱」が制定された。これは警察活動による二次被害も含めた犯罪被害者の精神的被害に着目し，被害の回復

と軽減，再発防止と犯罪被害者の負担軽減に取り組むこととしたものである。この「被害者対策要綱」以降，犯罪被害者の精神的被害への対策の重要性に関する理解は着実に進んできている。

犯罪被害者は事件直後だけでなく，時間を経過しても心理面での援助やケアのニーズが高い。例えば，犯罪被害者実態調査報告書（犯罪被害実態調査研究会，2003）によれば，調査の結果，事件直後の精神状態や感情については「驚いた，信じられないと思った」87％，「不安だった」84％，「運が悪いと思った」68％，「誰かにそばにいてほしかった」53％，「自分を責めた」49％，「恥ずかしかった」41％，「痛みや感情を感じなかった」39％の順に多かった。この結果は，驚愕，不安，心細さ，自責，羞恥，感覚・感情麻痺といった精神的変化を，多くの被害者や遺族が事件直後に体験している実態を表している。さらに，この調査では，被害から2～4年経過した時点における回答者のPTSD（第3節参照）関連症状を質問紙尺度により評価した結果，事件後時間が経過しても被害者遺族，身体犯被害者，性犯罪被害者には長期に心的外傷性ストレス症状が持続していることを報告している。

2 犯罪被害者等基本法

2004年12月，犯罪被害者等が直面している困難な状況をふまえ，これを打開し，その権利利益の保護を図るべく，犯罪被害者等のための施策に府省庁横断的に取り組み，総合的かつ計画的に推進していく基本構想を示した**犯罪被害者等基本法**（以下，基本法）が制定され，2005年4月に施行された。そして，政府は，「基本法」にのっとり，総合的かつ長期的に講ずべき犯罪被害者等のための施策の大綱を盛り込んだ「犯罪被害者等基本計画」を2005年12月に策定した。なお犯罪被害者等とは被害者およびその家族・遺族を指している。

犯罪被害者等の多くは，これまでその権利が尊重されてきたとは言い難いばかりか，十分な支援を受けられず，社会において孤立することを余儀なくされてきた。さらに，犯罪等による直接的な被害にとどまらず，その後も副次的な被害に苦しめられることも少なくなかった（基本法前文）。「基本法」では，犯

表 12-1　犯罪被害者等基本法の概要

［目的］〔犯罪被害者等の権利利益を保護〕（第1条）
  ・犯罪被害者等のための施策に関する基本理念を規定
  ・国・地方公共団体・国民の責務，施策の基本事項を規定
    →犯罪被害者等のための施策を総合的かつ計画的に推進
［対象］〔犯罪被害者等〕（第2条）
  ・犯罪等（犯罪及びこれに準ずる心身に有害な影響を及ぼす行為）の被害者，その家族・遺族
［基本理念］（第3条）
  ・犯罪被害者等は個人の尊厳が尊重され，その尊厳にふさわしい処遇を保障される権利を有する
  ・被害の状況及び原因，犯罪被害者等が置かれている状況等の事情に応じた適切な施策を講じる
  ・再び平穏な生活を営めるまでの間，途切れることなく支援を行う
［国・地方公共団体・国民の責務，関係団体も含めた連携協力等］（第4条～第7条）
［基本的施策］
  ・相談及び情報の提供等（第11条）
  ・損害賠償の請求についての援助等（第12条）
  ・給付金の支給に係る制度の充実等（第13条）
  ・保健医療サービス及び福祉サービスの提供（第14条）
  ・犯罪被害者等の再被害防止及び安全の確保（第15条）
  ・居住及び雇用の安定（第16～17条）
  ・刑事に関する手続への参加の機会を拡充するための制度の整備等（第18条）
  ・保護，捜査，公判等の過程における配慮等（第19条）
  ・国民の理解の増進（第20条）
  ・調査研究の推進等（第21条）
  ・民間の団体に対する援助（第22条）
  ・意見の反映及び透明性の確保（第23条）

罪被害者等の視点に立った施策を講じ，その権利利益の保護が図られる社会の実現のため，犯罪被害者等のための施策に関し，基本理念を定め，国および地方公共団体および国民の責務を明らかにしている。そして3つの基本理念のもとに，基本的施策を定めている（表12-1）。

基本的施策の中の「保健医療サービス及び福祉サービスの提供」では，犯罪被害者等が心理的外傷やその他の犯罪等により心身に受けた影響から回復できるようにするため，その心身の状況に応じた適切な保健医療サービスおよび福

祉サービスが提供されるよう必要な施策を講ずるものとされている。

3　心的外傷体験としての犯罪被害

心的外傷とは，何らかの外的事象が原因となって生じる，強い不安を伴った圧倒的な精神的衝撃で，個人の対処や防衛の能力範囲を超えるものである。このような体験は，ストレス反応として人間にさまざまな精神症状を引き起こすことが明らかにされている（飛鳥井，2000）。

深刻な犯罪被害や大きな事件後には，それに巻き込まれたほとんどの者が，何らかの**ストレス症状**を自覚するが，上記のような心的外傷体験後のストレス症状は，一般的には，時間経過とともに緩和されていく。ただし一部の者では，症状が持続し，PTSDあるいはそれに準ずる状態となる。

心的外傷体験による精神的後遺症として代表的なのが**PTSD**（**外傷後ストレス障害**）である。PTSDの原因となる外的事象として，アメリカ精神医学会診断基準（DSM-Ⅳ-TR）では，実際にまたは危うく死ぬ，ないし重傷を負うような，あるいは自分または他人の身体的保全が脅かされるような出来事で，強い恐怖，無力感と戦慄を伴うものと定義されている。具体的には，自然災害，人為災害，重度の事故，犯罪被害，性暴力被害，残虐行為，テロ，戦闘体験などである。あるいは，いじめ，児童虐待，DV（配偶者間暴力）なども心的外傷体験となる。自分自身が直接の被害者とならなくても，凄惨な光景を目撃したり，家族や親しい知人の被害に接することも心的外傷体験となりうる。

アメリカ精神医学会基準では，心的外傷体験後に，以下のような**再体験症状**，**回避/麻痺症状**，**過覚醒症状**の3症状クラスターがすべて存在し，各症状のうちの必要項目数を満たす状態が1カ月以上続き，それによる苦痛や生活機能障害が認められればPTSDと診断される。これらはPTSD中核症状といえる。一方，WHOによるICD-10の定義では1カ月以上の症状持続という点は明示されていないが，外傷体験後の2，3週から数カ月を経て発症すると記載されている。

① 再体験症状

外傷的出来事に関する不快で苦痛な記憶が，フラッシュバックや夢の形で繰

り返しよみがえる，あるいは何かのきっかけで出来事のことを思い出させられたときの気持ちの動揺や，動悸や冷汗などの身体反応も含む。

② **回避/麻痺症状**

外傷的出来事に関して考えたり話したり，感情がわき起こるのを極力避けようとすることや，外傷体験を思い出させる場所やものを避けようとすることである。あるいは出来事の一部を思い出せないという場合もある。その他，趣味や日常の活動に以前ほど興味や関心が向かなくなる，他人との間に壁ができたような孤立感を感じる，感情が麻痺したようで愛情や幸福感などの感情を感じにくくなる，将来の人生に対して前向きに考えられなくなる，といった心の変化が生じる。

③ **過覚醒症状**

睡眠障害，いらいらして怒りっぽくなる，物事に集中できないといったことや，何事にも必要以上に警戒してしまったり，ちょっとした物音などの刺激にもひどくビクッとしてしまうなど精神的緊張が高まった状態である。

また被害者遺族にあってはPTSD関連症状に加えて，喪失体験による**悲嘆反応**が生じる。悲嘆自体は正常な心理的過程であるが，悲嘆反応が遷延し，病的悲嘆あるいは複雑性悲嘆ともよばれる状態となると，悲嘆カウンセリング等の治療ケアが必要となる。

4　犯罪被害におけるPTSD等の発症率

全米女性調査（National Women's Study；NWS）は，アメリカの成人女性4008名を対象とした，調査開始時点，1年後，2年後までの縦断研究である（Resnick et al., 1993）。NWSではレイプ，他の性暴力，深刻な暴行，家族や親しい友人を犯罪で殺害されたり飲酒運転関連の事故で殺されること等，それぞれの外傷的出来事の内容を個別に明らかにし規定したうえで曝露の有無を尋ねた。精神保健上の問題点は，PTSD，大うつ病，アルコール・薬物依存，自殺念慮・自殺未遂，物質乱用等について構造化診断面接（CIDI）を用いて評価した。

そうして，それぞれの外傷的出来事ごとのPTSD有病率を調べている。レ

イプ被害では生涯有病率32％，現在有病率（過去6カ月間）12.4％であった。レイプ以外の性暴力被害では生涯有病率30.8％，現在有病率13.0％であった。暴行被害では生涯有病率38.5％，現在有病率17.8％であった。また家族や友人を殺害された体験を有する女性では，生涯有病率22.1％，現在有病率8.9％であった。犯罪被害全体における生涯有病率は25.8％，現在有病率は9.7％であり，これは犯罪以外に関連した被害による生涯有病率9.4％，現在有病率3.4％よりも高い割合であった。

　PTSDに関する疫学研究として最も名高いケスラー（Kessler et al., 1995）による一般人口調査は，全米から無作為抽出した15～54歳の成人男女を対象として，構造化診断面接による訪問調査を行ったものである。その結果，レイプ被害が最もショックな外傷体験であったと回答した者のPTSD発症率は，男性65％，女性45.9％といずれも高い数値であった。一方，身体的暴行が最もショックな外傷体験であったと回答した者のPTSD発症率は男性では1.8％にすぎなかったが，女性では21.3％と他の研究とほぼ同じ程度であった。

　海外の諸研究の結果では，犯罪被害では自然災害や事故など他の被害に比べてPTSDの発症率が高い。性暴力被害によるPTSD生涯有病率は被害の内容に応じて30％から80％にまでわたっている。また，身体的暴行被害によるPTSD生涯有病率は23％から39％にわたっている（Kilpatrick & Acierno, 2003）。また同じ犯罪被害であっても，恐怖が強く実際に負傷するなど被害内容がより重度となるほどPTSD発症率も高くなる量―反応関係が存在することが明らかにされている。

　筆者らが成人の東京都民を対象として実施した調査の結果でも，犯罪・暴行の被害により強い精神的ショックを受けたことがあると回答した者のうち，フラッシュバックや悪夢といった特徴的な心的外傷性ストレス症状を体験していた者の割合は57.7％に上っていた。これは自然災害や事故に比べ，明らかに高い数値であった。

5　精神的ケアの一般的原則

[1] 心的外傷体験を聞くということ

　多くのPTSD患者は，程度の差はあるものの，自己の尊厳を傷つけられた思いをしている。ことに犯罪被害者ではこの思いは強い。精神的ケアを通じて課題となるのは，この傷つけられた尊厳の回復ということである。そのためにはまず患者の尊厳を尊重するという治療者や援助者の一貫した姿勢が求められる。治療者や援助者と被害者との関係は，あくまでもパートナーシップに基づくものであり，けっして「救い―救われる」という関係ではないことを心がけておくことが大切である。

　また，あまりに深刻な体験を聞かされると，専門職といえども反射的に回避的態度や言動をしばしば見せてしまうことがある。治療者の側に，あまりに深刻な話は耳にしたくない。あるいは話されてもどのように治めてよいのか戸惑う，ということから話を浅めに切り上げようという態度が出ることもある。患者はそのような治療者の変化を感知すると，小さな失望感を味わうことになる。一方，深刻な内容の体験を聞くことは，治療者にとっても二次受傷となり，治療者自身にも重苦しさのような心理的変化を生じることがある。とはいえ，治療者の側にも回避や重苦しさのような反応が出ることに問題があるのではなく，大事なことはそういった自らの反応を自覚しつつバランスをとることである。

[2] 心理教育

　犯罪被害者に対する**心理教育**はPTSD治療の根幹をなすものである。心理教育のポイントは次の4点である。
- ①　心的外傷によるストレス反応について説明し，知的に理解してもらうことで，症状に対する患者の対処能力を高める。
- ②　「異常な事態に対する正常な（普通の）反応」としてノーマライズすることでいたずらな不安を鎮める。患者はしばしば内心では，このまま自分はおかしくなってしまうのだろうかと不安に感じているが，専門職から正常な反応だと保証してもらえることが，患者の安心につながる。

③　心的外傷体験にはしばしば罪責感，恥辱感，自信喪失感といった否定的自己感情が伴う。そういった感情の有無を確かめ，それも心的外傷にまつわる普通の反応であることを説明する。
④　時間経過とともに症状の多くは和らいでいくことを伝える（時間は味方）。また本来自分に備わっていた健康な機能の回復に努めるよう促す。

また早い段階で家族にも心理教育をすることが重要である。これは家族のサポートがPTSDの回復にとって大きな役割を果たすからである。

[3] 二 次 被 害

二次被害とは，被害者に対する周囲の者の対応によって生じる被害者の精神的苦痛である。具体的には，職場，近隣，病院，警察，マスコミ取材などの場で，嫌疑，誤解，非難，中傷，噂，好奇の目，無神経な扱いにさらされることによって生じるものである。犯罪被害者では，ことに二次被害にさらされる機会が少なくない。このような二次被害は，心の傷をより深め，回復を阻む原因ともなる。したがって被害者がおかれるさまざまな場面における二次被害を防止することは，精神的ケアを進めるうえでもきわめて重要な点である。

6　PTSDの治療

PTSDの治療法については，国際トラウマティック・ストレス学会（Foa et al., 2000）やアメリカ精神医学会から治療ガイドラインが出されている。またイギリスでは国立クリニカル・エクセレンス研究所が治療ガイドラインを発表している。これらの治療ガイドラインはすべて，PTSDの各治療法の有効性に関するこれまでの研究報告をつぶさに検討したうえでの，現時点において得られているエビデンスに基づいたものである（飛鳥井，2006）。

PTSDはしばしば顕著な社会生活機能障害につながることがあり，また抑うつ症状や不安症状などを合併することが多い。したがって治療が標的とするのは，①PTSD中核症状の改善，②合併精神障害（抑うつや不安など）の改善，③社会生活機能の回復，そして④再発の抑止，にほかならない。

PTSDに対してはこれまでさまざまな治療法が試されてきたが，現在のところ**無作為化比較試験**により有効性を証明された治療法は，**認知行動療法**，**EMDR**（眼球運動による脱感作と再処理法），および **SSRI**（選択的セロトニン再取り込み阻害薬）を中心とした抗うつ薬のみである。

　無作為化比較試験とは，ある特定の治療法の有効性を証明するのに，最も科学的と考えられている検証方法である。これは被験者をくじ引きなどで無作為に治療群と対照群に割り付け，どちらの群の被験者であるかを知らされていない独立した評価者が客観的な手法により症状の測定を行うものである。その結果，もし対照群に比べて治療群の方が統計学的に有意に症状の改善程度が大きいことが明らかとなれば，その治療法の有効性が証明されたこととなる。

　したがって欧米におけるPTSD治療ガイドラインでは，まず無作為化比較試験により有効性を証明された治療法が推奨されている。具体的には，精神療法としては認知行動療法やEMDRであり，薬物療法ではSSRIが第一選択薬とされている。その他の治療法については有効性を証明できるだけの十分な根拠は得られていない。ただし無作為化比較試験でいまだ有効性を証明されていないからといって，必ずしもその治療法が無効であると結論づけられているわけではない。

7　おわりに

　「犯罪被害者等基本法」制定を契機に，被害者対策のさらなる充実のための具体的施策展開が求められている。自然災害等に比べ，犯罪被害者は被害体験を周囲と共有できないまま，精神的に孤立しやすく，PTSDの発症率も高い。また近隣社会や職場，病院や警察，マスコミ等の関係者による二次被害の危険に常にさらされている。さまざまな形の支援は，それだけでも被害体験によって損なわれた社会や他者への信頼を回復させる力となる。それとともにPTSD症状回復のための適切な治療が提供されることも重要である。また二次被害の防止のためには，被害者や遺族の心を理解するための啓発活動を重ねることが必要である。

また日本でもようやくエビデンスに基づいたPTSD治療に関心が集まりつつあるが，実際の治療に関する効果研究はいまだきわめて乏しいのが実情である。そのような状況の中で，筆者らは，東京医科歯科大学難治疾患研究所・犯罪精神医学研究室に「心的外傷ケアユニット」（PTCU）を開設した。このユニットは文部科学省の研究助成（2005～2007年度）を受け，「犯罪被害者等基本計画」の調査研究課題である重症PTSDの治療法研究を目的としたものである。PTCUでは，深刻な暴力犯罪，性暴力や重度の事故による被害者のPTSD，および被害者遺族の外傷性悲嘆を対象に，治療効果の検証を進めている。治療法としては，欧米のPTSD臨床研究の中でもこれまで最も高い有効性を示されてきたエクスポージャー法を中心とした認知行動療法プログラムを実施している。また犯罪被害者に対してはバラバラの支援とならないシームレスな総合的支援の必要性が謳われており，被害者支援センター等による支援と専門ユニットでのPTSD治療とを円滑につなげる取り組みを心がけている。

文献案内　BOOK GUIDE

フォア，E. B.・キーン，T. M.・フリードマン，M. J. 編／飛鳥井望・西園文・石井朝子訳（2005）．『PTSD治療ガイドライン——エビデンスに基づいた治療戦略』金剛出版
　▷PTSD専門学会である国際トラウマティック・ストレス学会によるエビデンスに基づいたPTSD治療ガイドラインである。

松下正明総編集，中根允文・飛鳥井望責任編集（2000）．『外傷後ストレス障害（PTSD）（臨床精神医学講座S6）』中山書店
　▷わが国初のPTSDに関する包括的成書であり，生物学的研究から社会心理学的研究まで多岐にわたり解説されている。

松下正明総編集，山内俊雄・山上皓・中谷陽二編集（2006）．『犯罪と犯罪者の精神医学（司法精神医学3）』中山書店
　▷犯罪精神医学に関する概論から各論まで最新の知見を広く網羅した包括的成書である。

【飛鳥井 望】

被害者相談

コラム ⑭

　最近，被害者相談に関心をもつ学生が増えているが，近年急に犯罪被害が増えたのではなく社会がようやく関心をもちはじめたのにすぎない。実際，加害者更生支援に比べて被害者やその家族・遺族への支援整備は遅れている。

　国内の被害者相談活動は，1992年に東京医科歯科大学難治疾患研究所内に犯罪被害者相談室が開設されたことから始まったとされる。現在は全国の民間被害者支援センター，各都道府県警察の被害相談窓口，地方検察庁の被害者支援員制度，配偶者暴力相談支援センターなどで相談を行うようになった。2005年には犯罪被害者等基本法が施行され，被害者等に対する国の施策を推進していくことが定められた。PTSD症状やその他の心理社会的問題の治療を専門とする医療機関・相談機関も増え，被害者に特化された治療法が整備されつつある。このように被害者相談に関する現場は多岐にわたるが，従事する専門家は不足している。

　次に被害者相談を行ううえで配慮するべきことを述べる。被害者の話を聞くことは相談員にも恐怖や脅威を喚起されるために，被害者に対する過剰な回避や思い入れが生まれやすい。だがそうなると被害者がいま訴えたいことに耳を傾けることができなくなってしまう。例えば殺人事件遺族に死亡状況を尋ねるのを避けてしまったら，遺族は事件後の生活について話すことができない。また性器挿入がないなら軽い程度の性被害だと決めてしまうことがあるとしたら，被害者の真の苦痛を聞くことはできない。一方，被害者に対して過剰な無力感や罪悪感をもったり，何とかして助けたいと思い込むことも危険である。相談を受ける際には同僚のサポートやスーパービジョン等を活用し，相談員自身の精神衛生を適切に保つことが重要である。

　近年，警察では臨床心理士資格をもつ相談員を募集する場合が増えているが，被害者相談に必要な資格として統一されたものはない。現状では，以前から他の職場で心理・福祉・医療職として働いた経験のある人が相談対応をしている例が多い。必要な勉強としては臨床心理学，社会福祉学，精神保健全般，法律的な基礎知識などであり，基礎的な研修や訓練としてはロールプレイなどの疑似体験，被害者等の当事者の活動を知ることなどが挙げられる。これから学びたい方には全国の民間被害者支援センターでボランティア・スタッフを募集する場合があるのでそこからチャレンジしてみるのも可能だろう。【白井明美】

第13章

犯罪・非行の心理学の課題と展望

　ここまでの章で犯罪・非行の心理学を学んできて，犯罪・非行に対する理解は，広がり，深まったであろうか。あるいは，犯罪・非行行動に対処する社会制度と，より具体的な態度やスキルに関して，入口となる知識と心構えとを獲得できたであろうか。本章では，犯罪・非行の心理学に関する課題と展望を，研究と実践の両面から検討して，まとめとしたい。

1　研　　究

[1] **実証研究（エビデンス・ベイスト）**
　今後の研究基盤としては，実証データが不可欠となってくることは議論の余地がないであろう。英語圏では，どのプログラムが再犯率低下に有効であったかに関して多くの実証研究が学術誌に掲載され，研究手続きの正当性に関する基準を設けたうえで，適切な研究を対象にメタ・アナリシスが行われて，多くの知見が得られている。それは研究のための研究にとどまらず，そのまま治療技法の改善や政策の立案・修正に活用されている。
　2006年9月に開催された性犯罪者治療学会（The Association for the Treatment of Sexual Abusers）第5回大会における「性犯罪者の治療——ここからどこへ行くのか？」と題されたシンポジウムでは，「認知行動療法の直後の再犯率低下効果は実証されているが，5年後の効果は実証されておらず，フォローアッ

プ期間中の治療持続と評価を含めた研究モデルが採用されるべきである」(カナダのバーバリー博士),「心理療法の効果評価に学び,治療関係とプロセスに関する変数を含んだ効果評価の実証研究を行うべきである」(イギリスのビーチ博士),「人×環境×状況の変数を含むリスク評価の改良が必要であり,そのためには司法制度を超えたデータベースの構築が必要である」(アメリカのパッカード博士)といった主張がなされていた (Marques et al., 2006)。また,研究デザインとして,ランダム・アサインメント(処遇を実施する群と対照群に被験者をマッチングのうえで,ランダムに振り分けること)が不可欠であるのか,あるいはそれが倫理的に許容されるのかどうかが議論されていた。心理学における研究デザインに関わる議論として古くて新しいテーマであるが,いずれにせよ**エビデンス・ベイスト**を前提に,どの領域をどのような手続きで研究していくべきかという議論である。

　他方,日本においては,エビデンス・ベイストの重要性は認知されはじめたものの,科学警察研究所,法務総合研究所などの各司法機関所属の研究機関において,それぞれに細々と実施されている状態であるし,そもそも英語圏流の犯罪行為の変化に焦点をあてたプログラムが,ようやく成人の性犯罪者を対象に 2006 年に開始されたばかりで,処遇効果の実証研究どころではない。今後,どこまでデータを集積して,それを活用できるかどうかがポイントになってこよう。

　ただ筆者としては,エビデンス・ベイストを不可欠と考えてはいるが,それで十分と考えているわけではない。メタ・アナリシスをはじめとする統計的,量的研究は,抽象度が高くなるので,全体の方向性を知るうえでは有効であるが,そのままで個々の臨床と実践に活用できるわけではない。また,方法論上もまだまだ確立されたものとは言い難く,例えば「共感性」のように,従前の研究では再犯防止と関係があるとされていた要因が,その後の研究では無関係とされたりもする。その逆もある。研究手続きによって誤差が生じてくるのである。したがって,研究結果を確定的なものとして過信しないことも重要であると考えている。賛否両論あろうが,膨大な資金とエネルギー,人手を必要とする縦断的な実証研究は,英語圏の人々に任せておいて,その知見のよいとこどりをするという手もないではないのかもしれない。日本の学問や政策の多く

は，そのようにして実施されてきたという伝統もあると考える。また，同じ民主主義・自由主義に立つ現代国家である欧米と日本とでは，マクロな視点から見ると犯罪・非行動に関して，それほど大きな違いがあるようには思えないということもある。「文化差」が問題になってくるのは，むしろ臨床場面であると考えている。

[2] 統合的，学際的視点

　犯罪・非行行為は，公的な司法手続きに乗ったものと，乗っていないものとで，扱う人々が分断されている傾向が著しく強い。逮捕されて司法手続きに乗せられると，突然「別世界」の出来事になってしまうような感さえある。司法手続きは，逮捕されるかされないか，有罪か無罪かという黒白で決着をつけざるをえないが，それによって悪人・善人という黒白が決まるわけではない。人のあり方はより複雑であるし，最初は軽微な犯罪行為から，徐々にエスカレートすることもある。また，逮捕の前後，判決の前後で，その人が完全に違う人になってしまうわけではない。

　もちろん個人のプライバシーを守るということの重要性はいくら強調してもしたりないが，各機関ごとで情報がまったく分断されているに近い現状は，プライバシー保護の名のもとで，縦割り行政のたこつぼに入っているのではないかと感じる面がある。「秘密」として，情報を開示しないことは，その機関内でやりたいようにできる，市民のチェックが入らないという危険性をはらむ。どのような情報を，誰に対して，どのように開示するのかという**秘密保持**の原則とその限界について，議論していく必要があると考える。

　こうした「たこつぼ化」は，機関のみならず，専門家の間でも見られる。例えば，被害者および加害者と関わる人々は，ほとんど交流がない。子ども虐待とDV（配偶者間暴力），非行は，実際にはきわめて近い領域にある。それは「関係性における暴力」という共通項である。この3つの領域は，それぞれ学会組織も所管官庁も異なるためか，なかなかその共通項を見出せずにいるようだ。もちろん被害者と加害者は真っ向から利害が異なり，また虐待，DV，非行は，1つひとつがそれだけで手にあまるほどの問題であり，なかなか統合的視点をもつことは困難であることは理解できる。しかし，家庭はその中で多く

の子どもたちが育つものであり，家庭における子ども虐待，配偶者への暴力などは，子どもたちが暴力的な関係性を学習することに直結するといっても過言ではない。そして，それは非行・犯罪行為へとつながっている。より広く高い視点から，「暴力」の問題とそれへの対処方法について，統合的・学際的に研究を進めていくことが課題であると考えている。

2　治療教育

[1] 再犯防止に効果が期待できるシステムとは

現在英語圏で，**再犯防止効果が実証されているプログラム**の背景にある治療方法としては，**治療共同体**（therapeutic community；TC），**認知行動療法**（cognitive behavioral therapy；CBT），**マルチシステミック療法**（multi-systemic therapy；MST）がある（Andrews & Bonta, 1994；Barbaree & Marshall, 2006）。

治療共同体とは，英米における社会精神医学の流れの中で出現した，患者自身が主体的に自身の治療に取り組み，相互に助け合い，民主的に共同体を運営するという共同体生活そのものが，回復に力を与えるという理念および運動である。20世紀半ばに精神科医療で始まったこの動きが，アルコール依存者の自助グループ**AA**（alcoholic anonimous；匿名のアルコール依存症者の会）につながってその治療のガイドラインとなる**12ステップ**を生み，現在では，薬物依存や暴力行動などさまざまな人々を対象とするアメリカの**アミティ**に代表される治療共同体として運営されている。

認知行動療法は，行動とそれを支える認知を修正のターゲットとして，本人の自己統制を高めることを目指して構造的に働きかける心理療法の1つで，うつや不安症状，パーソナリティ障害などに適用されている。犯罪・非行の臨床分野では，性暴力や薬物依存の治療教育プログラムに採用され，犯罪リスクの高い者に対し，犯罪原因となるニーズに焦点をあて，**反応性**に応じたアプローチをとることで，再犯防止効果が高くなることが実証されている（Hanson, 2006）。既述の通り，日本の矯正・保護においても，2006年に認知行動療法に基づく性犯罪者処遇プログラムが採用され，実施されている。

マルチシステミック療法は，非行・犯罪行動や怠学，家出などのさまざまな問題行動をもつ少年に対し，社会内で，家族関係，学校生活，仲間関係，コミュニティに働きかけることによって対応しようとするプログラムである。家族療法，少年や家族との個人療法，教師，関係機関職員（保護観察官，児童福祉司など）との連携や余暇活動のアレンジなどが用いられる。

　この3つのアプローチが再犯防止効果を上げうるであろうことは，理論的にも納得できる。再犯のリスク評価の項目を見ても，将来の行動を予測するものとしての過去の行動歴（静的リスク）は変化させられないとしても，動的リスクとしては，犯罪の原因となりうる個人の要因と，環境および状況の要因とがある。安心・安全な環境の中で，主体的な自己統制力と協同的対人関係を維持する力を育成し，同時に問題となる行動の変化に焦点をあてたプログラムを受講し，社会内では，修正した行動を維持するための環境と状況とを設定するための働きかけをすることによって，再犯率低下の効果が期待できると考える。さらに，そのシステムは全体として，修復的司法の理念に基づいて3つの責任（後述）を果たすことを支援するものであることが望まれる。

[2] 日本における再犯防止のための治療教育実践とは
① 「育ちなおし」と「特定の行動変化に焦点をあてた」プログラム

　日本での犯罪者・非行少年に対する伝統的働きかけは，「全人格への働きかけとしての**育ちなおし**」と「生活環境の改善（特に就労生活の安定）」に主眼がある。例えば，児童自立支援施設では，寮長・寮母の夫婦を父母代わりとする**小舎夫婦制**の中で，疑似家族生活を通じての「生活を通じての育てなおし」が目指されてきたし，小舎夫婦制の維持が困難となってきた現在でもこの理念は支柱となっている。交代勤務制である少年院，刑務所などの矯正施設であっても，基本は作業と集団生活を通じての人格的成長にある。こうした施設においては，心理学的働きかけよりも，日常生活を通じての指導という意味で「教育」の営みとして行われてきた。指導者にも，専門家である前に，人格的に優れた教育者であることが求められてきたといえよう（矯正協会，1984）。

　社会内においても，民間人である保護司が中心的担い手として，直接に非行少年や犯罪者に対応する制度ができている。それは専門家としての対応を求め

られていたというより，常識ある人生の先輩として，就労支援を柱として，日常生活を見守ることを通じて，地域社会内での生活の立て直しを支援するという方向である。

こうした伝統は貴重なものである。1人ひとりの対象者が，われわれと同じ，日本社会を構成する一員であることを前提に，自律および自立できるよう側面から支えていくという日本流の改善更生理念が強く生きていることは確かである。現在は，それに加えて，特定の犯罪行為の変化に向けての治療教育プログラムを加えていくことが要求されるようになってきている。伝統的体制に加えて，どのように治療教育プログラムを展開していくのかが課題となろう。

前節で述べた，再犯率を低下させるために有効とされる3原則（リスク，ニーズ，反応性）のうち，反応性原則は，「文化差」の概念を含む。知能や性格，もっている障害や性差，文化差など，プログラムを受ける人の反応性の違いに応じて，働きかけの方法を工夫する必要がある。日本においては，日本の文化を前提に，英語圏で実施されているプログラムを修正していく必要があろう。

② ビィクティム・センシティブを大切にする

ビクティム・センシティブという言葉はあまり耳慣れないかもしれないが，ジェンダー・センシティブという言葉同様に，パワーをもっている者には気づきにくい，パワーを奪われた状態におかれること，あるいは異なる立場にいる人々への気づきや配慮を意味している。日本では，加害者に被害者のことを教える教育に対して，「贖罪教育」あるいは「被害者の視点を入れる教育」といったよび方をすることが多いが，どちらも，「加害者に対して，被害者のことを教える」という立場が強いと感じる。筆者としては，加害者に対してはもちろんであるが，まず社会全体が，自分と異なる立場，あるいは文化・価値観に対して，それに気づき，尊重することが大切であると考えている。それがあってこそ，加害者への働きかけも功を奏する可能性が出てくるであろう。

犯罪や非行行動を変化させる必要があるのは，そこに「被害者」がいるからである。違法に他に被害を与えたという行為によってのみ加害者は司法的介入を受け，一定の自由の制限を課せられる。司法制度から被害者が除外されてから久しいが，近年ようやく被害者の声が重視されるようになりつつある。犯罪者，非行少年への働きかけを考えるとき，被害を与えたという事実を抜きにす

ることはできない.

　通常犯行時には，被害者のことなど加害者は考慮していないことがほとんどである．また，社会生活を送っていくうえでの自身の「責任」を果たすという構えと力が弱いことが多い．再犯を防ぐうえでは，自他に対する「責任」を負えるようになることが鍵となる．

　ここでの「責任」を負うとは，処罰を受けるという意味にとどまらず，①自らの行動の結果を引き受け，「問題とされる行動」を振り返る（**説明責任**），②その振り返りをもとに，将来の再犯罪を防止する（**再犯防止責任**），③被害者（家族や地域社会といったコミュニティを含む）に対する謝罪と具体的な償いの行動をとる（**謝罪・賠償責任**）のいわゆる**修復的司法**における責任である（Zehr, 1990）．その3つの責任を果たせるようになるためには，現実問題として，被害者への共感性を育てることが重要である．これは他者の視点を習得することとも密接に関係している．

　ようやく「被害者の視点を入れる」教育の重要性が認識されはじめたとはいえ，実際の働きかけの方法については，遺族の手記の読書，ビデオ教材の視聴，被害者遺族の講話など，ごく限られた手段により，ばらばらに実施されているもので，組織立った教育プログラムはつくられておらず，実際に謝罪や賠償行動をとるための手段もないに等しい．具体的な責任を負うための働きかけのプログラムと償い行動の手段を用意していくことが求められている．英語圏の実践における**被害者加害者調停**，カンファレンス，サークルなどの**修復的対話**のシステム，被害者パネルや被害者について教える教育プログラム（victim impact class）の整備，あるいは謝罪の手紙を預かるシステム，社会奉仕活動や募金などによる償いの行為の機会の提供等が考えられる．

[3] 治療者の要因とグループの活用

　最後に，どのようなプログラムでも実際にはそれを行う治療者の要因が大きいこと，および治療共同体でも認知行動療法でも活用される**グループ**について述べておきたい．

　犯罪者・非行少年に働きかけるのに効果的な治療者としては，①犯罪者と意味のある関係をつくることができる，すなわち温かく，的確に共感でき，ほめ

たり，報いたりできる，②向社会的方向性，すなわちスキルや問題解決能力や，価値観を与えることができる，という2つの特徴が重要であることが実証されている。つまり肯定的な信頼関係をつくり，そのうえで，犯罪的ではない考え方や価値観を教え，それを実行できる力を育成していくことができることが必要になる（Andrews & Bonta, 1994）。効果的なプログラムを実践するためには，プログラム自体の要因とともに，対人関係スキルのあるスタッフを選び，冊子およびビデオによるマニュアルをつくり，研修およびスーパービジョンをきちんと実施するといったことが重要になる。

　一口に集団療法といっても，その目的，構造化の程度，メンバー固定か変動か，リーダーのスタイル，理論的背景等からさまざまなやり方がある。刑務所内で，犯罪・非行行動の変化を目的とする場合は，認知行動療法に基づく，構造化されたグループで，凝集性が高く，適切なグループ規範とリードがあるグループであるとされる（Beech et al., 1999）。一方，自助グループのように，リーダーをおくというよりも，全員が同じ立場で，特定のテーマに沿って，言いっぱなし，聞きっぱなしというスタイルをとっているものもある。

　いずれにせよ，グループにおいては，専門家との1対1の個別療法にはない力がある。それはグループそのもののもつ力である。犯罪・非行行動は元来，人と人との関係において生じるものであるので，直接に対人関係とコミュニケーションを体験できるグループの活用は，グループ体験自体が強力な治療推進力となる。その力をいかにして最大限に生かせるかということがポイントになるのであろう。どのようなセッティングで，どのようなグループのあり方が最も効果的であるのか，効果的なグループを運営するにはどのような訓練やスキルが重要であるのかを検討していくことは，今後の重要な課題である。

文献案内 BOOK GUIDE

藤岡淳子編（2005）．『被害者と加害者の対話による回復を求めて——修復的司法におけるVOMを考える』誠信書房
　▷日本における修復的実践について，被害者加害者調停を中心に述べられている。

ヤーロム，I. D.・ヴィノグラードフ，S. ／川室優訳（1991）．『グループサイコセラピー——ヤーロムの集団精神療法の手引き』金剛出版
トーズランド，R. W.・ライバス，R. F. ／野村豊子監訳（2003）．『グループワーク入門——あらゆる場で役にたつアイデアと活用法』中央法規出版
　▷集団療法の実践方法について，わかりやすく述べられている。
ペンス，E.・ペイマー，M. ／波田あい子監訳（2004）．『暴力男性の教育プログラム——ドゥルース・モデル』誠信書房
　▷DV加害者の教育プログラムの1つであるドゥルース・モデルについて述べられている。

【藤岡淳子】

引用・参考文献

■ 第1章「犯罪・非行心理学を学ぶにあたって」

Andrews, D. A., & Bonta, J. (1998). *The psychology of criminal conduct*, 2nd ed. Anderson.

Hirschi, T. (1969). *Causes of delinquency*. University of California Press. (森田洋司・清水新二監訳, 1995『非行の原因――家庭・学校・社会のつながりを求めて』文化書房博文社)

法務省法務総合研究所編 (2006). 『平成18年版 犯罪白書――刑事政策の新たな潮流』国立印刷局

マクニール, S. (2001). 「露出行為――女性への影響」ハマー, J.・メイナード, M. 編／堤かなめ監訳『ジェンダーと暴力――イギリスにおける社会学的研究』明石書店, pp.159-186.

Newman, G. (1976). *Comparative deviance : Perception and law in six cultures*. Elsevier Scientific.

Putallaz, M., & Bierman, K. L. (Eds.). (2004). *Aggression, antisocial behavior, and violence among girls : A developmental perspective*. Guilford Press.

Stanko, E., & Rafter, N. H. (Eds.). (1982). *Judge, lawyer, victim, thief : Women, gender roles, and criminal justice*. Northeastern University Press.

■ 第2章「犯罪・非行研究の基礎理論」

Akers, R. (1985). *Deviant behavior : A social learning approach*, 3rd ed. Wadsworth.

Agnew, R. (1992). Foundation for a general strain theory of crime and delinquency. *Criminology*, **30**, 47-87.

Agnew, R., Brezina, T., Wright, J. P., & Cullen, F. T. (2002). Strain, personality traits, and delinquency : Extending general strain theory. *Criminology*, **40**, 43-72.

Andrews, D., Zinger, I., Hoge, R. D., Bonta, J., Gendrew, P., & Cullen, F. T. (1990). Does correctional treatment work? A clinically relevant and psychologically informed meta-analysis. *Criminology*, **28**, 269-404.

Bandura, A. (1977). *Social learning theory*. General Learning Press.

Beccaria C. (1764, 1983). *An essay on crimes and punishments*. Branden Books. (風早八十二・風早二葉訳, 1959『犯罪と刑罰』岩波書店)

Becker, H. S. (1963). *Outsiders : Studies in the sociology of deviance*. Free Press. (村上直之訳, 1978『アウトサイダーズ――ラベリング理論とはなにか』新泉社)

Cleckley, H. (1941). *The mask of sanity*. Mosby.

Cohen, A. K. (1955). *Delinquent boys : The culture of the gang.* Free Press.

Cullen, F. T. (1994). Social support as an organizing concept for criminology : Presidential address to the academy of criminal justice sciences. *Justice Quarterly,* **11,** 527-559.

Cullen, F. T., & Agnew, R. (Eds.). (1999). *Criminological theory : Past to present : Essential readings.* Roxbury.

Darwin, C. (1859). *On the origin of species.* John Murray. (八杉龍一訳, 1990『種の起源 上・下 改版』岩波書店)

Durkheim, E. (1893, 1933). *The division of labor in society* (Translated by G. Simpson). Free Press. (井伊玄太郎訳, 1989『社会分業論 上・下』講談社)

Glueck, S., & Glueck, E. (1950). *Unraveling juvenile delinquency.* Harvard University Press. (中央青少年問題協議会訳, 1961『少年非行の解明 増訂版』法務大臣官房司法法制調査部)

Goddard, H. H. (1914, 1972). *Feeblemindedness : Its causes and consequences.* Arno.

Gottfredson, M. R., & Hirschi, T. (1990). *A general theory of crime.* Stanford University Press.

Hare, R. D. (1970). *Psychopathy : Theory and research.* Wiley.

Healy, W., & Bronner, A. F. (1936). *New light on delinquency and its treatment : Results of a research conducted for the Institute of Human Relations, Yale University.* Greenwood Press. (樋口幸吉訳, 1956『少年非行』みすず書房)

Hirschi, T. (1969). *Causes of delinquency.* University of California Press. (森田洋司・清水新二監訳, 1995『非行の原因——家庭・学校・社会のつながりを求めて』文化書房博文社)

Lemert, E. M. (1951). *Social pathology : A systematic approach to the theory of sociopathic behavior.* McGraw-Hill.

Lipsey, M. (1995). What do we learn from 400 research studies on the effectiveness of treatment with juvenile delinquents? In J. McGuire (Ed.), *What works : Reducing reoffending : Guidelines from research and practice.* Wiley. pp.63-78.

Lombroso, C. (1876). *L'uomo delinquente* [*The criminal man*]. Torin.

Mannheim, H. (1965). *Comparative criminology : A text book.* Routledge & Kegan.

Martinson, R. (1974). What works? Questions and answers about prison reform. *The Public Interest,* **35,** 22-54.

Matsueda, R. L. (1992). Reflected appraisals, parental labeling, and delinquency : Specifying a symbolic interactionist theory. *American Journal of Sociology,* **97,** 1577-1611.

Merton, R. K. (1938). Social structure and anomie. *American Sociological Review,* **3,** 672-682.

Raine, A. (Ed.). (1993). *The psychopathology of crime : Criminal behavior as a clinical disorder.* Academic Press.

Sampson, R. J., & Groves, W. B. (1989). Community structure and crime : Testing social disorganization theory. *American Journal of Sociology,* **94,** 774-802.

Shaw, C. R., & McKay, H. D. (1942). *Juvenile delinquency and urban areas : A study of rates of delinquents in relation to differential characteristics of local communities in American cities.* University of Chicago Press.

Sutherland, E. H. (1939). *Principles of criminology.* Lippincott.

Sutherland, E. H. (1940). White collar criminality. *American Sociological Review,* **5**, 1-12.

Sykes, G., & Matza, D. (1957). Techniques of neutralization : A theory of delinquency. *American Sociological Review,* **22**, 664-670.

Tannenbaum, F. (1938). *Crime and the community.* Columbia University Press.

■ 第3章「犯罪・非行の個別的要因① パーソナリティ要因」

American Psychiatry Association (2000). *Diagnostic and statistical manual of mental disorders,* 4th ed., text revision. American Psychiatry Association. (高橋三郎・大野裕・染矢俊幸訳, 2003『DSM-Ⅳ-TR 精神疾患の分類と診断の手引 新訂版』医学書院)

Bardone, A. M., Moffit, T. E., Caspi, A., Dickson, N., & Silva, P. A. (1996). Adult mental health and social outcomes of adolescent girls with depression and conduct disorder. *Development and Psychopathology,* **8**, 811-829.

Bezirganian, S., Cohen, P., & Brook, J. S. (1993). The impact of mother-child interaction on the development of borderline personality disorder. *American Journal of Psychiatry,* **150**, 1836-1842.

Biederman, J., Mick, E., Faraone, S. V., & Burback, M. (2001). Patterns of remission and symptom decline in conduct disorder : A four-year prospective study of an ADHD sample. *Journal of the American Academy of Child and Adolescent Psychiatry,* **40**, 290-298.

Biederman, J., Newcorn, J., & Sprich, S. (1991). Comorbidity of attention deficit hyperactivity disorder with conduct, depressive, anxiety, and other disorders. *American Journal of Psychiatry,* **148**, 564-577.

Blackburn, R. (1988). On moral judgments and personality disorders : The myth of psychopathic personality revisited. *The British Journal Psychiatry,* **153**, 505-512.

Burke, J. D., Loeber, R., & Lahey, B. B. (2003). Course and Outcomes. In C. A. Essau (Ed.), *Conduct and oppositional defiant disorders : Epidemiology, risk factors, and treatment.* Lawrence Erlbaum. pp.61-96.

Cadoret, R. J., Cain, C. A., & Crowe, R. R. (1983). Evidence for gene-environment interaction in the development of adolescent antisocial behavior. *Behavior Genetics,* **13**, 301-310.

Cleckley, H. (1964). *The mask of sanity : An attempt to clarify some issues about the so-called psychopathic personality,* 4th ed. Mosby.

Cohen, P., & Flory, M. (1998). Issues in the disruptive behavioral disorders : Attention deficit disorder without hyperactivity and the differential validity of oppositional defiant and conduct disorders. In T. Widiger, A. J. Frances, H. J. Pincus, R. Ross, M. B. First, W. Davis & M. Kline

(Eds.), *DSM-IV Sourcebook, vol.4.* American Psychiatric Press. pp.455-463.

Coid, J. (2002). Personality disorders in prisoners and their motivation for dangerous and disruptive behaviour. *Criminal Behaviour and Mental Health,* **12**, 209-226.

DiLalla, L. F., & Gottesman, I. I. (1991). Biological and genetic contributors to violence-wisdom's untold tale. *Psychological Bulletin,* **109**, 125-129.

Eronen, M., Hakola, P., & Tiihonen, J. (1996). Mental disorders and homicidal behavior in Finland. *Archives of General Psychiatry,* **53**, 497-501.

Fallon, P., Bluglass, R., Edwards, B., & Daniels, G. (1999). *Report of the committee of inquiry into the personality disorder unit, Ashworth Special Hospital.* The Stationary Office.

Farrington, D. P. (1991). Childhood aggression and adult violence : Early precursors and later-life outcomes. In D. J. Pepler & K. H. Rubin (Eds.), *The development and treatment of childhood aggression.* Lawrence Erlbaum Associates. pp.5-29.

Farrington, D. P. (1995). The development of offending and antisocial behavior from childhood : Key findings from the Cambridge study in delinquent development. *The Journal of Child Psychology and Psychiatry,* **36**, 929-964.

First, M. B., Gibbon, M., Spitzer, R. L., Williams, J. B. W., & Benjamin, L. S. (1997). *Structured clinical interview for DSM-IV axis II personality disorders (SCID-II).* American Psychiatric Press. (高橋三郎監訳, 2002 『SCID-II DSM-IV II軸人格障害のための構造化面接』医学書院)

Forth, A. E., Kosson, D. S., & Hare, R. D. (2003). *Hare Psychopathy Checklist:Youth Version Technical Manual.* Multi-Health Systems.

福島章 (2003). 『殺人という病——人格障害・脳・鑑定』金剛出版

Gunderson, J. G. (1984). *Borderline personality disorder.* American Psychiatric Press. (松本雅彦・石坂好樹・金吉晴訳, 1988 『境界パーソナリティ障害——その臨床病理と治療』岩崎学術出版社)

Gunderson, J. G., & Englund, D. W. (1981). Characterizing the families of borderlines : A review of the literature. *Psychiatric Clinics of North America,* **4**, 159-168.

Harada, Y., Satoh, Y., Sakuma, A., Imai, J., Tamaru, T., Takahashi, T., & Amano, N. (2002). Behavioral and developmental disorders among conduct disorder. *Psychiatry and Clinical Neurosciences,* **56**, 621-625.

原田隆之・吉村雅世 (2000). 「非行と行為障害」『犯罪心理学研究』**38**, 18-19.

Hare, R. D. (1991). *The Hare Psychopathy Checklist-Revised (PCL-R).* Multi-Health Systems.

Hare, R. D., Hart, S. D., & Harpur, T. J. (1991). Psychopathy and the DSM-IV criteria for antisocial personality disorder. *Journal of Abnormal Psychology,* **100**, 391-398.

Harris, G. T., & Rice, M. E. (1997). Risk appraisal and management of violent behavior. *Psychiatric Service,* **48**, 1168-1176.

Harris, G. T., Rice, M. E., & Cormier, C. A. (1991). Psychopathy and violent recidivism. *Law and Human Behavior*, 15, 625-637.

Harris, G. T., Rice, M. E., & Quinsey, V. L. (1993). Violent recidism of mentally disordered offenders : The development of a statistical prediction instrument. *Criminal Justice and Behavior*, 20, 315-335.

Hart, S. D., Hare, R. D., & Forth, A. E. (1994). Psychopathy as a risk marker for violence : Development and validation of a screening version of the Revised Psychopathy Checklist. In J. Monahan & H. S. Steadman (Eds.), *Violence and mental disorder : Developments in risk assessment*. University of Chicago Press. pp.81-98.

Herman, J. L., Perry, J. C., & van der Kolk, B. A. (1989). Childhood trauma in borderline personality disorder. *American Journal of Psychiatry*, 146, 490-495.

Hodgins, S., Mednick, S. A., Brennan, P. A., Schulsinger, F., & Engberg, M. (1996). Mental disorder and crime. Evidence from a Danish birth cohort. *Archives of General Psychiatry*, 53, 489-496.

Hollander, E., Stein, D. J., DeCaria, C. M., Cohen, L., Saoud, J. B., Skodol, A. E., Kellman, D., Rosnick, L., & Oldham, J. M. (1994). Serotonergic sensitivity in borderline personality disorder : Preliminary findings. *American Journal of Psychiatry*, 151, 277-280.

井上和則・庵前幸美・倉知聖命・北村隆 (2001).「行為障害（DSM-Ⅳ）と非行の関連について」『四国矯正』55, 82-91.

Johnson, J. G., Cohen, P., Brown, J., Smailes, E. M., & Bernstein, D. P. (1999). Childhood maltreatment increases risk for personality disorders during early adulthood. *Archives of General Psychiatry*, 56, 600-606.

Kemperman, I., Russ, M. J., Clark, W. C., Kakuma, T., Zanine, E., & Harrison, K. (1997). Pain assessment in self-injurious patients with borderline personality disorder using signal detection theory. *Psychiatry Research*, 70, 175-183.

近藤日出夫・大橋秀夫・淵上康幸 (2004).「行為障害の実態について」『矯正医学』53, 1-11.

Lacey, J. H., & Evans, C. D. (1986). The impulsivist : A multi-impulsive personality disorder. *British Journal of Addiction*, 81, 641-649.

Lahey, B. B., & Loeber, R. (1994). Framework for a developmental model of oppositional defiant disorder and conduct disorder. In D. K. Routh (Ed.), *Disruptive behavior disorders in childhood : Essays honoring Herbert C. Quay*. Plenum. pp.139-180.

Loeber, R., & Stouthamer-Loeber, M. (1986). Family factors as correlates and predictors of juvenile conduct problems and delinquency. In M. Tony & N. Morris (Eds.), *Crime and justice : An annual review of research, vol. 7*. University of Chicago Press. pp.29-149.

Mason, C. A., Cauce, A. M., Gonzales, N., & Hiraga, Y. (1996). Neither too sweet nor too sour : Problem peers, maternal control, and problem behavior in African American adolescents. *Child Development*, **67**, 2115-2130.

松本俊彦（2005）．「女性の薬物依存症」油井邦雄・相良洋子・加茂登志子編『実践・女性精神医学――ライフサイクル・ホルモン・性差』創造出版，pp.218-231.

Modestin, J., Matutat, B., & Wurmle, O. (2001). Antecedents of opioid dependence and personality disorder : Attention-deficit/hyperactivity disorder and conduct disorder. *European Archives of Psychiatry and Clinical Neuroscience*, **251**, 42-47.

Quinsey, V. L., Harris, G. T., Rice, M. E., & Cormier, C. A. (1998). *Violent offenders : Appraising and managing risk*. American Psychological Association.

Raine, A. (1993). Features of borderline personality and violence. *Journal of Clinical Psychology*, **49**, 277-281.

Raine, A., Brennan, P., & Mednick, S. A. (1997). Interaction between birth complications and early maternal rejection in predisposing individuals to adult violence : Specificity to serious, early-onset violence. *American Journal of Psychiatry*, **154**, 1265-1271.

Raine, A., Venables, P. H., & Williams, M. (1995). High autonomic arousal and electrodermal orienting at age 15 years as protective factors against criminal behavior at age 29 years. *American Journal of Psychiatry*, **152**, 1595-1600.

Rice, M. E., & Harris, G. T. (1997). Cross-validation and extension of the violence risk appraisal guide for child molesters and rapists. *Law and Human Behavior*, **21**, 231-241.

Rice, M. E., Harris, G. T., & Quinsey, V. L. (1990). A follow-up of rapists assessed in a maximum-security psychiatric facility. *Journal of Interpersonal Violence*, **5**, 435-448.

Robins, L. N. (1978). Sturdy childhood predictors of adult antisocial behavior : Replications from longitudinal studies. *Psychological Medicine*, **8**, 611-622.

Robins, L. N. (1991). Conduct disorder. *Journal of Child Psychology and Psychiatry*, **32**, 193-212.

Robins, L. N., Tipp, L., & Przybeck, T. R. (1990). Antisocial personality. In L. N. Robins & D. A. Reiger (Eds.), *Psychiatric disorders in America*. Free Press. pp.258-290.

Rutter, M. (1987). Temperament, personality and personality disorder. *The British Journal of Psychiatry*, **150**, 443-458.

Rydelius, P. A. (1988). The development of antisocial behaviour and sudden violent death. *Acta Psychiatrica Scandinavica*, **77**, 398-403.

Schneider, K. (1934). *Psychiatrische Vorlesungen für Ärzte*. Thieme（西丸四方訳，2000『臨床精神病理学序説 新装版』みすず書房）

Siever, L. J., & Davis, K. L. (1991). A psychobiological perspective on the personality disorders. *American Journal of Psychiatry*, **148**, 1647-1658.

Singleton, N., Meltzer, H., Gatward, R., Coid, J., & Deasy, D. (1998). *Psychiatric morbidity among prisoners in England and Wales : The report of a survey carried out in 1997 by Social*

Survey Division of the Office for National Statistics on behalf of the Department of Health. Stationary Office.

田島秀紀・浅野千晶・野村俊明・吉永千恵子・末永清（2002）．「行為障害と家庭環境をめぐる一考察」『犯罪心理学研究』40（特別号），28-29．

Wallace, C., Mullen, P., Burgess, P., Palmer, S., Ruschena, D., & Browne, C. (1998). Serious criminal offending and mental disorder. Case linkage study. *The British Journal of Psychiatry*, **172**, 477-484.

Webster, C. D., Douglas, K. S., Eaves, D., & Hart, S. (1997). *HCR-20 : Assessing risk for violence, version 2*. Simon Fraser University.

Widiger, T. A., & Rogers, J. H. (1989). Prevalence and comorbidity of personality disorders. *Psychiatric Annals*, **19**, 132-136.

World Health Organization (1992). *The ICD-10 classification of mental and behavioural disorders : Clinical descriptions and diagnostic guidelines*. World Health Organization.（融道男・中根允文・小見山実・岡崎祐士・大久保善朗監訳，2005『ICD-10 精神および行動の障害――臨床記述と診断ガイドライン 新訂版』医学書院）

Yoshikawa, H. (1994). Prevention as cumulative protection : Effects of early family support and education on chronic delinquency and its risk. *Psychological Bulletin*, **115**, 28-54.

■ 第4章「犯罪・非行の個別的要因② 発達障害」

アレン, F.／黒丸正四郎訳（1955）．『問題児の心理療法』みすず書房

有田秀穂（2004）．「キレる脳――セロトニン神経からの考察」『小児科臨床』**57**, 1265-1272．

Dodge, K. A. (1986). A social information processing model of social competence in children. In M. Perlmutter (Ed.), *Minnesota symposia on child psychology, vol.18 : Cognitive perspectives on children's social and behavioral development*. Erlbaum. pp.77-125.

Gunilla, G. (1997). *A real person : Life on the outside*. Souvenir Press.（ニキ・リンコ訳，2000『ずっと「普通」になりたかった。』花風社）

浜田寿美男（2005）．『「私」をめぐる冒険――「私」が「私」であることが揺らぐ場所から』洋泉社

濱口佳和（2002）．「攻撃性と情報処理」山崎勝之・鳥井哲志編『攻撃性の行動科学 発達・教育編』ナカニシヤ出版，pp.40-59．

花崎皋平（1993）．『アイデンティティと共生の哲学』筑摩書房

神庭重信（2003）．「精神科診断面接」古川壽亮・神庭重信編『精神科診察診断学――エビデンスからナラティブへ』医学書院，pp.17-25．

鯨岡峻（2005）．「発達障碍の概念とその支援のあり方を考える」『教育と医学』**630**, 1128-1136．

Kurtz, L. A., Dowrick, P. W., Levy, S. E., & Batshaw, M. L. (Eds.). (1996). *Handbook of*

developmental disabilities : Resources for interdisciplinary care. Aspen Publishers.
Lorentz, K. (1963). *Das sogenannte Bose : Zur Naturgeschichte der Aggression*. Dr. G. Borotha-Shoeler Verlag, Wien. (日高敏隆・久保和彦訳, 1970『攻撃——悪の自然誌』みすず書房)
Malmgren, K., Abbott, R. D., & Hawkins, J. D. (1999). LD and delinquency : Rethinking the "link". *Journal of Learning Disabilities*, **32**, 194-200.
ニキ・リンコ (2000).「あとがき」グニラ, G.『ずっと「普通」になりたかった。』花風社, pp.281-286.
奥村雄介・野村俊明 (2006).『非行精神医学——青少年の問題行動への実践的アプローチ』医学書院
乙武洋匡 (1998).『五体不満足』講談社
齋藤万比古 (2005).「注意欠陥/多動性障害 (AD/HD) の診断・治療ガイドラインについて」『精神神経学雑誌』**107**, 167-179.
品川裕香 (2003).『怠けてなんかない！——ディスレキシア 読む・書く・記憶するのが困難な LD の子どもたち』岩崎書店
Siponmaa, L., Kristiansson, M., Jonson, C., Nydén, A., & Gillberg, C. (2001). Juvenile and young adult mentally disordered offenders : The role of child neuropsychiatric disorders. *Journal of the American Academy of Psychiatry and the Law*, **29**, 420-426.
田中康雄 (2003).「注意欠陥/多動性障害 (AD/HD) のある子どもたちの, 誤解されやすい言動と傷つきやすい心について」『児童青年精神医学とその近接領域』**44**, 127-134.
田中康雄 (2004a).「軽度発達障害のある子どもたちにおける被害体験と加害行為——共生するために尊重されるべき異文化」藤岡淳子・小西聖子・田中康雄・小林隆児・安岡誉・佐藤眞理・吉田里日・大場玲子・妹尾栄一・中村攻『少年非行——青少年の問題行動を考える』星和書店, pp.63-79.
田中康雄 (2004b).「日常の生きやすさの支援は, 日常に棲む環境の総体にある——ADHD のある子どもへの精神療法」『思春期青年期精神医学』**14**, 101-111.
田中康雄 (2006a).「いわゆる反社会的行動を示す子どもへの対応」『精神科治療学』**21**, 265-272.
田中康雄 (2006b).「発達障害児への心理的援助 発達障害の医学的概論 (1) ——軽くとも生き難い子ら」『臨床心理学』**6**, 257-263.
田中康雄 (2006c).「発達障害を抱えながら越える 10 歳の節目」『臨床心理学』**6**, 481-486.
十一元三 (2004).「広汎性発達障害を持つ少年の鑑別・鑑定と司法処遇——精神科疾病概念の歴史的概観と現状の問題点を踏まえ」『児童青年精神医学とその近接領域』**45**, 236-245.
上田秀一・中館和彦・野田隆洋・榊原伸一 (2004).「キレる脳 虐待と攻撃性——実験動物からのアプローチ」『小児科臨床』**57**, 1257-1264.
Wener, C., & Kerig, P. (2000). *Developmental psychopathology : From infancy through adolescence*, 4th ed. McGraw Hill.

八島美菜子 (2002).「攻撃性と発達」山崎勝之・鳥井哲志編『攻撃性の行動科学 発達・教育編』ナカニシヤ出版, pp.60-80.

■ 第5章「非行と家族関係」
Bowlby, J. (1944). Forty-four juvenile thieves: Their characters and home-life. *International Journal of Psychoanalysis*, 25, 19-52 and 107-127. Reprinted (1946). as monograph. Balliere, Tindall & Cox.
藤田弘人 (1992).「犯罪・非行研究における家族の問題」『犯罪と非行』93, 26-49.
Glueck, S., & Glueck, E. (1950). *Unraveling juvenile delinquency*. Harvard University Press.（中央青少年問題協議会訳, 1961『少年非行の解明 増訂版』法務大臣官房司法法制調査部）
橋本和明 (2004).『虐待と非行臨床』創元社
Healy, W., & Bronner, A. F. (1936). *New light on delinquency and its treatment: Results of a research conducted for the Institute of Human Relations, Yale University*. Greenwood Press.（樋口幸吉訳, 1956『少年非行』みすず書房）
Hirschi, T. (1969). *Causes of delinquency*. University of California Press.（森田洋司・清水新二監訳, 1995『非行の原因——家庭・学校・社会のつながりを求めて』文化書房博文社）
法務省法務総合研究所編 (2005).『平成17年版 犯罪白書——少年非行』国立印刷局
Symonds, P. M. (1939). *The psychology of parent-child relationships*. Appleton-Century.
生島浩 (1993).『非行少年への対応と援助——非行臨床実践ガイド』金剛出版
山本智也 (2005).「非行臨床における家庭教育支援の意義」『非行臨床の理論と実際（現代のエスプリ461）』至文堂, pp.179-188.

■ 第6章「犯罪・非行と学校・職場・地域」
Hirschi, T. (1969). *Causes of delinquency*. University of California Press.（森田洋司・清水新二監訳, 1995『非行の原因——家庭・学校・社会のつながりを求めて』文化書房博文社）
法務省法務総合研究所編 (2004).『平成16年版 犯罪白書——犯罪者の処遇』国立印刷局
法務省法務総合研究所編 (2005).『平成17年版 犯罪白書——少年非行』国立印刷局
法務省法務総合研究所編 (2006).『平成18年度 犯罪白書——刑事政策の新たな潮流』国立印刷局
法務総合研究所 (2005).『保護司の活動実態と意識に関する調査』法務総合研究所
文部科学省 (2002).『生徒指導上の諸問題の現状と文部科学省の施策について』
文部科学省 (2004).『生徒指導上の諸問題の現状と文部科学省の施策について』
Sampson, R. J., & Laub, J. H. (1993). *Crime in the making: Pathways and turning points through life*. Harvard University Press.

■ 第7章「エビデンスに基づく評価と介入」

Brantingham, P. L., & Brantingham, P. J. (1995). Criminality of place : Crime generators and crime attractors. *European Journal on Criminal Policy and Research : Crime Enviornments and Situational Prevention*, 3, 5-26.

Cohen, L. E., & Felson, M. (1979). Social change and crime rate trends : A routine activity approach. *American Sociological Review*, 44, 588-608.

Eysenck, H. J. (1995). Problems with meta-analysis. In I. Chalmers & G. Altman (Eds.), *Systematic reviews*. BMJ Publishing Group. pp.64-74.（津谷喜一郎・別府宏圀・浜六郎監訳, 2000『システマティック・レビュー――エビデンスをまとめてつたえる』サイエンティスト社, pp.92-107）

Farrington, D. P., & Welsh, B. C. (2002). *Effects of improved street lighting on crime : A systematic review. Home Office Research Study 251 : Home Office Research.* Development and Statistics Directorate.

藤岡淳子・水田恵三・濱野昌彦・大場玲子・渡邉和美・寺村堅志 (2002). 「犯罪心理学研究の現状とこれから」『犯罪心理学研究』40（特別号）, 223-236.

Hanson, R. K., & Thornson, D. (1999). *Static-99 : Improving actuarial risk assessments for sex offenders. (User Report 99-02)*. Department of the Solicitor General of Canada.

原田豊・津富宏・島田貴仁・滝充 (2003). 「What Works? 科学的根拠に基づく犯罪・非行対策」『日本犯罪社会学会第 30 回大会報告要旨集』3-14.

Hare, R. D. (1991). *The Hare Psychopathy Checklist-Revised*. Multi-health Systems.

Harris, G. T., Rice, M. E., & Quinsey, V. L. (1993). Violent recidivism of mentally disordered offenders : The development of a statistical prediction instrument. *Criminal Justice and Behavior*, 20, 315-335.

Hazelwood, R. R. (1995). Analyzing the rape and profiling offender. In R. R. Hazelwood & A. W. Burgess (Eds.), *Practical aspects of rape investigation-multidisciplinary approach*, 2nd ed. CRC Press. pp.133-164.

Hirschi, T. (1969). *Causes of delinquency*. University of California Press.（森田洋司・清水新二監訳, 1995『非行の原因――家庭・学校・社会のつながりを求めて』文化書房博文社）

法務総合研究所 (2006). 「法務総合研究所調査の結果――性犯罪の実態と再犯に関する分析」法務省『性犯罪処遇プログラム研究会報告書』59-85.

Monahan, S., & Steadman, H. J. (1994). *Violence and mental disorder : Developments in risk assessment*. University of Chicago Press.

森實敏夫 (2004).『わかりやすい医学統計学』メディカルトリビューン

Mulrow, C. D. (1995). Rationale for systematic reviews. In I. Chalmers & D. G. Altman (Eds.), *Systematic reviews*. BMJ Publishing Group. pp.1-8.（津谷喜一郎・別府宏圀・浜六郎監訳, 2000『システマティック・レビュー――エビデンスをまとめてつたえる』サイエンティス

ト社, pp.1-12)
Prentky, R. A., & Righthand, S. (2003). *Juvenile sex offender assessment protocol-II (J-SOAP-II)：Manual.* Justice Resource Institute.
Quinsey, V. L., Rice, M. E., & Harris, G. T. (1995). Actuarial prediction of sexual recidivism. *Journal of Interpersonal Violence*, **10**, 85-105.
Sackett, D. L., Rosenberg, W. M. C., Gray, J. A. M., Haynes, R. B., & Richardson, W. S. (1996). Evidence-based medicine：What it is and what it isn't. *British Medical Journal*, **312**, 71-72.
Steadman, H. J. (1973). Follow-up on Baxstrom patients returned to hospitals for the criminally insane. *American Journal of Psychiatry*, **130**, 317-319.
津富宏 (2002).「EBP（エビデンス・ベイスト・プラクティス）への道——根拠に基づいた実務を行うために」『犯罪と非行』**124**, 67-99.
渡邉和美・田村雅幸 (1999).「13歳未満の少女を対象とした強姦事件の犯人像分析1——加害者の特徴と犯歴に関する分析」『科学警察研究所報告 防犯少年編』**40**, 67-81.
Webster, C. D., Eaves, D., Douglas, K., & Wintrup, A. (1995). *The HCR-20 scheme：The assessment of dangerousness and risk.* Simon Fraser University and Forensic Psychiatric Services Commission of British Columbia.
Welsh, B. C., & Farrington, D. P. (2002). *Crime prevention effects of closed circuit television：A systematic review.* (*Home Office Research Study 252*). Home Office Research, Development and Statistics Directorate.

■ 第8章「犯罪・非行の心理臨床の基礎」
DiClemente, C. (2003). *Addiction and change：How addictions develop and addicted people recover.* Guilford.
藤岡淳子 (2006).『性暴力の理解と治療教育』誠信書房
Martinson, R. (1974). What works？ Questions and answers about prison reform. *The Public Interest*, **35**, 22-54.
Miller, W. R., & Rollnick, S. (2002). *Motivational interviewing：Preparing people for change*, 2nd ed. Guilford.

■ 第9章「犯罪者・非行少年の処遇システム」
芦部信喜 (1997).『憲法 新版』岩波書店
福岡県弁護士会子どもの権利委員会編 (2006).『少年審判制度が変わる——全件付添人制度の実証的研究（JLF叢書10）』商事法務
Goodman, R. (2000). *Children of the Japanese state：The changing role of child protection institutions in contemporary Japan.* Oxford University Press.（津崎哲雄訳, 2006『日本の児童養護——児童養護学への招待』明石書店）

法務省法務総合研究所編（2005）.『平成17年版 犯罪白書──少年非行』国立印刷局
法務省法務総合研究所編（2006）.『平成18年版 犯罪白書──刑事政策の新たな潮流』国立印刷局
前野育三・前田忠弘・松原英世・平山真理（2003）.『刑事政策のすすめ──法学的犯罪学』法律文化社
日本弁護士連合会編（2006）.『子どもの権利ガイドブック』明石書店
日本子どもを守る会編（1997）.『子ども白書──〈1997年版〉子ども政策の現在と未来──子どもの自由と民主主義』草土文化
最高裁判所事務総局家庭局（2000）.「家庭裁判所事件の概況──少年事件」『家庭裁判月報』52（2），1-147.
斉藤豊治・守屋克彦（2005）.『少年法の課題と展望 第1巻』成文堂
斉藤豊治・守屋克彦（2006）.『少年法の課題と展望 第2巻』成文堂
澤登俊雄（2005）.『少年法入門 第3版』有斐閣
田宮裕・廣瀬健二編（2001）.『注釈少年法 改訂版』有斐閣

■ 第10章「犯罪者・非行少年のアセスメント」

American Psychiatry Association（2000）. *Diagnostic and statistical manual of mental disorders*, 4th ed., text revision. American Psychiatry Association.（高橋三郎・大野裕・染矢俊幸訳，2003『DSM-Ⅳ-TR 精神疾患の分類と診断の手引 新訂版』医学書院）
安藤久美子（2003）.「暴力に関する欧米の司法精神医学的研究2 ──暴力のリスクアセスメントツール」『犯罪学雑誌』**69**, 220-232.
Andrews, D. A.（1989）. Recidivism is predictable and can be influenced: Using risk assessments to reduce recidivism. *Forum on Corrections Research*, **1**, 11-18.
Andrews, D. A., & Bonta, J.（1998）. *The psychology of criminal conduct*, 2nd ed. Anderson.
Andrews, D. A., Bonta, J., & Wormith, J. S.（2006）. The recent past and near future of risk and/or need assessment. *Crime & Delinquency*, **52**, 7-27.
Barnoski, R.（2004）. *Assessing risk for re-offense : Validating the Washington state juvenile court assessment*. Washington State Institute for Public Policy.
Bonta, J.（1996）. Risk-needs assessment and treatment. In A. T. Hartland（Ed.）, *Choosing correctional options that work : Defining the demand and evaluating the supply*. Sage. pp.18-32.
Bonta, J.（2002）. Offender risk assessment : Guidelines for selection and use. *Criminal Justice and Behavior*, **29**, 355-379.
Conners, G. J., Donovan, D. M., & DiClemente, C. C.（2001）. *Substance abuse treatment and the stages of change : Selecting and planning interventions*. Guilford.
CSC（2003）. Offender intake assessment and correctional planning. *Standard Operating*

Practices（*SOPs*）, *Commissioner's Directive #700-04*.
藤岡淳子（2001）．『非行少年の加害と被害――非行心理臨床の現場から』誠信書房
藤岡淳子（2006）．『性暴力の理解と治療教育』誠信書房
Hanson, R. K.（2000）. *Risk assessment.*（*ATSA Infopack*）. Association for Treatment of Sexual Abusers.
Hanson, R. K., & Bussière, M. T.（1998）. Predicting relapse : A meta-analysis of sexual offender recidivism studies. *Journal of Consulting and Clinical Psychology*, **66**, 348-362.
Hanson, R. K., & Harris, A.（2000）. *The Sex Offender Need Assessment Rating*（*SONAR*）*: A method for measuring change in risk levels.*
（http://www.psepc-sppcc.gc.ca/publications/corrections/200001b_e.asp）
Hanson, R. K., & Morton-Bourgon, K.（2004）. *Predictors of sexual recidivism : An updated meta-analysis*. Public Works and Government Services Canada.
Hanson, R. K., & Thornson, D.（1999）. *Static-99 : Improving actuarial risk assessments for sex offenders.*（*User Report 99-02*）. Department of the Solicitor General of Canada.
針間克己（2001）．『性非行少年の心理療法』有斐閣
林幸司（2001）．『精神鑑定実践マニュアル――臨床から法廷まで』金剛出版
法務省法務総合研究所編（2005）．『平成17年版 犯罪白書――少年非行』国立印刷局
犬塚石夫編集代表（2005）．『矯正心理学――犯罪・非行からの回復を目指す心理学 下巻（実践編）』東京法令出版
黒澤良輔（2004）．「分類――成人の心理アセスメント」犬塚石夫編集代表『矯正心理学――犯罪・非行からの回復を目指す心理学 下巻（実践編）』東京法令出版，pp.95-149.
Lane, S.（1997a）. The sexual abuse cycle. In G. Ryan & S. Lane（Eds.）, *Juvenile sexual offending : Causes, consequences, and correction*, new and revised ed. Jossey-Bass. pp.77-121.
Lane, S.（1997b）. Assessment of sexually abusive youth. In G. Ryan & S. Lane（Eds.）, *Juvenile sexual offending : Causes, consequences, and correction*, new and revised ed. Jossey-Bass. pp.219-263.
Leis, T. A., Motiuk, L. L., & Ogloff, J. R. P.（Eds.）.（1995）. *Forensic psychology : Policy and practice in corrections.* CSC.
Loeber, R., & Farrington, D. P.（Eds.）.（1998）. *Serious and violent juvenile offenders : Risk factors and successful interventions.* Sage.
Lösel, F., & Schmucker, M.（2005）. The effectiveness of treatment for sexual offenders : A comprehensive meta-analysis. *Journal of Experimental Criminology*, **1**, 117-146.
Martinson, R.（1974）. What works? Questions and answers about prison reform. *The Public Interest*, **35**, 22-54.
Miller, W. R., & Rollnick, S.（2002）. *Motivational interviewing : Preparing people for change*, 2nd ed. Guilford Press.（松島義博・後藤恵訳，2007『動機づけ面接法――基礎・実践編』

星和書店,原著の部分訳)
Motiuk, L. L., & Selin, R. C. (Eds.). (2000). *Compendium 2000 : On effective correctional Programming, vol.1 and 2*. CSC.
村尾泰弘・廣井亮一編(2004).『よくわかる司法福祉』ミネルヴァ書房
中谷陽二編(2006).『刑事事件と精神鑑定(司法精神医学2)』中山書店
西園昌久(2003).『精神医学の現在』中山書店
及川恵(2003).「生物心理社会モデル」下山晴彦編『よくわかる臨床心理学』ミネルヴァ書房, pp.30-31.
寺村堅志(2006).「もう一つの犯罪統計——疫学・公衆衛生学からみた暴力」浜井浩一編『犯罪統計入門——犯罪を科学する方法(龍谷大学矯正・保護研究センター叢書4)』日本評論社, pp.144-162.
十一元三(2006).「司法領域における広汎性発達障害の問題」『家庭裁判月報』58 (12), 1-42.
十一元三・崎濱盛三(2002).「アスペルガー障害の司法事例——性非行の形式と動因の分析」『精神神経学雑誌』104, 561-584.
津富宏(1999a).「犯罪者処遇の評価研究 (1)」『刑政』1283, 58-67.
津富宏(1999b).「犯罪者処遇の評価研究 (2)」『刑政』1284, 50-60.
津富宏(1999c).「犯罪者処遇の評価研究 (3)」『刑政』1285, 46-55.
津富宏(2005).「実務家が,青少年の暴力予防効果に関するエビデンスを入手する——ウェブを通じたレビュー成果の提供」『保健医療科学』54 (2), 127-134.
渡辺昭一編(2005).『捜査心理ファイル——捜査官のための実戦的心理学講座 犯罪捜査と心理学のかけ橋』東京法令出版
World Health Organization (1992). *The ICD-10 classification of mental and behavioural disorders : Clinical descriptions and diagnostic guidelines*. World Health Organization. (融道男・中根允文・小見山実・岡崎祐士・大久保善朗監訳, 2005『ICD-10 精神および行動の障害——臨床記述と診断ガイドライン 新訂版』医学書院)
山上皓編(2006).『犯罪と犯罪者の精神医学(司法精神医学3)』中山書店
吉川和夫(2006).「リスクアセスメントの理論と実践」山内俊雄編『司法精神医療(司法精神医学5)』中山書店, pp.296-303.

■ 第11章「犯罪・非行の治療教育」
Andrews, D. A., & Bonta, J. (1998). *The psychology of criminal conduct*, 2nd ed. Anderson.
神田橋條治(2003).「非行・犯罪臨床の中で神田橋先生に聞く」『犯罪心理学研究』41 (特別号), 166-177.
生島浩(2003).『非行臨床の焦点』金剛出版
Thakker, J., Ward, T., & Tidmarsh, P. (2006). A reevaluation of relapse prevention with

adolescents who sexually offend: A good-lives model. In H. D. Barbaree & W. L. Marshall (Eds.), *The juvenile sex offender*, 2nd ed. Guilford. pp.313-335.

吉川和男ほか (2006). 「行為障害の治療技法と治療効果に関する研究」『平成 17 年度厚生労働省研究費補助金 (こころの健康科学研究事業) 分担研究報告書』pp.107-112.

■ 第 12 章「犯罪被害者の精神的被害」

飛鳥井望 (2000). 「Biopsychosocial モデルとしての PTSD」松下正明総編集, 中根允文・飛鳥井望責任編集『外傷後ストレス障害 (PTSD) (臨床精神医学講座 S6)』中山書店, pp.19-40.

飛鳥井望 (2006). 「PTSD の治療法」『こころの科学』129, 48-53.

Foa, E. B., Keane, T. M., & Friedman, M. J. (Eds.). (2000). *Effective treatments for PTSD: Practice guidelines from the international society for traumatic stress studies*. Guilford. (飛鳥井望・西園文・石井朝子訳, 2005『PTSD 治療ガイドライン――エビデンスに基づいた治療戦略』金剛出版)

犯罪被害実態調査研究会 (2003). 『犯罪被害者実態調査報告書』

Kessler, R. C., Sonnega, A., Bromet, E., Hughes, M., & Nelson, C. B. (1995). Posttraumatic stress disorder in the National Comorbidity Survey. *Archives of General Psychiatry*, **52**, 1048-1060.

Kilpatrick, D. G., & Acierno, R. (2003). Mental health needs of crime victims: Epidemiology and outcomes. *Journal of Traumatic Stress*, **16**, 119-132.

Resnick, H. S., Kilpatrick, D. G., Dansky, B. S., Saunders, B. E., & Best, C. L. (1993). Prevalence of civilian trauma and posttraumatic stress disorder in a representative national sample of women. *Journal of Consulting and Clinical Psychology*, **61**, 984-991.

■ 第 13 章「犯罪・非行の心理学の課題と展望」

Andrews, D. A., & Bonta, J. (1994). *The psychology of criminal conduct*. Anderson.

Barbaree, H., & Marshall, W. (Eds.). (2006). *The juvenile sex offender*, 2nd ed. Guilford.

Beech, A., Fisher, D., & Beckett, R. (1999). *STEP 3: An evaluation of the prison sex offender treatment programme. Home Office Occasional Report*. Home Office Publications Unit. (http://www.homeoffice.gov.uk/rds/pdfs/occ-step3.pdf)

Hanson, K. (2006). *What works: The principle of effective interventions with offenders*. Presentation at the 25th annual conference of the Association for the Treatment of Sexual Abusers.

矯正協会編 (1984). 『少年矯正の近代的展開』矯正協会

Marques, J., Barbaree, H., Beech, A., & Packerd, R. (2006). *Treatment of sexual offenders: Where do we go from here?* Presentation at the 25th annual conference of the Association for the Treatment of Sexual Abusers.

Zehr, H.（1990）. *Changing lenses : A new focus for crime and justice*, 2nd ed. Herald Press.（西村春夫・細井洋子・高橋則夫監訳，2003『修復的司法とは何か——応報から関係修復へ』新泉社）

■ コラム⑦「恐喝・強盗」

法務省法務総合研究所編（2002）.『平成 14 年版 犯罪白書——暴力的色彩の強い犯罪の現状と動向』財務省印刷局

星野周弘・米川茂信・荒木伸怡・沢登俊雄・西村春夫編（1995）.『犯罪・非行事典』大成出版社

● web の紹介 ●

（アドレスは 2007 年 2 月現在）

■ 日本の学会
日本犯罪心理学会（学会誌『犯罪心理学研究』を発行）
　http://wwwsoc.nii.ac.jp/jacp2/index.html
日本犯罪社会学会（学会誌『犯罪社会学研究』を発行）
　http://hansha.daishodai.ac.jp/index.html
日本犯罪学会（学会誌『犯罪学雑誌』を発行）
　http://gakkai.umin.ac.jp/gakkai/gakkai/2004/A00216.htm

■ 国際条約および国際連合規則・ガイドライン
国際連合：少年司法運営に関する国際連合最低基準規則（北京ルールズ；英文）
　http://www.unhchr.ch/html/menu3/b/h_comp48.htm
外務省：児童の権利に関する条約（子どもの権利条約）
　http://www.mofa.go.jp/mofaj/gaiko/jido/zenbun.html
国際連合：少年非行の防止に関する国際連合ガイドライン（リヤド・ガイドライン；英文）
　http://193.194.138.190/html/menu3/b/h_comp47.htm
国際連合：自由を奪われた少年の保護に関する国際連合規則（少年保護規則；英文）
　http://193.194.138.190/html/menu3/b/h_comp37.htm

■ コラム① 「性犯罪」
警察庁：性犯罪被害者への対応
　http://www.npa.go.jp/higaisya/text/shien/torikumi/sei.htm
法務省：性犯罪者処遇プログラム研究会報告書
　http://www.moj.go.jp/PRESS/060331-1.pdf
米司法省性犯罪者マネージメントセンター（Center for Sex Offender Management；英文）
　http://www.csom.org/
全英性加害者処遇センター（National Organization for the Treatment of Abusers；英文）
　http://www.nota.co.uk/
性加害者処遇学会（Association for the Treatment of Sexual Abusers；英文）
　http://www.atsa.com/
性加害者処遇国際学会（International Association for the Treatment of Sexual Offenders；英

文）
　http://www.iatso.org/

■ コラム②「窃盗」
『警察白書』の「窃盗」に関連する箇所を参照
　http://www.npa.go.jp/hakusyo/index.htm
『犯罪白書』の「窃盗」に関連する箇所を参照
　http://www.moj.go.jp/HOUSO/hakusho2.html

■ コラム③「放火」
『警察白書』の「放火」に関連する箇所を参照
　http://www.npa.go.jp/hakusyo/index.htm
『犯罪白書』の「放火」に関連する箇所を参照
　http://www.moj.go.jp/HOUSO/hakusho2.html

■ コラム④「薬物犯罪」
アジア太平洋地域アディクション研究所（Asia-Pacific Addiction Research Institute）
　http://www.apari.jp
ナルコティックス・アノニマス日本公式サイト
　http://najapan.org/
ナラノンファミリー・グループ
　http://www4.ocn.ne.jp/~nar633
アミティを学ぶ会
　http://www.cain-j.org/Amity
アメリカ国立薬物乱用研究所（National Institute on Drug Abuse；英文）
　http://www.nida.nih.gov
国際連合薬物・犯罪オフィス（United Nations Office on Drug and Crime；英文）
　http://www.unodc.org/

■ コラム⑤「女性犯罪」
『警察白書』の「女性犯罪」に関連する箇所を参照
　http://www.npa.go.jp/hakusyo/index.htm
『犯罪白書』の「女性犯罪」に関連する箇所を参照
　http://www.moj.go.jp/HOUSO/hakusho2.html

■ コラム⑥「殺人・傷害」
『警察白書』の「殺人」「傷害」に関連する箇所を参照
　　http://www.npa.go.jp/hakusyo/index.htm
『犯罪白書』の「殺人」「傷害」に関連する箇所を参照
　　http://www.moj.go.jp/HOUSO/hakusho2.html

■ コラム⑦「恐喝・強盗」
『警察白書』の「恐喝」「強盗」に関連する箇所を参照
　　http://www.npa.go.jp/hakusyo/index.htm
『犯罪白書』の「恐喝」「強盗」に関連する箇所を参照
　　http://www.moj.go.jp/HOUSO/hakusho2.html

■ コラム⑧「児童相談所」
厚生労働省
　　http://www.mhlw.go.jp/
厚生労働省：児童虐待防止対策・DV防止対策
　　http://www.mhlw.go.jp/bunya/kodomo/dv.html
厚生労働省：児童相談所の運営指針について
　　http://www.mhlw.go.jp/bunya/kodomo/dv-soudanjo-kaisei.html

■ コラム⑨「児童自立支援施設」
厚生労働省：「児童自立支援施設のあり方に関する研究会」報告書のとりまとめについて
　　http://www.mhlw.go.jp/shingi/2006/02/s0228-2.html
わたしの仕事館 Job Job World の「児童自立支援専門員」と「児童生活支援員」
　　http://www.shigotokan.ehdo.go.jp/jjw/servlet/gaisetsu/nanikana?jobID=0000502
北海道家庭学校（児童自立支援施設）
　　http://homepage.mac.com/kateigakko/menu.html
国立武蔵野学院（児童自立支援施設）
　　http://www.musashino.go.jp/

■ コラム⑩「少年警察」
各都道府県の警察署の web にある「少年警察」の箇所を参照

■ コラム⑪「家庭裁判所調査官」
最高裁判所
　　http://www.courts.go.jp/

法曹実務家・法学者ブログ
  http://blawg.ring.hatena.ne.jp/

■ コラム⑫「法務技官，法務教官」およびコラム⑬「保護観察官」
法務省
  http://www.moj.go.jp/
関東地方更生保護委員会
  http://www3.ocn.ne.jp/~kantorpb/
近畿地方更生保護委員会
  http://www.d3.dion.ne.jp/~kinkoui/
佐賀保護観察所
  http://www15.ocn.ne.jp/~sagahogo/index.html

■ コラム⑭「被害者相談」
警察庁：警察による犯罪被害者支援
  http://www.npa.go.jp/higaisya/text/index.htm
検察庁：犯罪にあわれた方へ
  http://www.kensatsu.go.jp/higaisha/index.htm
全国被害者支援ネットワーク：全国の支援組織一覧
  http://www.nnvs.org/list.html
日本弁護士連合会：法律相談窓口ご案内　犯罪被害者支援窓口
  http://www.nichibenren.or.jp/ja/legal_aid/consultation/higaishashien.html
武蔵野大学：心理臨床センター
  http://www.musashino-u.ac.jp/about/researchinstitute/psychology.html
兵庫県こころのケアセンター
  http://www.j-hits.org/

事項索引

◆アルファベット
AA　244
ADHD　→注意欠陥/多動性障害
BBS会員　225
DBDマーチ　→破壊的行動障害マーチ
DSM（DSM-Ⅳ-TR）　43, 47, 48, 202, 204, 232
DV防止法　4
EBM　→エビデンスに基づく医療
EBP　→エビデンスに基づく実務
EMDR　237
HCR-20　65, 135
ICD-10　57, 205, 232
J-SOAP　136
LD　→学習障害
Nothing work　147
NWS　→全米女性調査
PCL-R　→サイコパシー・チェックリスト
PCL：SV　66
PCL：YV　66
PTSD　→外傷後ストレス障害
PTSD中核症状　232, 236
PTSD治療ガイドライン　237
PTSD発症率　234
PTSD有病率　233
RCT　→単純無作為化比較試験
SCID-Ⅰ　202
SCID-Ⅱ　49, 202
Somethig work　148
SONAR　209
SORAG　136
SSRI　→選択的セロトニン再取り込み阻害薬
Static-99　136, 208
VRAG　65, 135

◆あ　行
愛着　90
アスペルガー症候群　77, 221
アセスメント　150, 152, 193
　少年鑑別所での——　200
アノミー/緊張理論　28
アミティ　87, 244
あること（being）　142
安心・安全な枠組みづくり　150
暗数　11, 19
安定的リスク　207
いきなり型　94, 120, 143, 221
意見の陳述の申し出　173
維持段階　154
いじめ　84, 112
1人制　169
一般緊張理論　30
一般短期処遇　183
一般的反社会性タイプ　37
一般抑止効果　26
遺伝の影響　84
違法収集証拠排除法則　186
医療少年院　183
インタビュー調査　8, 12
宇治少年院　222
後ろ向き研究　130
嘘　152
嬰児殺　107
エス　36
エビデンス　17, 121
　——に基づく医療（EBM）　121
　——に基づく実務（EBP）　123, 194, 204
エビデンス・スケール　121
エビデンス・ベイスト　242
押収　163

271

応　報　25
親子関係　91
恩赦法　162

◆か　行
回顧的な研究　130
外在化　14
外傷後ストレス障害（PTSD）　232
改善更生　25, 26
改善更生主義　148
回避的行動　102
回避/麻痺症状　232, 233
解　離　101
過覚醒症状　232, 233
学業不振　113
隠しごと　152
学　習　141
学習障害（LD）　38, 79, 222
学習理論　23, 39, 113
家　族　28, 89, 205
　　──の会　105
　　──の機能　94
　　──の機能不全　94
　　被害者としての──　100, 103
家族関係　17, 89
家族教室　105
　　保護者のための──　224
価値スケール　72
学　校　17, 28, 109, 205
学校内における暴力行為　111
学校不適応　112
葛藤家族　92
合併精神障害　236
家　庭　90, 205
家庭裁判所　6, 104, 147, 168-170, 172, 187, 189, 199, 212
家庭裁判所裁判官　172
家庭裁判所調査官　104, 147, 169, 172, 173, 212
家庭内限局型の行為障害　57
簡易裁判所　164

感覚の敏感さ　77
環境心理学　125
環境設計による犯罪予防　126
環境犯罪学　117, 125
環境要因　109
関係の原則　217
監獄法　26
観護措置　169, 172, 176, 199
　　勾留に代わる──　168
感情統制　146
間接的・関係的攻撃行動　13
完全失業率　114
鑑定嘱託　163
鑑別技官　147, 176, 227
鑑別結果通知書　172, 176, 199, 227
聞くスキル　223
危険因子　14, 41, 126, 197, 207
　　静的・履歴的な──　207
　　動的な──　209
危険性の評価　13
絆　32, 113, 127
基礎学力　223
起訴裁量主義　164, 174
起訴状一本主義　174
起訴独占主義　174
起訴便宜主義　164, 174
機能理論　23, 39
基本的生活習慣　223
逆　送　170, 175
虐　待　52, 67, 84, 101, 142, 220
虐待回避型非行　102
逆転移　217, 218
キャンベル共同計画　124
急性的リスク　207
教育刑　147
強　化　40, 219
境界性パーソナリティ障害　47, 51
境界例　47
強化因子　39
恐　喝　138
共　感　155

272

共感性　146, 149, 242
矯正（収容）施設　184, 220
矯正処遇の（再犯抑止）効果　26, 194
矯正プログラム　148
矯正無効論　26, 147, 194
矯正楽観主義　147
規律維持　148
緊張理論　23, 113
食い違い　155
虞　犯　6
虞犯少年　162, 168, 180, 186, 188
クライエント中心療法　155
グループ　247
　　──での社会適応訓練講座　224
グループワーク　105, 222, 223
警　察　162, 168
警察白書　8
刑事裁判段階　166, 171
刑事収容施設及び被収容者等の処遇に関する法律（刑事施設及び受刑者の処遇等に関する法律）　26, 124, 162, 223
刑事政策的理論　22-24
刑事訴訟法　166, 171, 172, 185, 186
傾　聴　149, 155
軽度発達障害　74, 204
刑の緩和　171
刑の執行　162
刑　罰　24, 25
刑法等の一部を改正する法律　24
刑務作業　147
刑務所　146, 184, 223, 245
ケース・スーパービジョン　202
ケースワーク　152
ケースワーク的機能　173
限界設定　216
研究方法　8
検挙人員　8
顕現的症状　57
検察官　162, 168, 170, 174
検察庁　168
検　証　163

原則逆送　170
憲　法　184-188
行為障害　57, 71, 223
合議制　169
高機能自閉症　77
攻撃行動　82
抗　告　170
公正な状況　151
更生保護　179
更生保護事業法　162
更生保護女性会会員　225
控　訴　166
構造化面接　202
拘　束　25
拘置所　164
交通安全指導　223
公的統計　8
強　盗　138
行動化　217
行動観察　204
高等裁判所　166
行動の障害　77
行動理論　39
校内暴力事件　111
広汎性発達障害　76, 84
公判手続き　164, 165
公平・迅速・公開裁判　185
公平な裁判所　175
勾　留　164, 168
　　──に代わる観護措置　168
勾留延長　164
考慮段階　153
国際条約　189
国際犯罪被害実態調査　11
国際連合規則・ガイドライン　189
国選付添人　169
コクラン共同計画　122
国連・子どもの権利委員会　190
国家行政組織法　184
子ども虐待防止法　4
子ども対象・暴力的性犯罪　132

子どもの権利条約　189
個別的要因　16
コーホート研究（コーホート調査）
　　121, 207
コミュニケーション能力　223
コミュニケーションの障害　76
コミュニティ　28, 30, 116
コミュニティ単位の理論　23, 30
コラージュ療法　222

◆さ　行
再鑑別　176
罪刑の均衡　24
罪刑法定原則　24
最高裁判所　166
サイコパシー（論）　37, 61, 63
サイコパシー・チェックリスト（PCL-R）
　　62, 63, 135, 208
再審制度　166
再　送　171
再体験症状　232
在宅鑑別　176
在宅試験観察　174
再発防止計画（再発防止モデル）　146,
　　220
再　犯　26, 65, 127, 134, 194, 213, 218
　──のリスク評価　135, 206, 245
　性犯罪者の──　134
裁判員制度　175
裁判員の参加する刑事裁判に関する法律
　　175
裁判所　171, 174
　公平な──　175
裁判段階　162
再犯防止（再犯抑止）　26, 194, 244
再犯防止効果　148
再犯防止責任　247
再犯リスク　218
再犯リスク水準　207
殺　人　120
三者構造　174, 185

三審制　166, 175
ジェノグラム　205
自　我　36
自我脆弱タイプ　37
時間的制約　196
試験観察　170, 174
自己効力感　156
自己申告法　8, 11
自己統制（力）　146, 223
資質鑑別　169, 172, 176, 199
思春期　143
自傷行為　67
自助グループ　106, 224, 244, 248
自信欠如タイプの親　94
システマティック・レビュー　122
システム・マネージメント　196
施設内での治療教育　220
実況見分　163
しつけ　91
実行段階　154
執行・治療教育段階　162, 166
執行猶予者保護観察法　162, 168
実証主義　17
質的研究　8
児童期　142
児童虐待の防止等に関する法律　4
児童自立支援施設　149, 159, 181, 220,
　　245
児童自立支援施設送致　168, 170, 189
児童心理司　158
児童相談所　6, 105, 142, 158, 168, 180,
　　188, 220
児童相談所長　180, 189
児童相談所長（等）送致　168, 170, 189
児童の権利に関する条約　189
児童福祉司　158, 180
児童福祉法　158, 159, 168, 170, 180, 181,
　　183, 188, 189, 220, 221
児童養護施設　183, 220
児童養護施設送致　168, 170, 189
自白法則　186

自閉症　77
司法行政学　17
司法制度　24, 150
　　——の機能　25
司法チェック　171
社会解体論　30
社会学　16
社会学的理論　22, 23, 28
社会記録　176
社会心理学　16
社会スケール　72
社会生活機能　236
社会性の障害　76
社会調査　173
社会的学習理論　30, 39
社会的環境　28
社会的絆理論　32, 113, 127
社会的技能訓練　219, 223
社会的情報処理モデル　83
社会的統制理論　32, 92, 113
社会内処遇　224
社会内での治療教育　224
ジャスト・デザート（理論）　25, 147
集団型の行為障害　57
集団療法　149, 248
12ステップ　244
修復的司法　247
修復的対話　247
重要他者　51
就労支援指導　223
就労の有無　113
自由を奪われた少年の保護に関する国際連
　　合規約　189
主観的体験　80
受　容　149, 155
準抗告　172
遵守事項　178
準備段階　153
傷　害　120
消　去　219
状況的犯罪予防　126

上　告　166
常識欠如タイプの親　94, 97
小舎夫婦制　159, 182, 221, 245
情性欠如型精神病質　47, 62
上訴権の保障　175
衝動性　78
衝動統制力　142
小児期発症型の行為障害　57
少　年　5, 161
少年院　6, 149, 183, 221, 227, 245
少年院送致　170, 176, 183
少年院法　168
少年鑑別所　168, 176, 199, 227
　　——でのアセスメント　200
少年鑑別所技官　147, 176, 227
少年鑑別所処遇規則　176
少年警察　191
少年司法運営に関する国際連合最低基準規
　　則　172, 189
少年審判規則　173
少年相談　191, 224
少年調査記録　200
少年友の会　177
少年非行の防止に関する国際連合ガイドラ
　　イン　189
少年簿　200
少年法　5, 6, 104, 162, 166, 168-173, 175,
　　177, 181, 186-189, 221
少年保護規則　189
症例対照研究　122
初回面接　201
職員集団　151
処遇効果評価　148
処遇システム　150, 161
　　犯罪者の——　162
　　非行少年の——　166
処遇の個別化　209
職　業　113
職業訓練　149
贖罪教育　246
職　場　17, 28, 109, 113, 205

事項索引 —— 275

触法少年	6, 162, 168, 180, 186, 188
女性犯罪	13, 107
職権主義	172, 186, 187
初等少年院	183
人格異常	46
進化論	34
神経症タイプ	37
神経伝達物質	35, 83
信賞必罰	151
新生物学的理論	34
心的外傷	232
心拍	35
審判	169
——の非公開	187
審判不開始	169
親密性	146
新ラベリング理論	33
心理学	15
心理学的理論	7, 36
心理技官	147, 176, 227
心理教育	235
心理教育的アプローチ	220
心理検査	202
心理療法	141
随伴性の原則	217
スキル獲得	40
スクリーニング	203
ステイタス・オフェンス	6
ストレス症状	232
すること（doing）	142
性加害	19
生活指導	149, 222
生活者モデル	75
生活適応能力	76
生活のリズム	151
生活を通しての育ちなおし	149
性差	14
精神医学	15
精神遅滞	→知的障害
精神的ケア	235
成人犯罪者	→犯罪者
精神病質	46, 223
精神分析療法	141
精神保健福祉法	195
精神力動	23, 36, 141, 206
性的逸脱型非行	102
静的・履歴的な危険因子	207
青年期発症型の行為障害	57
性犯罪	19
性犯罪者	148
——の矯正教育プログラム	146, 223, 242
——の再犯	134
生物学的・心理学的理論	22, 23, 33
生物学的理論	23, 34
生物・心理・社会モデル	196
性暴力サイクル	202
生来性犯罪人理論	34
責任回避タイプの親	94, 96
窃盗	43
説明責任	247
セロトニン・ニューロン系	82
前科・前歴	127
同一罪種の——	128
全件送致主義	168
前考慮段階	153
選択的セロトニン再取り込み阻害薬（SSRI）	237
全米女性調査（NWS）	233
専門的裁量原則	209
相互作用	41
捜査	163
——の端緒	162
捜査・審判段階	166
捜査段階	162, 166, 168, 171
想像力の障害	77
促進する要因	15
育ちなおし（育てなおし）	142, 182, 186, 221, 245
生活を通じての——	149
育ちの保障	85

◆た　行

第一次逸脱行動　33
対象関係　217
対人関係　146
第二次逸脱行動　33
対費用効果　148
逮　捕　164, 168
代用監獄　164
多衝動性過食症　53
多職種のチーム・アプローチ　201
多動性　78
ダルク　87, 223
段階的練習　219
断酒会　106
単純無作為化比較試験（RCT）　121
単親家族　92
地域（社会）　17, 30, 109, 116, 205
地域支援システムづくり　225
知的障害（精神遅滞）　38, 76
地方裁判所　166
注意欠陥/多動性障害（ADHD）　57, 78, 221
注意散漫　78
中間処分　170, 174
中等少年院　183
中和の技術　31
長期処遇　184
調査・審判段階　166, 169
調査報告書　172
調査命令　169
超自我　36
超自我脆弱タイプ　37
直接的・身体的攻撃行動　13
治療教育　145, 150, 162, 213
　　施設内での——　220
　　社会内での——　224
治療共同体　66, 244
治療構造　215
追跡研究　130
付添人　169, 177, 187
抵　抗　155

ディフェンシブル・スペース　126
適正手続き　175
　　——の原則　24
適正手続き保障　185, 187
　　——と実体の真実発見との調和　175, 186
テスト・バッテリー　203
転　移　217
伝統的非行少年　142, 145, 221
同一性　90
同一犯種の前科・前歴　128
投　影　214
動機づけ　215
当事者（中心）主義　172, 175, 185
統制理論　23, 32
動の危険因子　207
動的リスク　209
特修短期処遇　184
特性理論　23, 37
特性論　206
特別少年院　183
特別抑止効果　26
都道府県知事　189
トラウマ　101
取り調べ　163

◆な　行

内在化　14
ナショナル・ユース・サーベイ　11
二次被害　236
二次面接　201
二者構造　187
二重の否定　75
二重の役割　195, 215
日常活動理論　117
ニード（ニーズ）　207, 244
ニードアセスメントツール　209
ニード原則　209, 218, 244
日本自閉症協会　71
認知件数　8
認知行動療法　141, 197, 219, 223, 237,

事項索引——277

244
認知行動論　141
認知的再体制化　219
認知の再構成　40
認知の歪み　146, 214
脳機能　35

◆は　行
バイアス　123
配偶者からの暴力の防止及び被害者の保護に関する法律　4
賠償責任　247
破壊的行動障害マーチ（DBDマーチ）　57, 79, 204
爆発型精神病質　47
箱庭療法　222
パーソナリティ　45
パーソナリティ構造　36
パーソナリティ障害　45, 47
パーソナリティ要因　16, 45
罰因子　39
発達　141
　——の視点　14
発達障害　16, 71, 221
発達障害者支援法　74
発達スケール　72
発達的アプローチ　145
犯因性ニード　207, 209
犯因性リスク　207
半構造化面接　202
反抗挑戦性障害　57, 59
犯罪　3
　——の社会学的定義　7
　——の心理学的定義　7
　——の道徳的定義　7
　——の法律的定義　7
犯罪一般理論　32
犯罪行為　15
犯罪者（成人犯罪者）　3, 161
　——の処遇システム　162
犯罪社会学　16

犯罪者プロファイリング　125
犯罪者予防更生法　162, 168
犯罪少年　161, 186, 188
犯罪心理学　16
犯罪生成場所　126
犯罪統計書　127
犯罪白書　4, 8
犯罪被害実態調査（法）　8, 11
犯罪被害者　150, 224, 229, 239, 246
　——の会　106
　——の精神的被害　229
犯罪被害者等基本法　230, 239
犯罪被害者等給付金の支給等に関する法律　229
犯罪被害体験　12
犯罪・非行の原因論　126
犯罪誘因場所　126
犯罪理論　15, 21
反社会性パーソナリティ障害　50, 54, 63, 223
反社会的行動　71, 81, 144
反社会的な思考　144
反応性原則　209, 218, 244
被害者　150, 224, 229, 239, 246
　——としての家族　100, 103
　——の視点　148
　——の視点を取り入れた教育　222, 246
　——の視点を取り入れた指導　223
被害者加害者調停　247
被害者相談　239
被害者対策要綱　229
被害者理解　146
被害と加害の逆転現象　103
被害を考える教室　224
被疑者　162
ビクティム・センシティブ　246
非行　5
非行サブカルチャー理論　29
非行少年　5, 161
　——の就学・就労状況　110

──の処遇システム　166
非行相談　224
被告人　164
　──の防禦権　175
微罪処分　162
非自発性　195
非社会化型の行為障害　57
非常上告制度　166
悲嘆反応　233
否定的感情体験　144
皮膚電位反応　35
秘密保持　216, 243
　──の制約　195
描画療法　222
評論傍観タイプの親　94, 95
貧困　89
貧困家族　92
複雑性PTSD　53
福祉機能　173
福祉施設　220
不処分　169, 173
物質乱用　61
不定期刑　171
不道徳家族　92
負の様相　72
不良行為少年　188
分化的接触理論　23, 31
平均スケール　72
北京ルールズ　189
変化の段階　153, 202
変化への動機づけ　154
放火　69
放任少年　188
防犯環境設計論　117
法務技官　147, 176, 227
法務教官　176, 227
法務省法務総合研究所　97, 134
法律的定義　5
暴力粗暴型非行　102
暴力団離脱指導　223
暴力犯罪　53, 56

保険数理統計的手法　136, 206
保護因子　14, 41, 126, 210
保護観察　105, 115, 162, 168, 170, 178, 224, 228
保護観察官　179, 228
保護観察所　6, 105, 146, 178, 228
保護司　178, 225, 228, 245
保護司法　162, 168
保護者グループ　105
保護者に対する措置　104
保護者の指導力　97
保護者のための家族教室　224
保護主義　166, 186
保護少年分類規程　176
保護処分　6, 170, 186, 220
保護的措置　224
保釈　165
補導委託　174
ホワイトカラー犯罪　27

◆ま　行

前向き研究　130
マクロ理論　28
マターナル・デプリベーション　90
マルチシステミック療法　225, 244
身柄付補導委託　174
ミーガン法　146
ミクロ理論　28, 30
未決勾留日数の算入　171
密行の症状　57
民主的コントロール　176
無作為化比較試験　121, 237
メタ・アナリシス　123, 194, 241
面接　201, 222
面接調査　173
モチベーショナル・インタビューイング　154, 202
モデリング　40, 219, 223
問題行動　142

事項索引 ── 279

◆や　行

薬物依存型非行　102
薬物依存離脱指導　223
薬物犯罪　87
薬物乱用　87, 148
薬物療法　224, 237
破れ窓の理論　117
養育環境　38, 52, 59
養育態度　91
幼児期　142
要扶助少年　188
要保護性　172
抑　止　25, 26
抑制する要因　15
予測可能な状況　151

◆ら　行

ラベリング理論　23, 28, 32, 113, 194
リスクアセスメントツール　65, 208
リスク原則　207, 218, 244
リスク・コミュニケーション　196

リスク低減アプローチ　210
リスク評価　125
　　再犯の――　135, 206, 245
リスク・マネージメント　127
リソース　152
略式手続き　164
略式命令　164
リヤド・ガイドライン　189
留置所　164
両価的態度（両価的感情）　154, 215
量的研究　8
臨界反応　81
類型論　206
累犯者　127
ルーチン・アクティビティ理論　125
ルール　152
令状主義　185
ロールプレイ　40, 219, 223

◆わ　行

ワークブック　222

人名索引

◆あ 行

アイゼンク（Eysenck, H. J.）　123
アグニュー（Agnew, R.）　23, 29, 30
アレン（Allen, F.）　85
アンドリュース（Andrews, D. A.）　7, 15, 23, 26, 206, 209, 210, 216, 218, 219
上田秀一　82
エイカーズ（Akers, R.）　23, 31, 32
乙武洋匡　74

◆か 行

カレン（Cullen, F. T.）　23, 29
神田橋條治　216
鯨岡峻　72
グニラ（Gunilla, G.）　77
グリュック（Glueck, E.）　23, 37, 91
グリュック（Glueck, S.）　23, 37, 91
クルツ（Kurtz, L. A.）　72
クレックリー（Cleckley, H.）　23, 37, 61
グローヴス（Groves, W. B.）　30
ケスラー（Kessler, R. C.）　234
コーエン（Cohen, A. K.）　23, 29, 125
ゴダード（Goddard, H. H.）　23, 38
ゴットフレッドソン（Gottfredson, M. R.）　32
近藤恒夫　87

◆さ 行

サイクス（Sykes, G.）　23, 31, 32
齋藤万比古　79
サイモンズ（Symonds, P. M.）　91
サケット（Sackett, D. L.）　121
サザランド（Sutherland, E. H.）　23, 27, 29, 31, 32
サッカー（Thakker, J.）　213
サンプソン（Sampson, R. J.）　30, 116

品川裕香　79
シポンマ（Siponmaa, L.）　79
シュナイダー（Schneider, K.）　46, 47, 62
ショウ（Shaw, C. R.）　23, 30, 32
生島浩　100, 103, 216
スキナー（Skinner, B. F.）　39
ステッドマン（Steadman, H. J.）　136

◆た 行

ダーウィン（Darwin, C.）　23, 34
田中康雄　79
タンネンバウム（Tannenbaum, F.）　23, 32
津富宏　123
ディクレメンテ（DiClemente, C. C.）　202
デュルケム（Durkheim, E.）　23, 27
十一元三　78, 84
ドッジ（Dodge, K. A.）　83

◆な 行

ニキ・リンコ　77
ニューマン（Newman, G.）　6

◆は 行

ハーシ（Hirschi, T.）　11, 23, 32, 36, 92, 113
橋本和明　102, 103
濱口佳和　83
浜田寿美男　80
ハーマン（Herman, J. L.）　53
バンデューラ（Bandura, A.）　23, 31, 39
ヒーリー（Healy, W.）　23, 39, 90
フェルソン（Felson, M.）　125
藤岡淳子　195

281

藤田弘人　100, 103
ブランティンガム（Brantingham, P. J.）
　　126
ブランティンガム（Brantingham, P. L.）
　　126
フロイト（Freud, S.）　23, 36, 37, 90
プロチャスカ（Prochaska, J. O.）　202
ブロナー（Bronner, A. F.）　23, 39
ヘア（Hare, R. D.）　23, 37, 61-63, 65
ヘイゼルウッド（Hazelwood, R. R.）
　　125
ベッカー（Becker, H. S.）　23, 27
ベッカリーア（Beccaria, C.）　23-25
ボウルビィ（Bowlby, J.）　90
ボンタ（Bonta, J.）　7, 15, 216, 218, 219

◆ま　行
マクニール, S.　12
マツエダ（Matsueda, R. L.）　23, 33
マッケイ（McKay, H. D.）　23, 30, 32
マッツァ（Matza, D.）　23, 31, 32

マーティンソン（Martinson, R.）　23,
　　26, 147, 194
マートン（Merton, R. K.）　23, 28-30
マンハイム（Mannheim, H.）　37
ミラー（Miller, W. R.）　154
モナハン（Monahan, S.）　136
森實敏夫　123

◆や　行
八島美菜子　83

◆ら　行
ラウブ（Laub, J. H.）　116
リプシー（Lipsey, M.）　23, 26, 40
レイン（Raine, A.）　23, 35
レマート（Lemert, E. M.）　23, 33
ロジャース（Rogers, C.）　155
ロルニック（Rollnick, S.）　154
ローレンツ（Lorentz, K.）　81, 85
ロンブローゾ（Lombroso, C.）　23, 34

■ 編者紹介

藤岡 淳子（ふじおか じゅんこ）
　　大阪大学大学院人間科学研究科教授

犯罪・非行の心理学
Psychology of Crime and Delinquency 〈有斐閣ブックス〉

2007年3月31日 初版第1刷発行
2012年1月20日 初版第5刷発行

編　者	藤　岡　淳　子
発行者	江　草　貞　治
発行所	株式会社 有　斐　閣

郵便番号 101-0051
東京都千代田区神田神保町2-17
電話 （03）3264-1315〔編集〕
　　 （03）3265-6811〔営業〕
http://www.yuhikaku.co.jp/

印　刷　萩原印刷株式会社
製　本　牧製本印刷株式会社

©2007, Junko Fujioka. Printed in Japan

落丁・乱丁本はお取替えいたします。
★定価はカバーに表示してあります。
ISBN 978-4-641-18347-6

本書の全部または一部を無断で複写複製（コピー）することは、著作権法上での例外を除き、禁じられています。本書からの複写を希望される場合は、日本複写権センター（03-3401-2382）にご連絡ください。